Kontaktadresse nach EU-Produktsicherheitsverordnung:
produktsicherheit@fischerverlage.de

Joseph von Eichendorff

Gedichte

Fischer Taschenbuch Verlag

3. Auflage

Printed in Germany
ISBN 978-3-596-90235-4

Unsere Adressen im Internet:
www.fischerverlage.de
www.fischer-klassik.de

Inhalt

I. Wanderlieder

Viele Boten gehn und gingen
Zwischen Erd und Himmelslust,
Solchen Gruß kann keiner bringen,
Als ein Lied aus frischer Brust.

Frische Fahrt

Laue Luft kommt blau geflossen,
Frühling, Frühling soll es sein!
Waldwärts Hörnerklang geschossen,
Mutger Augen lichter Schein;
Und das Wirren bunt und bunter
Wird ein magisch wilder Fluß,
In die schöne Welt hinunter
Lockt dich dieses Stromes Gruß.

Und ich mag mich nicht bewahren!
Weit von euch treibt mich der Wind,
Auf dem Strome will ich fahren,
Von dem Glanze selig blind!
Tausend Stimmen lockend schlagen,
Hoch Aurora flammend weht,
Fahre zu! Ich mag nicht fragen,
Wo die Fahrt zu Ende geht!

Allgemeines Wandern

Vom Grund bis zu den Gipfeln,
Soweit man sehen kann,
Jetzt blühts in allen Wipfeln,
Nun geht das Wandern an:

Die Quellen von den Klüften,
Die Ström auf grünem Plan,
Die Lerchen hoch in Lüften,
Der Dichter frisch voran.

Und die im Tal verderben
In trüber Sorgen Haft,
Er möcht sie alle werben
Zu dieser Wanderschaft.

Und von den Bergen nieder
Erschallt sein Lied ins Tal,
Und die zerstreuten Brüder
Faßt Heimweh allzumal.

Da wird die Welt so munter
Und nimmt die Reiseschuh,
Sein Liebchen mitten drunter
Die nickt ihm heimlich zu.

Und über Felsenwände
Und auf dem grünen Plan
Das wirrt und jauchzt ohn Ende –
Nun geht das Wandern an!

Der frohe Wandersmann

Wem Gott will rechte Gunst erweisen,
Den schickt er in die weite Welt;
Dem will er seine Wunder weisen
In Berg und Wald und Strom und Feld.

Die Trägen, die zu Hause liegen,
Erquicket nicht das Morgenrot,

Sie wissen nur von Kinderwiegen,
Von Sorgen, Last und Not um Brot.

Die Bächlein von den Bergen springen,
Die Lerchen schwirren hoch vor Lust,
Was sollt ich nicht mit ihnen singen
Aus voller Kehl und frischer Brust?

Den lieben Gott lass ich nur walten;
Der Bächlein, Lerchen, Wald und Feld
Und Erd und Himmel will erhalten,
Hat auch mein Sach aufs best bestellt!

Im Walde

Es zog eine Hochzeit den Berg entlang,
Ich hörte die Vögel schlagen,
Da blitzten viel Reiter, das Waldhorn klang,
Das war ein lustiges Jagen!

Und eh ichs gedacht, war alles verhallt,
Die Nacht bedecket die Runde,
Nur von den Bergen noch rauschet der Wald
Und mich schauert im Herzensgrunde.

Zwielicht

Dämmrung will die Flügel spreiten,
Schaurig rühren sich die Bäume,
Wolken ziehn wie schwere Träume –
Was will dieses Graun bedeuten?

Hast ein Reh du lieb vor andern,
Laß es nicht alleine grasen,
Jäger ziehn im Wald und blasen,
Stimmen hin und wieder wandern.

Hast du einen Freund hienieden,
Trau ihm nicht zu dieser Stunde,
Freundlich wohl mit Aug und Munde,
Sinnt er Krieg im tückschen Frieden.

Was heut müde gehet unter,
Hebt sich morgen neugeboren.
Manches bleibt in Nacht verloren –
Hüte dich, bleib wach und munter!

Nachts

Ich wandre durch die stille Nacht,
Da schleicht der Mond so heimlich sacht
Oft aus der dunklen Wolkenhülle,
Und hin und her im Tal
Erwacht die Nachtigall,
Dann wieder alles grau und stille.

O wunderbarer Nachtgesang:
Von fern im Land der Ströme Gang,
Leis Schauern in den dunklen Bäumen –
Wirrst die Gedanken mir,
Mein irres Singen hier
Ist wie ein Rufen nur aus Träumen.

Der wandernde Musikant

1

Wandern lieb ich für mein Leben,
Lebe eben wie ich kann,
Wollt ich mir auch Mühe geben,
Paßt es mir doch gar nicht an.

Schöne alte Lieder weiß ich,
In der Kälte, ohne Schuh'
Draußen in die Saiten reiß ich,
Weiß nicht, wo ich abends ruh.

Manche Schöne macht wohl Augen,
Meinet, ich gefiel' ihr sehr,
Wenn ich nur was wollte taugen,
So ein armer Lump nicht wär. –

Mag dir Gott ein'n Mann bescheren,
Wohl mit Haus und Hof versehn!
Wenn wir zwei zusammen wären,
Möcht mein Singen mir vergehn.

2

Wenn die Sonne lieblich schiene
Wie in Welschland lau und blau,
Ging' ich mit der Mandoline
Durch die überglänzte Au.

In der Nacht dann Liebchen lauschte
An dem Fenster süß verwacht,
Wünschte mir und ihr, uns beiden,
Heimlich eine schöne Nacht.

Wenn die Sonne lieblich schiene
Wie in Welschland lau und blau,
Ging' ich mit der Mandoline
Durch die überglänzte Au.

3

Ich reise übers grüne Land,
Der Winter ist vergangen,
Hab um den Hals ein gülden Band,
Daran die Laute hangen.

Der Morgen tut ein'n roten Schein,
Den recht mein Herze spüret,
Da greif ich in die Saiten ein,
Der liebe Gott mich führet.

So silbern geht der Ströme Lauf,
Fernüber schallt Geläute,
Die Seele ruft in sich: Glück auf!
Rings grüßen frohe Leute.

Mein Herz ist recht von Diamant,
Ein Blum von Edelsteinen,
Die funkelt lustig übers Land
In tausend schönen Scheinen.

Vom Schlosse in die weite Welt
Schaut eine Jungfrau 'runter,
Der Liebste sie im Arme hält,
Die sehn nach mir herunter.

Wie bist du schön! Hinaus, im Wald
Gehn Wasser auf und unter,
Im grünen Wald sing, daß es schallt,
Mein Herz, bleib frei und munter!

Die Sonne uns im Dunkeln läßt,
Im Meere sich zu spülen,
Da ruh ich aus vom Tagesfest
Fromm in der roten Kühle.

Hoch führet durch die stille Nacht
Der Mond die goldnen Schafe,
Den Kreis der Erden Gott bewacht,
Wo ich tief unten schlafe.

Wie liegt all falsche Pracht so weit!
Schlaf wohl auf stiller Erde,
Gott schütz dein Herz in Ewigkeit,
Daß es nie traurig werde!

4

Bist du manchmal auch verstimmt,
Drück dich zärtlich an mein Herze,
Daß mirs fast den Atem nimmt,
Streich und kneif in süßem Scherze,
Wie ein rechter Liebestor
Lehn ich sanft an dich die Wange
Und du singst mir fein ins Ohr.
Wohl im Hofe bei dem Klange
Katze miaut, Hund heult und bellt,
Nachbar schimpft mit wilder Miene –
Doch was kümmert uns die Welt,
Süße, traute Violine!

5

Mürrisch sitzen sie und maulen
Auf den Bänken stumm und breit,
Gähnend strecken sich die Faulen,
Und die Kecken suchen Streit.

Da komm ich durchs Dorf geschritten,
Fernher durch den Abend kühl,
Stell mich in des Kreises Mitten,
Grüß und zieh mein Geigenspiel.

Und wie ich den Bogen schwenke,
Ziehn die Klänge in der Rund
Allen recht durch die Gelenke
Bis zum tiefsten Herzensgrund.

Und nun gehts ans Gläserklingen,
An ein Walzen um und um,
Je mehr ich streich, je mehr sie springen,
Keiner fragt erst lang: warum? –

Jeder will dem Geiger reichen
Nun sein Scherflein auf die Hand –
Da vergeht ihm gleich sein Streichen,
Und fort ist der Musikant.

Und sie sehn ihn fröhlich steigen
Nach den Waldeshöhn hinaus,
Hören ihn von fern noch geigen,
Und gehn all vergnügt nach Haus.

Doch in Waldes grünen Hallen
Rast ich dann noch manche Stund,
Nur die fernen Nachtigallen
Schlagen tief aus nächtgem Grund.

Und es rauscht die Nacht so leise
Durch die Waldeseinsamkeit,
Und ich sinn auf neue Weise,
Die der Menschen Herz erfreut.

6

Durch Feld und Buchenhallen
Bald singend, bald fröhlich still,
Recht lustig sei vor allen,
Wers Reisen wählen will!

Wenns kaum im Osten glühte,
Die Welt noch still und weit:
Da weht recht durchs Gemüte
Die schöne Blütenzeit!

Die Lerch als Morgenbote
Sich in die Lüfte schwingt,
Eine frische Reisenote
Durch Wald und Herz erklingt.

O Lust, vom Berg zu schauen
Weit über Wald und Strom,
Hoch über sich den blauen
Tiefklaren Himmelsdom!

Vom Berge Vöglein fliegen
Und Wolken so geschwind,
Gedanken überfliegen
Die Vögel und den Wind.

Die Wolken ziehn hernieder,
Das Vöglein senkt sich gleich,
Gedanken gehn und Lieder
Fort bis ins Himmelreich.

Die Zigeunerin

Am Kreuzweg, da lausche ich, wenn die Stern
Und die Feuer im Walde verglommen,
Und wo der erste Hund bellt von fern,
Da wird mein Bräutigam herkommen.

»Und als der Tag graut', durch das Gehölz
Sah ich eine Katze sich schlingen,
Ich schoß ihr auf den nußbraunen Pelz,
Wie tat die weitüber springen!« –

's ist schad nur ums Pelzlein, du kriegst mich nit!
Mein Schatz muß sein wie die andern:
Braun und ein Stutzbart auf ungrischen Schnitt
Und ein fröhliches Herze zum Wandern.

Der wandernde Student

Bei dem angenehmsten Wetter
Singen alle Vögelein,
Klatscht der Regen auf die Blätter,
Sing ich so für mich allein.

Denn mein Aug kann nichts entdecken,
Wenn der Blitz auch grausam glüht,
Was im Wandern könnt erschrecken
Ein zufriedenes Gemüt.

Frei von Mammon will ich schreiten
Auf dem Feld der Wissenschaft,
Sinne ernst und nehm zu Zeiten
Einen Mund voll Rebensaft.

Bin ich müde vom Studieren,
Wann der Mond tritt sanft herfür,
Pfleg ich dann zu musizieren
Vor der Allerschönsten Tür.

Der Maler

Aus Wolken, eh im nächtgen Land
Erwacht die Kreaturen,
Langt Gottes Hand,
Zieht durch die stillen Fluren
Gewaltig die Konturen,
Strom, Wald und Felsenwand.

Wach auf, wach auf! Die Lerche ruft,
Aurora taucht die Strahlen
Verträumt in Duft,
Beginnt auf Berg und Talen
Ringsum ein himmlisch Malen
In Meer und Land und Luft.

Und durch die Stille, lichtgeschmückt,
Aus wunderbaren Locken
Ein Engel blickt. –
Da rauscht der Wald erschrocken,
Da gehn die Morgenglocken,
Die Gipfel stehn verzückt.

O lichte Augen, ernst und mild,
Ich kann nicht von euch lassen!
Bald wieder wild
Stürmts her von Sorg und Hassen –
Durch die verworrnen Gassen
Führ mich, mein göttlich Bild!

Der Soldat

1

Ist auch schmuck nicht mein Rößlein,
So ists doch recht klug,
Trägt im Finstern zu 'nem Schlößlein
Mich rasch noch genug.

Ist das Schloß auch nicht prächtig:
Zum Garten aus der Tür
Tritt ein Mädchen doch allnächtig
Dort freundlich herfür.

Und ist auch die Kleine
Nicht die Schönst auf der Welt,
So gibts doch just keine,
Die mir besser gefällt.

Und spricht sie vom Freien:
So schwing ich mich auf mein Roß –
Ich bleibe im Freien,
Und sie auf dem Schloß.

2

Wagen mußt du und flüchtig erbeuten,
Hinter uns schon durch die Nacht hör ichs schreiten,
Schwing auf mein Roß dich nur schnell
Und küss noch im Flug mich, wildschönes Kind,
Geschwind,
Denn der Tod ist ein rascher Gesell.

Seemanns Abschied

Ade, mein Schatz, du mochtst mich nicht,
Ich war dir zu geringe.
Einst wandelst du bei Mondenlicht
Und hörst ein süßes Klingen,
Ein Meerweib singt, die Nacht ist lau,
Die stillen Wolken wandern,
Da denk an mich, 's ist meine Frau,
Nun such dir einen andern!

Ade, ihr Landsknecht', Musketier'!
Wir ziehn auf wildem Rosse,
Das bäumt und überschlägt sich schier
Vor manchem Felsenschlosse,
Der Wassermann bei Blitzesschein
Taucht auf in dunklen Nächten,
Der Haifisch schnappt, die Möwen schrein –
Das ist ein lustges Fechten!

Streckt nur auf eurer Bärenhaut
Daheim die faulen Glieder,
Gott Vater aus dem Fenster schaut,
Schickt seine Sündflut wieder,
Feldwebel, Reiter, Musketier,
Sie müssen all ersaufen,
Derweil mit frischem Winde wir
Im Paradies einlaufen.

Die Spielleute

Frühmorgens durch die Klüfte
Wir blasen Viktoria!
Eine Lerche fährt durch die Lüfte:
»Die Spielleut sind schon da!«
Da dehnt ein Turm und reckt sich
Verschlafen im Morgengrau,
Wie aus dem Traume streckt sich
Der Strom durch die stille Au,
Und ihre Äuglein balde
Tun auf die Bächlein all
Im Wald, im grünen Walde,
Das ist ein lustger Schall!

Das ist ein lustges Reisen,
Der Eichbaum kühl und frisch
Mit Schatten, wo wir speisen,
Deckt uns den grünen Tisch.
Zum Frühstück musizieren
Die muntern Vögelein,
Der Wald, wenn sie pausieren,
Stimmt wunderbar mit ein,
Die Wipfel tut er neigen,
Als gesegnet' er uns das Mahl,
Und zeigt uns zwischen den Zweigen
Tief unten das weite Tal.

Tief unten da ist ein Garten,
Da wohnt eine schöne Frau,
Wir können nicht lange warten,
Durchs Gittertor wir schaun,
Wo die weißen Statuen stehen,
Da ists so still und kühl,
Die Wasserkünste gehen,

Der Flieder duftet schwül.
Wir ziehn vorbei und singen
In der stillen Morgenzeit,
Sie hörts im Traume klingen,
Wir aber sind schon weit.

Vor der Stadt

Zwei Musikanten ziehn daher
Vom Wald aus weiter Ferne,
Der eine ist verliebt gar sehr,
Der andre wär es gerne.

Die stehn allhier im kalten Wind
Und singen schön und geigen:
Ob nicht ein süßverträumtes Kind
Am Fenster sich wollt zeigen?

Dryander mit der Komödiantenbande

Mich brennts an meinen Reiseschuhn,
Fort mit der Zeit zu schreiten –
Was wollen wir agieren nun
Vor so viel klugen Leuten?

Es hebt das Dach sich von dem Haus
Und die Kulissen rühren
Und strecken sich zum Himmel 'raus,
Strom, Wälder musizieren!

Und aus den Wolken langt es sacht,
Stellt alles durcheinander,
Wie sichs kein Autor hat gedacht:
Volk, Fürsten und Dryander.

Da gehn die einen müde fort,
Die andern nahn behende,
Das alte Stück, man spielts so fort
Und kriegt es nie zu Ende.

Und keiner kennt den letzten Akt
Von allen, die da spielen,
Nur der da droben schlägt den Takt,
Weiß, wo das hin will zielen.

Der verliebte Reisende

Da fahr ich still im Wagen,
Du bist so weit von mir,
Wohin er mich mag tragen,
Ich bleibe doch bei dir.

Da fliegen Wälder, Klüfte
Und schöne Täler tief,
Und Lerchen hoch in den Lüften,
Als ob dein Stimme rief'.

Die Sonne lustig scheinet
Weit über das Revier,
Ich bin so froh verweinet
Und singe still in mir.

Vom Berge gehts hinunter,
Das Posthorn schallt im Grund,
Mein Seel wird mir so munter,
Grüß dich aus Herzensgrund.

2

Ich geh durch die dunklen Gassen
Und wandre von Haus zu Haus,
Ich kann mich noch immer nicht fassen,
Sieht alles so trübe aus.

Da gehen viel Männer und Frauen,
Die alle so lustig sehn,
Die fahren und lachen und bauen,
Daß mir die Sinne vergehn.

Oft wenn ich bläuliche Streifen
Seh über die Dächer fliehn,
Sonnenschein draußen schweifen,
Wolken am Himmel ziehn:

Da treten mitten im Scherze
Die Tränen ins Auge mir,
Denn die mich lieben von Herzen
Sind alle so weit von hier.

3

Lied, mit Tränen halb geschrieben,
Dorthin über Berg und Kluft,
Wo die Liebste mein geblieben,
Schwing dich durch die blaue Luft!

Ist sie rot und lustig, sage:
Ich sei krank von Herzensgrund;
Weint sie nachts, sinnt still bei Tage,
Ja, dann sag: ich sei gesund!

Ist vorbei ihr treues Lieben,
Nun, so end auch Lust und Not,
Und zu allen, die mich lieben,
Flieg und sage: ich sei tot!

4

Ach Liebchen, dich ließ ich zurücke,
Mein liebes, herziges Kind,
Da lauern viel Menschen voll Tücke,
Die sind dir so feindlich gesinnt.

Die möchten so gerne zerstören
Auf Erden das schöne Fest,
Ach, könnte das Lieben aufhören,
So mögen sie nehmen den Rest.

Und alle die grünen Orte,
Wo wir gegangen im Wald,
Die sind nun wohl anders geworden,
Da ists nun so still und kalt.

Da sind nun am kalten Himmel
Viel tausend Sterne gestellt,
Es scheint ihr goldnes Gewimmel
Weit übers beschneite Feld.

Mein' Seele ist so beklommen,
Die Gassen sind leer und tot,
Da hab ich die Laute genommen
Und singe in meiner Not.

Ach, wär ich im stillen Hafen!
Kalte Winde am Fenster gehn,
Schlaf ruhig, mein Liebchen, schlafe,
Treu' Liebe wird ewig bestehn!

5

Grün war die Weide,
Der Himmel blau,
Wir saßen beide
Auf glänzender Au.

Sinds Nachtigallen
Wieder, was ruft,
Lerchen, die schallen
Aus warmer Luft?

Ich hör die Lieder,
Fern, ohne dich,
Lenz ists wohl wieder,
Doch nicht für mich.

6

Wolken, wälderwärts gegangen,
Wolken, fliegend übers Haus,
Könnt ich an euch fest mich hangen,
Mit euch fliegen weit hinaus!

Tag'lang durch die Wälder schweif ich,
Voll Gedanken sitz ich still,
In die Saiten flüchtig greif ich,
Wieder dann auf einmal still.

Schöne, rührende Geschichten
Fallen ein mir, wo ich steh,
Lustig muß ich schreiben, dichten,
Ist mir selber gleich so weh.

Manches Lied, das ich geschrieben
Wohl vor manchem langen Jahr,
Da die Welt vom treuen Lieben
Schön mir überglänzet war;

Find ichs wieder jetzt voll Bangen:
Werd ich wunderbar gerührt,
Denn so lang ist das vergangen,
Was mich zu dem Lied verführt.

Diese Wolken ziehen weiter,
Alle Vögel sind erweckt,
Und die Gegend glänzet heiter,
Weit und fröhlich aufgedeckt.

Regen flüchtig abwärts gehen,
Scheint die Sonne zwischendrein,
Und dein Haus, dein Garten stehen
Überm Wald im stillen Schein.

Und du harrst nicht mehr mit Schmerzen,
Wo so lang dein Liebster sei –
Und mich tötet noch im Herzen
Dieser Schmerzen Zauberei.

Rückkehr

Mit meinem Saitenspiele,
Das schön geklungen hat,
Komm ich durch Länder viele
Zurück in diese Stadt.

Ich ziehe durch die Gassen,
So finster ist die Nacht,

Und alles so verlassen,
Hatts anders mir gedacht.

Am Brunnen steh ich lange,
Der rauscht fort, wie vorher,
Kommt mancher wohl gegangen,
Es kennt mich keiner mehr.

Da hört ich geigen, pfeifen,
Die Fenster glänzten weit,
Dazwischen drehn und schleifen
Viel fremde, fröhliche Leut.

Und Herz und Sinne mir brannten,
Mich triebs in die weite Welt,
Es spielten die Musikanten,
Da fiel ich hin im Feld.

Auf einer Burg

Eingeschlafen auf der Lauer
Oben ist der alte Ritter;
Drüber gehen Regenschauer,
Und der Wald rauscht durch das Gitter.

Eingewachsen Bart und Haare,
Und versteinert Brust und Krause,
Sitzt er viele hundert Jahre
Oben in der stillen Klause.

Draußen ist es still und friedlich,
Alle sind ins Tal gezogen,
Waldesvögel einsam singen
In den leeren Fensterbogen.

Eine Hochzeit fährt da unten
Auf dem Rhein im Sonnenscheine,
Musikanten spielen munter,
Und die schöne Braut die weinet.

Jahrmarkt

Sinds die Häuser, sinds die Gassen?
Ach, ich weiß nicht wo ich bin!
Hab ein Liebchen hier gelassen,
Und manch Jahr ging seitdem hin.

Aus den Fenstern schöne Frauen
Sehn mir freundlich ins Gesicht,
Keine kann so frischlich schauen,
Als mein liebes Liebchen sicht.

An dem Hause poch ich bange –
Doch die Fenster stehen leer,
Ausgezogen ist sie lange,
Und es kennt mich keiner mehr.

Und ringsum ein Rufen, Handeln,
Schmucke Waren, bunter Schein,
Herrn und Damen gehn und wandeln
Zwischendurch in bunten Reihn.

Zierlich Bücken, freundlich Blicken,
Manches flüchtge Liebeswort,
Händedrücken, heimlich Nicken –
Nimmt sie all der Strom mit fort.

Und mein Liebchen sah ich eben
Traurig in dem lustgen Schwarm,

Und ein schöner Herr daneben
Führt' sie stolz und ernst am Arm.

Doch verblaßt war Mund und Wange,
Und gebrochen war ihr Blick,
Seltsam schaut' sie stumm und lange,
Lange noch auf mich zurück. –

Und es endet Tag und Scherzen,
Durch die Gassen pfeift der Wind –
Keiner weiß, wie unsre Herzen
Tief von Schmerz zerrissen sind.

In der Fremde

Ich hör die Bächlein rauschen
Im Walde her und hin,
Im Walde in dem Rauschen
Ich weiß nicht, wo ich bin.

Die Nachtigallen schlagen
Hier in der Einsamkeit,
Als wollten sie was sagen
Von der alten, schönen Zeit.

Die Mondesschimmer fliegen,
Als säh ich unter mir
Das Schloß im Tale liegen,
Und ist doch so weit von hier!

Als müßte in dem Garten,
Voll Rosen weiß und rot,
Meine Liebste auf mich warten,
Und ist doch lange tot.

Sehnsucht

Es schienen so golden die Sterne,
Am Fenster ich einsam stand
Und hörte aus weiter Ferne
Ein Posthorn im stillen Land.
Das Herz mir im Leib entbrennte,
Da hab ich mir heimlich gedacht:
Ach, wer da mitreisen könnte
In der prächtigen Sommernacht!

Zwei junge Gesellen gingen
Vorüber am Bergeshang,
Ich hörte im Wandern sie singen
Die stille Gegend entlang:
Von schwindelnden Felsenschlüften,
Wo die Wälder rauschen so sacht,
Von Quellen, die von den Klüften
Sich stürzen in die Waldesnacht.

Sie sangen von Marmorbildern,
Von Gärten, die überm Gestein
In dämmernden Lauben verwildern,
Palästen im Mondenschein,
Wo die Mädchen am Fenster lauschen,
Wann der Lauten Klang erwacht
Und die Brunnen verschlafen rauschen
In der prächtigen Sommernacht. –

Abschied

O Täler weit, o Höhen,
O schöner, grüner Wald,
Du meiner Lust und Wehen

Andächtger Aufenthalt!
Da draußen, stets betrogen,
Saust die geschäftge Welt,
Schlag noch einmal die Bogen
Um mich, du grünes Zelt!

Wenn es beginnt zu tagen,
Die Erde dampft und blinkt,
Die Vögel lustig schlagen,
Daß dir dein Herz erklingt:
Da mag vergehn, verwehen
Das trübe Erdenleid,
Da sollst du auferstehen
In junger Herrlichkeit!

Da steht im Wald geschrieben
Ein stilles, ernstes Wort
Von rechtem Tun und Lieben,
Und was des Menschen Hort.
Ich habe treu gelesen
Die Worte, schlicht und wahr,
Und durch mein ganzes Wesen
Wards unaussprechlich klar.

Bald werd ich dich verlassen,
Fremd in der Fremde gehn,
Auf buntbewegten Gassen
Des Lebens Schauspiel sehn;
Und mitten in dem Leben
Wird deines Ernsts Gewalt
Mich Einsamen erheben,
So wird mein Herz nicht alt.

Wann der Hahn kräht

Wann der Hahn kräht auf dem Dache,
Putzt der Mond die Lampe aus,
Und die Stern ziehn von der Wache,
Gott behüte Land und Haus!

Der Morgen

Fliegt der erste Morgenstrahl
Durch das stille Nebeltal,
Rauscht erwachend Wald und Hügel:
Wer da fliegen kann, nimmt Flügel!

Und sein Hütlein in die Luft
Wirft der Mensch vor Lust und ruft:
Hat Gesang doch auch noch Schwingen,
Nun, so will ich fröhlich singen!

Hinaus, o Mensch, weit in die Welt,
Bangt dir das Herz in krankem Mut;
Nichts ist so trüb in Nacht gestellt,
Der Morgen leicht machts wieder gut.

Mittagsruh

Über Bergen, Fluß und Talen,
Stiller Lust und tiefen Qualen
Webet heimlich, schillert, Strahlen!
Sinnend ruht des Tags Gewühle
In der dunkelblauen Schwüle,
Und die ewigen Gefühle,
Was dir selber unbewußt,

Treten heimlich, groß und leise
Aus der Wirrung fester Gleise,
Aus der unbewachten Brust,
In die stillen, weiten Kreise.

Der Abend

Schweigt der Menschen laute Lust:
Rauscht die Erde wie in Träumen
Wunderbar mit allen Bäumen,
Was dem Herzen kaum bewußt,
Alte Zeiten, linde Trauer,
Und es schweifen leise Schauer
Wetterleuchtend durch die Brust.

Die Nacht

Wie schön, hier zu verträumen
Die Nacht im stillen Wald,
Wenn in den dunklen Bäumen
Das alte Märchen hallt.

Die Berg im Mondesschimmer
Wie in Gedanken stehn,
Und durch verworrne Trümmer
Die Quellen klagend gehn.

Denn müd ging auf den Matten
Die Schönheit nun zur Ruh,
Es deckt mit kühlen Schatten
Die Nacht das Liebchen zu.

Das ist das irre Klagen
In stiller Waldespracht,
Die Nachtigallen schlagen
Von ihr die ganze Nacht.

Die Stern gehn auf und nieder –
Wann kommst du, Morgenwind,
Und hebst die Schatten wieder
Von dem verträumten Kind?

Schon rührt sichs in den Bäumen,
Die Lerche weckt sie bald –
So will ich treu verträumen
Die Nacht im stillen Wald.

Wegweiser

»Jetzt mußt du rechts dich schlagen,
Schleich dort und lausche hier,
Dann schnell drauf los im Jagen –
So wird noch was aus dir.«

Dank'! doch durchs Weltgewimmel,
Sagt mir, ihr weisen Herrn,
Wo geht der Weg zum Himmel?
Das Eine wüßt ich gern.

Täuschung

Ich ruhte aus vom Wandern,
Der Mond ging eben auf,
Da sah ich fern im Lande
Der alten Tiber Lauf,

Im Walde lagen Trümmer,
Paläste auf stillen Höhn
Und Gärten im Mondesschimmer –
O Welschland, wie bist du schön!

Und als die Nacht vergangen,
Die Erde blitzte so weit,
Einen Hirten sah ich hangen
Am Fels in der Einsamkeit.
Den fragt ich ganz geblendet:
Komm ich nach Rom noch heut?
Er dehnt' sich halbgewendet:
Ihr seid nicht recht gescheut!
Eine Winzerin lacht' herüber,
Man sah sie vor Weinlaub kaum,
Mir aber gings Herze über –
Es war ja alles nur Traum.

Schöne Fremde

Es rauschen die Wipfel und schauern,
Als machten zu dieser Stund
Um die halbversunkenen Mauern
Die alten Götter die Rund.

Hier hinter den Myrtenbäumen
In heimlich dämmernder Pracht,
Was sprichst du wirr wie in Träumen
Zu mir, phantastische Nacht?

Es funkeln auf mich alle Sterne
Mit glühendem Liebesblick,
Es redet trunken die Ferne
Wie von künftigem, großem Glück!

Liebe in der Fremde

1

Jeder nennet froh die Seine,
Ich nur stehe hier alleine,
Denn was früge wohl die Eine:
Wen der Fremdling eben meine?
Und so muß ich, wie im Strome dort die Welle,
Ungehört verrauschen an des Frühlings Schwelle.

2

Wie kühl schweift sichs bei nächtger Stunde,
Die Zither treulich in der Hand!
Vom Hügel grüß ich in die Runde
Den Himmel und das stille Land.

Wie ist da alles so verwandelt,
Wo ich so fröhlich war, im Tal.
Im Wald wie still! Der Mond nur wandelt
Nun durch den hohen Buchensaal.

Der Winzer Jauchzen ist verklungen
Und all der bunte Lebenslauf,
Die Ströme nur, im Tal geschlungen,
Sie blicken manchmal silbern auf.

Und Nachtigallen wie aus Träumen
Erwachen oft mit süßem Schall,
Erinnernd rührt sich in den Bäumen
Ein heimlich Flüstern überall.

Die Freude kann nicht gleich verklingen,
Und von des Tages Glanz und Lust

Ist so auch mir ein heimlich Singen
Geblieben in der tiefsten Brust.

Und fröhlich greif ich in die Saiten,
O Mädchen, jenseits überm Fluß,
Du lauschest wohl und hörst vom weiten
Und kennst den Sänger an dem Gruß!

3

Über die beglänzten Gipfel
Fernher kommt es wie ein Grüßen,
Flüsternd neigen sich die Wipfel,
Als ob sie sich wollten küssen.

Ist er doch so schön und milde!
Stimmen gehen durch die Nacht,
Singen heimlich von dem Bilde –
Ach, ich bin so froh verwacht!

Plaudert nicht so laut, ihr Quellen!
Wissen darf es nicht der Morgen!
In der Mondnacht linde Wellen
Senk ich still mein Glück und Sorgen. –

4

Jetzt wandr' ich erst gern!
Am Fenster nun lauschen
Die Mädchen, es rauschen
Die Brunnen von fern.
Aus schimmernden Büschen
Ihr Plaudern, so lieb,
Erkenn ich dazwischen,
Ich höre mein Lieb!

Kind, hüt dich! Bei Nacht
Pflegt Amor zu wandern,
Ruft leise die andern,
Da schreiten erwacht
Die Götter zur Halle
Ins Freie hinaus,
Es bringt sie dir alle
Der Dichter ins Haus.

Lustige Musikanten

Der Wald, der Wald! daß Gott ihn grün erhalt,
Gibt gut Quartier und nimmt doch nichts dafür.

Zum grünen Wald wir Herberg halten,
Denn Hoffart ist nicht unser Ziel,
Im Wirtshaus, wo wir nicht bezahlten,
Es war der Ehre gar zu viel.
Der Wirt, er wollt uns gar nicht lassen,
Sie ließen Kann und Kartenspiel,
Die ganze Stadt war in den Gassen,
Und von den Bänken mit Gebraus
Stürzt' die Schule heraus,
Wuchs der Haufe von Haus zu Haus,
Schwenkt' die Mützen und jubelt' und wogt',
Der Hatschier, die Stadtwacht, der Bettelvogt,
Wie wenn ein Prinz zieht auf die Freit,
Gab alles, alles uns fürstlich Geleit,
Wir aber schlugen den Markt hinab
Uns durch die Leut mit dem Wanderstab,
Und hoch mit dem Tamburin, daß es schallt', –

Zum Wald, zum Wald, zum schönen, grünen Wald!

Und da nun alle schlafen gingen,
Der Wald steckt' seine Irrlicht' an,
Die Frösche tapfer Ständchen bringen,
Die Fledermaus schwirrt leis voran,
Und in dem Fluß auf feuchtem Steine
Gähnt laut der alte Wassermann,
Strählt sich den Bart im Mondenscheine,
Und fragt ein Irrlicht, wer wir sind?
Das aber duckt sich geschwind;
Denn über ihn weg im Wind
Durch die Wipfel der wilde Jäger geht,
Und auf dem alten Turm sich dreht
Und kräht der Wetterhahn uns nach:
Ob wir nicht einkehrn unter sein Dach?
O Gockel, verfallen ist ja dein Haus,
Es sieht die Eule zum Fenster heraus,
Und aus allen Toren rauschet der Wald.

Der Wald, der Wald, der schöne, grüne Wald!

Und wenn wir müd einst, sehn wir blinken
Eine goldne Stadt still überm Land,
Am Tor Sankt Peter schon tut winken:
»Nur hier herein, Herr Musikant!«
Die Engel von den Zinnen fragen,
Und wie sie uns erst recht erkannt,
Sie gleich die silbernen Pauken schlagen,
Sankt Peter selbst die Becken schwenkt,
Und voll Geigen hängt
Der Himmel, Cäcilia an zu streichen fängt,
Dazwischen Hoch vivat! daß es prasselt und pufft,
Werfen die andern vom Wall in die Luft
Sternschnuppen, Kometen,
Gar prächtge Raketen,
Versengen Sankt Peter den Bart, daß er lacht,
Und wir ziehen heim, schöner Wald, gute Nacht!

Wandersprüche

1

Es geht wohl anders, als du meinst:
Derweil du rot und fröhlich scheinst,
Ist Lenz und Sonnenschein verflogen,
Die liebe Gegend schwarz umzogen;
Und kaum hast du dich ausgeweint,
Lacht alles wieder, die Sonne scheint –
Es geht wohl anders, als man meint.

2

Herz, in deinen sonnenhellen
Tagen halt nicht karg zurück!
Allwärts fröhliche Gesellen
Trifft der Frohe und sein Glück.

Sinkt der Stern: alleine wandern
Magst du bis ans End der Welt –
Bau du nur auf keinen andern
Als auf Gott, der Treue hält.

3

Was willst auf dieser Station
So breit dich niederlassen?
Wie bald nicht bläst der Postillon,
Du mußt doch alles lassen.

4

Die Lerche grüßt den ersten Strahl,
Daß er die Brust ihr zünde,
Wenn träge Nacht noch überall
Durchschleicht die tiefen Gründe.

Und du willst, Menschenkind, der Zeit
Verzagend unterliegen?
Was ist dein kleines Erdenleid?
Du mußt es überfliegen!

5

Der Sturm geht lärmend um das Haus,
Ich bin kein Narr und geh hinaus,
Aber bin ich eben draußen,
Will ich mich wacker mit ihm zausen.

6

Ewig muntres Spiel der Wogen!
Viele hast du schon belogen,
Mancher kehrt nicht mehr zurück.
Und doch weckt das Wellenschlagen
Immer wieder frisches Wagen,
Falsch und lustig wie das Glück.

7

Der Wandrer, von der Heimat weit,
Wenn rings die Gründe schweigen,
Der Schiffer in Meeres Einsamkeit,
Wenn die Stern aus den Fluten steigen:

Die beide schauern und lesen
In stiller Nacht,
Was sie nicht gedacht,
Da es noch fröhlicher Tag gewesen.

Wandernder Dichter

Ich weiß nicht, was das sagen will!
Kaum tret ich von der Schwelle still,
Gleich schwingt sich eine Lerche auf
Und jubiliert durchs Blau vorauf.

Das Gras ringsum, die Blumen gar
Stehn mit Juwelen und Perln im Haar,
Die schlanken Pappeln, Busch und Saat
Verneigen sich im größten Staat.

Als Bot' voraus das Bächlein eilt,
Und wo der Wind die Wipfel teilt,
Die Au verstohlen nach mir schaut,
Als wär sie meine liebe Braut.

Ja, komm ich müd ins Nachtquartier,
Die Nachtigall noch vor der Tür
Mir Ständchen bringt, Glühwürmchen bald
Illuminieren rings den Wald.

Umsonst! Das ist nun einmal so,
Kein Dichter reist inkognito,
Der lustge Frühling merkt es gleich,
Wer König ist in seinem Reich.

Erinnerung

1

Lindes Rauschen in den Wipfeln,
Vöglein, die ihr fernab fliegt,
Bronnen von den stillen Gipfeln,
Sagt, wo meine Heimat liegt?

Heut im Traum sah ich sie wieder,
Und von allen Bergen ging
Solches Grüßen zu mir nieder,
Daß ich an zu weinen fing.

Ach, hier auf den fremden Gipfeln:
Menschen, Quellen, Fels und Baum,
Wirres Rauschen in den Wipfeln, –
Alles ist mir wie ein Traum.

2

Die fernen Heimathöhen,
Das stille, hohe Haus,
Der Berg, von dem ich gesehen
Jeden Frühling ins Land hinaus,
Mutter, Freunde und Brüder,
An die ich so oft gedacht,
Es grüßt mich alles wieder
In stiller Mondesnacht.

Heimweh

Wer in die Fremde will wandern,
Der muß mit der Liebsten gehn,
Es jubeln und lassen die andern
Den Fremden alleine stehn.

Was wisset ihr, dunkele Wipfel,
Von der alten, schönen Zeit?
Ach, die Heimat hinter den Gipfeln,
Wie liegt sie von hier so weit!

Am liebsten betracht ich die Sterne,
Die schienen, wie ich ging zu ihr,
Die Nachtigall hör ich so gerne,
Sie sang vor der Liebsten Tür.

Der Morgen, das ist meine Freude!
Da steig ich in stiller Stund
Auf den höchsten Berg in die Weite,
Grüß dich, Deutschland, aus Herzensgrund!

An der Grenze

Die treuen Berg stehn auf der Wacht:
»Wer streicht bei stiller Morgenzeit
Da aus der Fremde durch die Heid?« –
Ich aber mir die Berg betracht
Und lach in mich vor großer Lust,
Und rufe recht aus frischer Brust
Parol und Feldgeschrei sogleich:
Vivat Östreich!

Da kennt mich erst die ganze Rund,
Nun grüßen Bach und Vöglein zart
Und Wälder rings nach Landesart,
Die Donau blitzt aus tiefem Grund,
Der Stephansturm auch ganz von fern
Guckt übern Berg und säh mich gern,
Und ist ers nicht, so kommt er doch gleich,
Vivat Östreich!

Wanderlied der Prager Studenten

Nach Süden nun sich lenken
Die Vöglein allzumal,
Viel Wandrer lustig schwenken
Die Hüt im Morgenstrahl.
Das sind die Herrn Studenten,
Zum Tor hinaus es geht,
Auf ihren Instrumenten
Sie blasen zum Valet:
Ade in die Läng und Breite
O Prag, wir ziehn in die Weite:
Et habeat bonam pacem,
Qui sedet post fornacem!

Nachts wir durchs Städtlein schweifen,
Die Fenster schimmern weit,
Am Fenster drehn und schleifen
Viel schön geputzte Leut.
Wir blasen vor den Türen
Und haben Durst genug,
Das kommt vom Musizieren,
Herr Wirt, einen frischen Trunk!
Und siehe über ein kleines
Mit einer Kanne Weines

Venit ex sua domo –
Beatus ille homo!

Nun weht schon durch die Wälder
Der kalte Boreas,
Wir streichen durch die Felder,
Von Schnee und Regen naß,
Der Mantel fliegt im Winde,
Zerrissen sind die Schuh,
Da blasen wir geschwinde
Und singen noch dazu:
Beatus ille homo
Qui sedet in sua domo
Et sedet post fornacem
Et habet bonam pacem!

Rückkehr

Wer steht hier draußen? – Macht auf geschwind!
Schon funkelt das Feld wie geschliffen,
Es ist der lustige Morgenwind,
Der kommt durch den Wald gepfiffen.

Ein Wandervöglein, die Wolken und ich
Wir reisten um die Wette,
Und jedes dacht: Nun spute dich,
Wir treffen sie noch im Bette!

Da sind wir nun, jetzt alle heraus,
Die drin noch Küsse tauschen!
Wir brechen sonst mit der Tür ins Haus:
Klang, Duft und Waldesrauschen.

Ich komme aus Italien fern
Und will euch alles berichten,
Vom Berg Vesuv und Romas Stern
Die alten Wundergeschichten.

Da singt eine Fei auf blauem Meer,
Die Myrten trunken lauschen –
Mir aber gefällt doch nichts so sehr
Als das deutsche Waldesrauschen!

Zur Hochzeit

Was das für ein Gezwitscher ist!
Durchs Blau die Schwalben zucken
Und schrein: »Sie haben sich geküßt!«
Vom Baum Rotkehlchen gucken.

Der Storch stolziert von Bein zu Bein;
»Da muß ich fischen gehen –«
Der Abend wie im Traum darein
Schaut von den stillen Höhen.

Und wie im Traume von den Höhen
Seh ich nachts meiner Liebsten Haus,
Die Wolken darüber gehen
Und löschen die Sterne aus.

Der irre Spielmann

Aus stiller Kindheit unschuldiger Hut
Trieb mich der tolle, frevelnde Mut.
Seit ich da draußen so frei nun bin,
Find ich nicht wieder nach Hause mich hin.

Durchs Leben jag ich manch trügrisch Bild,
Wer ist der Jäger da? Wer ist das Wild?
Es pfeift der Wind mir schneidend durchs Haar,
Ach Welt, wie bist du so kalt und klar!

Du frommes Kindlein im stillen Haus,
Schau nicht so lüstern zum Fenster hinaus!
Frag mich nicht, Kindlein, woher und wohin?
Weiß ich doch selber nicht, wo ich bin!

Von Sünde und Reue zerrissen die Brust,
Wie rasend in verzweifelter Lust,
Brech ich im Fluge mir Blumen zum Strauß,
Wird doch kein fröhlicher Kranz daraus! –

Ich möcht in den tiefsten Wald wohl hinein,
Recht aus der Brust den Jammer zu schrein,
Ich möchte reiten ans Ende der Welt,
Wo der Mond und die Sonne hinunterfällt.

Wo schwindelnd beginnt, die Ewigkeit,
Wie ein Meer, so erschrecklich still und weit,
Da sinken all Ström und Segel hinein,
Da wird es wohl endlich auch ruhig sein.

Letzte Heimkehr

Der Wintermorgen glänzt so klar,
Ein Wandrer kommt von ferne,
Ihn schüttelt Frost, es starrt sein Haar,
Ihm log die schöne Ferne,
Nun endlich will er rasten hier,
Er klopft an seines Vaters Tür.

Doch tot sind, die sonst aufgetan,
Verwandelt Hof und Habe,
Und fremde Leute sehn ihn an,
Als käm er aus dem Grabe;
Ihn schauert tief im Herzensgrund,
Ins Feld eilt er zur selben Stund.

Da sang kein Vöglein weit und breit,
Er lehnt' an einem Baume,
Der schöne Garten lag verschneit,
Es war ihm wie im Traume,
Und wie die Morgenglocke klingt,
Im stillen Feld er niedersinkt.

Und als er aufsteht vom Gebet,
Nicht weiß, wohin sich wenden,
Ein schöner Jüngling bei ihm steht,
Faßt mild ihn bei den Händen:
»Komm mit, sollst ruhn nach kurzem Gang.« –
Er folgt, ihn rührt der Stimme Klang.

Nun durch die Bergeseinsamkeit
Sie wie zum Himmel steigen,
Kein Glockenklang mehr reicht so weit,
Sie sehn im öden Schweigen
Die Länder hinter sich verblühn,
Schon Sterne durch die Wipfel glühn.

Der Führer jetzt die Fackel sacht
Erhebt und schweigend schreitet,
Bei ihrem Schein die stille Nacht
Gleichwie ein Dom sich weitet,
Wo unsichtbare Hände baun –
Den Wandrer faßt ein heimlich Graun.

Er sprach: Was bringt der Wind herauf
So fremden Laut getragen,
Als hört ich ferner Ströme Lauf,
Dazwischen Glocken schlagen?
»Das ist des Nachtgesanges Wehn,
Sie loben Gott in stillen Höhn.«

Der Wandrer drauf: Ich kann nicht mehr –
Ists Morgen, der so blendet?
Was leuchten dort für Länder her? –
Sein Freund die Fackel wendet:
»Nun ruh zum letzten Male aus,
Wenn du erwachst, sind wir zu Haus.«

II. Sängerleben

Singen kann ich nicht wie du,
Und wie ich nicht der und jener,
Kannst du's besser, sing frisch zu!
Andre singen wieder schöner,
Droben in dem Himmelstor
Wirds *ein* wunderbarer Chor.

Schlimme Wahl

Du sahst die Fei ihr goldnes Haar sich strählen,
Wenn morgens früh noch alle Wälder schweigen,
Gar viele da im Felsgrund sich versteigen,
Und weiß doch keiner, wen sie wird erwählen.

Von einer andern Dam' hört ich erzählen
Im platten Land, die Bauern rings dir zeigen
Ihr Schloß, Park, Weiler – alles ist dein eigen,
Freist du das Weib – wer möcht im Wald sich quälen!

Sie werden dich auf einen Phaeton heben,
Das Hochzeitscarmen tönt, es blinkt die Flasche,
Weitrauschend hinterdrein viel vornehm Wesen.

Doch streift beim Zug dich aus dem Walde eben
Der Freie Blick, und brennt dich nicht zu Asche:
Fahr wohl, bist nimmer ein Poet gewesen!

Anklänge

1

Vöglein in den sonngen Tagen!
Lüfte blau, die mich verführen!
Könnt ich bunte Flügel rühren,
Über Berg und Wald sie schlagen!

Ach! es spricht des Frühlings Schöne,
Und die Vögel alle singen:
Sind die Farben denn nicht Töne,
Und die Töne bunte Schwingen?

Vöglein, ja, ich lass das Zagen!
Winde sanft die Segel rühren,
Und ich lasse mich entführen,
Ach! wohin? mag ich nicht fragen.

2

Ach! wie ist es doch gekommen,
Daß die ferne Waldespracht
So mein ganzes Herz genommen,
Mich um alle Ruh gebracht!

Wenn von drüben Lieder wehen,
Waldhorn gar nicht enden will,
Weiß ich nicht, wie mir geschehen,
Und im Herzen bet ich still.

Könnt ich zu den Wäldern flüchten,
Mit dem Grün in frischer Lust
Mich zum Himmelsglanz aufrichten –
Stark und frei wär da die Brust!

Hörnerklang und Lieder kämen
Nicht so schmerzlich an mein Herz,
Fröhlich wollt ich Abschied nehmen,
Zög auf ewig wälderwärts.

Intermezzo

Wie so leichte läßt sichs leben!
Blond und rot und etwas feist,
Tue wie die andern eben,
Daß dich jeder Bruder heißt,
Speise, was dir Zeiten geben,
Bis die Zeit auch dich verspeist!

3

Wenn die Klänge nahn und fliehen
In den Wogen süßer Lust,
Ach! nach tiefern Melodien
Sehnt sich einsam oft die Brust!

Wenn auf Bergen blüht die Frühe,
Wieder buntbewegt die Straßen,
Freut sich alles, wie es glühe,
Himmelwärts die Erde blühe:
Einer doch muß tief erblassen,
Goldne Träume, Sternenlust
Wollten ewig ihn nicht lassen –
Sehnt sich einsam oft die Brust.

Und aus solcher Schmerzen Schwellen,
Was so lange dürstend rang,
Will ans Licht nun rastlos quellen,
Stürzend mit den Wasserfällen,
Himmelstäubend, jubelnd, bang,

Nach der Ferne sanft zu ziehen,
Wo so himmlisch Rufen sang,
Ach! nach tiefern Melodien.

Blüten licht nun Blüten drängen,
Daß er möcht vor Glanz erblinden;
In den dunklen Zaubergängen,
Von den eigenen Gesängen
Hold gelockt, kann er nicht finden
Aus dem Labyrinth der Brust.
Alles, alles wills verkünden
In den Wogen süßer Lust.

Doch durch dieses Rauschen wieder
Hört er heimlich Stimmen ziehen,
Wie ein Fall verlorner Lieder
Und er schaut betroffen nieder:
Wenn die Klänge nahn und fliehen
In den Wogen süßer Lust,
Ach! nach tiefern Melodien
Sehnt sich einsam oft die Brust!

4

Ewigs Träumen von der Fernen!
Endlich ist das Herz erwacht
Unter Blumen, Klang und Sternen
In der dunkelgrünen Nacht.

Schlummernd unter blauen Wellen
Ruht der Knabe unbewußt,
Engel ziehen durch die Brust;
Oben hört er in den Wellen
Ein unendlich Wort zerrinnen,
Und das Herze weint und lacht,

Doch er kann sich nicht besinnen
In der dunkelgrünen Nacht.

Frühling will das Blau befreien,
Aus der Grüne, aus dem Schein
Ruft es lockend: Ewig dein –
Aus der Minne Zaubereien
Muß er sehnen sich nach Fernen,
Denkend alter Wunderpracht,
Unter Blumen, Klang und Sternen
In der dunkelgrünen Nacht,

Heilger Kampf nach langem Säumen,
Wenn süßschauernd an das Licht
Lieb' in dunkle Klagen bricht!
Aus der Schmerzen Sturz und Schäumen
Steigt Geliebte, Himmel, Fernen –
Endlich ist das Herz erwacht
Unter Blumen, Klang und Sternen
In der dunkelgrünen Nacht.

Und der Streit muß sich versöhnen,
Und die Wonne und den Schmerz
Muß er ewig himmelwärts
Schlagen nun in vollen Tönen:
Ewigs Träumen von den Fernen!
Endlich ist das Herz erwacht
Unter Blumen, Klang und Sternen
In der dunkelgrünen Nacht.

Rettung

Ich spielt, ein frohes Kind, im Morgenscheine,
Der Frühling schlug die Augen auf so helle,
Hinunter reisten Ström und Wolken schnelle,
Ich streckt die Arme nach ins Blaue, Reine.

Noch wußt ichs selbst nicht, was das alles meine:
Die Lerch, der Wald, der Lüfte blaue Welle,
Und träumend stand ich an des Frühlings Schwelle,
Von fern riefs immer fort: Ich bin die Deine!

Da kam ein alter Mann gegangen,
Mit hohlen Augen und bleichen Wangen,
Er schlich gebogen und schien so krank;
Ich grüßt ihn schön, doch für den Dank
Faßt er mich tückisch schnell von hinten,
Schlang um die Arme mir dreifache Binden,
Und wie ich rang und um Hilfe rief,
Geschwind noch ein andrer zum Alten lief,
Und von allen Seiten kamen Menschen gelaufen,
Ein dunkelverworrner, trübseliger Haufen.
Die drängten mich gar tückisch in ihre Mitte,
Führten durchs Land mich mit eiligem Schritte.

Wie wandt ich sehnend mich oft zurücke!
Die Heimat schickte mir Abschiedsblicke;
Die Büsche langten nach mir mit grünen Armen,
Es schrien alle Vöglein recht zum Erbarmen.
Doch die Alten hörten nicht die fernen Lieder,
Sumsten düstere Worte nur hin und wieder,
Führten mich endlich in ein altes Haus,
Da wogt' es unten in Nacht und Graus,
Da war ein Hämmern, ein Schachern und Rumoren,
Als hätte das Chaos noch nicht ausgegoren.

Hier hielt der Alte würdig und breit:
Mein Sohn, sprach er zu mir, das ist die Nützlichkeit!
Die haben wir so zum gemeinen Besten erfunden.
Das betrachte hübsch fleißig und sei gescheit. –
So ließen sie mich Armen allein und gebunden.

Da schaut ich weinend aus meinem Kerker
Hinaus in das Leben durch düstern Erker,
Und unten sah ich den Lenz sich breiten,
Blühende Träume über die Berge schreiten,
Drüber die blauen, unendlichen Weiten.
Durchs farbige Land auf blauen Flüssen
Zogen bunte Schifflein, die wollten mich grüßen.
Vorüber kamen die Wolken gezogen,
Vorüber singende Vöglein geflogen;
Es wollt der große Zug mich mit fassen,
Ach, Menschen, wann werd't ihr mich wieder hinunter lassen!
Und im dunkelgrünen Walde munter
Schallte die Jagd hinauf und hinunter,
Eine Jungfrau zu Roß und blitzende Reiter –
Über die Berge immer weiter und weiter
Rief Waldhorn immerfort dazwischen:
Mir nach in den Wald, den frischen!

Ach! weiß denn niemand, niemand um mein Trauern?
Wie alle Fernen mir prophetisch singen
Von meinem künftgen wundervollen Leben!

Von innen fühlt ich blaue Schwingen ringen,
Die Hände konnt ich innigst betend heben –
Da sprengt ein großer Klang so Band wie Mauern.

Da ward ich im innersten Herzen so munter,
Schwindelten alle Sinne in den Lenz hinunter,
Weit waren kleinliche Mühen und Sorgen,
Ich sprang hinaus in den farbigen Morgen.

Hippogryph

Das ist ein Flügelpferd mit Silberschellen,
Das heitere Gesellen
Empor hebt über Heidekraut und Klüfte,
Daß durch den Strom der Lüfte,
Die um den Reisehut melodisch pfeifen,
Des Ernsts Gewalt und Totenlärm der Schlüfte
Als Frühlingsjauchzen nur die Brust mag streifen;
Und so im Flug belauschen
Des trunknen Liedergottes rüstge Söhne,
Wenn alle Höhn und Täler blühn und rauschen,
Im Morgenbad des Lebens ewge Schöne,
Die, in dem Glanz erschrocken,
Sie glühend anblickt aus den dunklen Locken.

Die zwei Gesellen

Es zogen zwei rüstge Gesellen
Zum erstenmal von Haus,
So jubelnd recht in die hellen,
Klingenden, singenden Wellen
des vollen Frühlings hinaus.

Die strebten nach hohen Dingen,
Die wollten, trotz Lust und Schmerz,
Was Rechts in der Welt vollbringen,
Und wem sie vorüber gingen,
Dem lachten Sinnen und Herz. –

Der erste, der fand ein Liebchen,
Die Schwieger kauft' Hof und Haus;
Der wiegte gar bald ein Bübchen,
Und sah aus heimlichem Stübchen
Behaglich ins Feld hinaus.

Dem zweiten sangen und logen
Die tausend Stimmen im Grund,
Verlockend' Sirenen, und zogen
Ihn in der buhlenden Wogen
Farbig klingenden Schlund.

Und wie er auftaucht' vom Schlunde,
Da war er müde und alt,
Sein Schifflein das lag im Grunde,
So still wars rings in die Runde,
Und über die Wasser wehts kalt.

Es singen und klingen die Wellen
Des Frühlings wohl über mir;
Und seh ich so kecke Gesellen,
Die Tränen im Auge mir schwellen –
Ach Gott, führ uns liebreich zu Dir!

Das Bilderbuch

Von der Poesie sucht Kunde
Mancher im gelehrten Buch,
Nur des Lebens schöne Runde
Lehret dich den Zauberspruch;
Doch in stillgeweihter Stunde
Will das Buch erschlossen sein,
Und so blick ich heut hinein,
Wie ein Kind im Frühlingswetter
Fröhlich Bilderbücher blättert,
Und es schweift der Sonnenschein
Auf den buntgemalten Lettern,
Und gelinde weht der Wind
Durch die Blumen, durch das Herz
Alte Freuden, alten Schmerz –
Weinen möcht ich wie ein Kind!

Mandelkerngedicht

Zwischen Akten, dunkeln Wänden
Bannt mich, Freiheitsbegehr*enden,*
Nun des Lebens strenge Pflicht,
Und aus Schränken, Aktenschichten
Lachen mir die beleid*igten*
Musen in das Amtsgesicht.

Als an Lenz und Morgenröte
Noch das Herz sich erlab*ete,*
O du stilles, heitres Glück!
Wie ich nun auch heiß mich sehne,
Ach, aus dieser Sande*bene*
Führt kein Weg dahin zurück.

Als der letzte Balkentreter
Steh ich armer Enter*beter*
In des Staates Symphonie,
Ach, in diesem Schwall von Tönen
Wo fand ich da des eig*enen*
Herzens süße Melodie?

Ein Gedicht soll ich euch spenden:
Nun, so geht mit dem Leid*enden*
Nicht zu strenge ins Gericht!
Nehmt den Willen für Gewährung,
Kühnen Reim für Begeist*erung,*
Diesen Unsinn als Gedicht!

Der Unverbesserliche

Ihr habt den Vogel gefangen,
Der war so frank und frei,
Nun ist ihms Fliegen vergangen,
Der Sommer ist lange vorbei.

Es liegen wohl Federn neben
Und unter und über mir,
Sie können mich alle nicht heben
Aus diesem Meer von Papier.

Papier! wie hör ich dich schreien,
Da alles die Federn schwenkt
In langen, emsigen Reihen –
So wird der Staat nun gelenkt.

Mein Fenster am Pulte steht offen,
Der Sonnenschein schweift übers Dach,
Da wird so uraltes Hoffen
Und Wünschen im Herzen wach.

Die lustigen Kameraden,
Lerchen, Quellen und Wald,
Sie rauschen schon wieder und laden:
Geselle, kommst du nicht bald?

Und wie ich durch die Gardinen
Hinaussah in keckem Mut,
Da hört ich Lachen im Grünen,
Ich kannte das Stimmlein recht gut.

Und wie ich hinaustrat zur Schwelle,
Da blühten die Bäume schon all
Ein Liebchen, so frühlingshelle,
Saß drunter beim Vogelschall.

Und eh wir uns beide besannen,
Da wiehert' das Flügelroß –
Wir flogen selbander von dannen,
Daß es unten die Schreiber verdroß.

Die Werber

»O Frühling, wie bist du helle!
Ade nun Hof und Haus!«
Und jubelnd auf den Schwellen
Mit fröhlichen Gesellen
Wandert der Dichter aus.

Doch ihre Lieder wecken
Rings leises Zischeln bald,
Kobold' aus allen Hecken
Erweisen sich mit Necken
Gar wunderbar im Wald.

Zu Roß, so schön und wüste,
Ein hohes Weib fliegt her,
Behelmt, entblößt die Brüste,
Ihr Aug weckt wild Gelüste,
Sie heißt Soldatenehr.

Ihr nach aus Felsenritzen
Schaun graue Wichte klein,
Verstreun von ihren Mützen
Dukaten rings, die blitzen
Blutrot ins Land herein.

Der Schlauste gar durchs Blaue
Als Flügelbübchen schwirrt,
Führt über Berg und Aue

Daher die schönste Fraue –
Die macht erst all verwirrt.

Und der Dichter in dem Toben
Steht einsam auf der Höh,
Die andern sind zerstoben,
So still nun ists da oben,
Sein Herz tut ihm so weh.

Er hört der Quellen Gänge
Durch die Waldeinsamkeit,
Da sinnt er auf Gesänge,
Die Welt gibt volle Klänge,
Sein Herz wird ihm so weit.

Und jeden Frühling wieder
Von der schönen Jugendzeit
Singt er vom Berg hernieder,
Und Heimweh faßt die Brüder,
Die in dem Tal zerstreut.

Sonette

I

So viele Quellen von den Bergen rauschen,
Die brechen zornig aus der Felsenhalle,
Die andern plaudern in melodschem Falle
Mit Nymphen, die im Grün vertraulich lauschen.

Doch wie sie irrend auch die Bahn vertauschen,
Sie treffen endlich doch zusammen alle,
Ein Strom, mit brüderlicher Wogen Schwalle
Erfrischend durch das schöne Land zu rauschen.

An Burgen, die vom Felsen einsam grollen,
Aus Waldesdunkel, zwischen Rebenhügeln
Vorübergleitend in die duftge Ferne,

Entwandelt er zum Meer, dem wundervollen,
Wo träumend sich die selgen Inseln spiegeln
Und auf den Fluten ruhn die ewgen Sterne.

2

So eitel künstlich haben sie verwoben
Die Kunst, die selber sie nicht gläubig achten,
Daß sie die Sünd in diese Unschuld brachten:
Wer unterscheidet, was noch stammt von oben?

Doch wer mag würdig jene Reinen loben,
Die in der Zeit hochmütgem Trieb und Trachten
Die heilge Flamme treu in sich bewachten,
Aus ihr die alte Schönheit neu erhoben!

O Herr! Gib Demut denen, die da irren,
Daß, wenn ihr' Künste all zuschanden werden,
Die töricht nicht den Gott in sich verfluchen!

Begeisterung, was falsch ist, zu entwirren,
Und Freudigkeit, wo's öde wird auf Erden,
Verleihe denen, die Dich redlich suchen!

3

Ein Wunderland ist oben aufgeschlagen,
Wo goldne Ströme gehn und dunkel schallen,
Gelänge durch das Rauschen tief verhallen,
Die möchten gern ein hohes Wort dir sagen.

Viel goldne Brücken sind dort kühn geschlagen,
Darüber alte Brüder sinnend wallen –
Wenn Töne wie im Frühlingsregen fallen,
Befreite Sehnsucht will dorthin dich tragen.

Wie bald läg unten alles Bange, Trübe,
Du strebtest lauschend, blicktest nicht mehr nieder,
Und höher winkte stets der Brüder Liebe:

Wen einmal so berührt die heilgen Lieder,
Sein Leben taucht in die Musik der Sterne,
Ein ewig Ziehn in wunderbare Ferne!

4

Wer einmal tief und durstig hat getrunken,
Den zieht zu sich hinab die Wunderquelle,
Daß er melodisch mit zieht selbst als Welle,
Auf der die Welt sich bricht in tausend Funken.

Es wächst sehnsüchtig, stürzt und leuchtet trunken
Jauchzend im Innersten die heilge Quelle,
Bald Bahn sich brechend durch die Kluft zur Helle,
Bald kühle rauschend dann in Nacht versunken.

So laß es ungeduldig brausen, drängen!
Hoch schwebt der Dichter drauf in goldnem Nachen,
Sich selber heilig opfernd in Gesängen.

Die alten Felsen spalten sich mit Krachen,
Von drüben grüßen schon verwandte Lieder,
Zum ewgen Meere führt er alle wieder.

5

Nicht Träume sinds und leere Wahngesichte,
Was von dem Volk den Dichter unterscheidet.
Was er inbrünstig bildet, liebt und leidet,
Es ist des Lebens wahrhafte Geschichte.

Er fragt nicht viel, wie ihn die Menge richte,
Der eignen Ehr nur in der Brust vereidet;
Denn wo begeistert er die Blicke weidet,
Grüßt ihn der Weltkreis mit verwandtem Lichte.

Die schöne Mutter, die ihn hat geboren,
Den Himmel liebt er, der ihn auserkoren,
Läßt beide Haupt und Brust sich heiter schmücken.

Die Menge selbst, die herbraust, ihn zu fragen
Nach seinem Recht, muß den Beglückten tragen,
Als Element ihm bietend ihren Rücken.

6

Ihm ists verliehn, aus den verwornnen Tagen,
Die um die andern sich wie Kerker dichten,
Zum blauen Himmel sich empor zu richten,
In Freudigkeit: Hie bin ich, Herr! zu sagen.

Das Leben hat zum Ritter ihn geschlagen,
Er soll der Schönheit neidsche Kerker lichten;
Daß nicht sich alle götterlos vernichten,
Soll er die Götter zu beschwören wagen.

Tritt erst die Lieb auf seine blühnden Hügel,
Fühlt er die reichen Kränze in den Haaren,
Mit Morgenrot muß sich die Erde schmücken;

Süßschauernd dehnt der Geist die großen Flügel,
Es glänzt das Meer – die mutgen Schiffe fahren,
Da ist nichts mehr, was ihm nicht sollte glücken!

Wehmut

1

Ich kann wohl manchmal singen,
Als ob ich fröhlich sei,
Doch heimlich Tränen dringen,
Da wird das Herz mir frei.

So lassen Nachtigallen,
Spielt draußen Frühlingsluft,
Der Sehnsucht Lied erschallen
Aus ihres Käfigs Gruft.

Da lauschen alle Herzen,
Und alles ist erfreut,
Doch keiner fühlt die Schmerzen,
Im Lied das tiefe Leid.

2

Sage mir mein Herz, was willst du?
Unstät schweift dein bunter Will;
Manches andre Herz wohl stillst du,
Nur du selbst wirst niemals still.

»Eben, wenn ich munter singe,
Um die Angst mir zu zerstreun,
Ruh und Frieden manchen bringe,
Daß sich viele still erfreun:

Faßt mich erst recht tief Verlangen
Nach viel andrer, beßrer Lust,
Die die Töne nicht erlangen –
Ach, wer sprengt die müde Brust?«

3

Es waren zwei junge Grafen
Verliebt bis in den Tod,
Die konnten nicht ruhn, noch schlafen
Bis an den Morgen rot.

O trau den zwei Gesellen,
Mein Liebchen, nimmermehr,
Die gehn wie Wind und Wellen,
Gott weiß: wohin, woher. –

Wir grüßen Land und Sterne
Mit wunderbarem Klang
Und wer uns spürt von ferne,
Dem wird so wohl und bang.

Wir haben wohl hienieden
Kein Haus an keinem Ort,
Es reisen die Gedanken
Zur Heimat ewig fort.

Wie eines Stromes Dringen
Geht unser Lebenslauf,
Gesanges Macht und Ringen
Tut helle Augen auf.

Und Ufer, Wolkenflügel,
Die Liebe hoch und mild –
Es wird in diesem Spiegel
Die ganze Welt zum Bild.

Dich rührt die frische Helle,
Das Rauschen heimlich kühl,
Das lockt dich zu der Welle,
Weils draußen leer und schwül.

Doch wolle nie dir halten
Der Bilder Wunder fest,
Tot wird ihr freies Walten,
Hältst du es weltlich fest.

Kein Bett darf er hier finden.
Wohl in den Tälern schön
Siehst du sein Gold sich winden,
Dann plötzlich meerwärts drehn.

Intermezzo

Dein Bildnis wunderselig
Hab ich im Herzensgrund,
Das sieht so frisch und fröhlich
Mich an zu jeder Stund.

Mein Herz still in sich singet
Ein altes, schönes Lied,
Das in die Luft sich schwinget
Und zu dir eilig zieht.

Laß das Trauern

Laß, mein Herz, das bange Trauern
Um vergangnes Erdenglück,
Ach, von diesen Felsenmauern
Schweifet nur umsonst der Blick.

Sind denn alle fortgegangen:
Jugend, Sang und Frühlingslust?
Lassen, scheidend, nur Verlangen
Einsam mir in meiner Brust?

Vöglein hoch in Lüften reisen,
Schiffe fahren auf der See,
Ihre Segel, ihre Weisen
Mehren nur des Herzens Weh.

Ist vorbei das bunte Ziehen,
Lustig über Berg und Kluft,
Wenn die Bilder wechselnd fliehen,
Waldhorn immer weiter ruft?

Soll die Lieb auf sonngen Matten
Nicht mehr baun ihr prächtig Zelt,
Übergolden Wald und Schatten
Und die weite, schöne Welt? –

Laß das Bangen, laß das Trauern,
Helle wieder nur den Blick!
Fern von dieser Felsen Mauern
Blüht dir noch gar manches Glück!

Dichterfrühling

Wenn die Bäume lieblich rauschen,
An den Bergen, an den Seen,
Die im Sonnenscheine stehen,
Warme Regen niederrauschen,
Mag ich gern begeistert lauschen.
Denn um die erfrischten Hügel
Auf und nieder sich bewegen

Fühl ich Winde, Gottes Flügel,
Und mir selber wachsen Flügel,
Atm' ich still den neuen Segen.

Wie der Kranke von der Schwelle
Endlich wieder in die warme
Luft hinausstreckt Brust und Arme,
Und es spült des Lebens Welle
Fort die Glieder in das Helle:
Also kommt ein neues Leben
Oft auf mich herab vom Himmel,
Und ich seh vor mir mein Streben
Licht und unvergänglich schweben
Durch des Lebens bunt Gewimmel.

Will erquickt nun alles prangen,
Irrt der Dichter durch die Schatten,
Durch die blumenreichen Matten,
Denkt der Zeiten, die vergangen,
Ferner Freunde voll Verlangen,
Und es weben sich die Träume
Wie von selbst zum Werk der Musen,
Und rings Berge, Blumen, Bäume
Wachsen in die heitern Räume
Nach der Melodie im Busen.

Intermezzo

Wohl vor lauter Sinnen, Singen
Kommen wir nicht recht zum Leben;
Wieder ohne rechtes Leben
Muß zu Ende gehn das Singen;
Ging zu Ende dann das Singen:
Mögen wir auch nicht länger leben.

Aufgebot

Waldhorn bringt Kund getragen,
Es hab nun aufgeschlagen
Auf Berg und Tal und Feld
Der Lenz seine bunten Zelt!

Ins Grün ziehn Sänger, Reiter,
Ein jeglich Herz wird weiter,
Möcht jauchzend übers Grün
Mit den Lerchen ins Blaue ziehn.

Was stehst du so alleine,
Pilgrim, im grünen Scheine?
Lockt dich der Wunderlaut
Nicht auch zur fernen Braut?

»Ach! diese tausendfachen
Heilig verschlungnen Sprachen,
So lockend Lust, wie Schmerz,
Zerreißen mir das Herz.«

»Ein Wort will mirs verkünden,
Oft ists, als müßt ichs finden,
Und wieder ists nicht so,
Und ewig frag ich: Wo?« –

So stürz dich einmal, Geselle,
Nur frisch in die Frühlingswelle!
Da spürst du's im Innersten gleich,
Wo's rechte Himmelreich.

Und wer dann noch mag fragen:
Freudlos in blauen Tagen
Der wandern und fragen mag
Bis an den jüngsten Tag!

Intermezzo

Der Bürgermeister

Hochweiser Rat, geehrte Kollegen!
Bevor wir uns heut aufs Raten legen,
Bitt ich, erst reiflich zu erwägen:
Ob wir vielleicht, um Zeit zu gewinnen,
Heut sogleich mit dem Raten beginnen,
Oder ob wir erst proponieren müssen,
Was uns versammelt und was wir alle wissen? –
Ich muß pflichtmäßig voranschicken hierbei,
Daß die Art der Geschäfte zweierlei sei:
Die einen sind die eiligen,
Die andern die langweiligen.
Auf jene pfleg ich Cito zu schreiben,
Die andern können liegen bleiben.
Die liegenden aber, geehrte Brüder,
Zerfallen in wichtge und in höchstwichtge wieder.
Bei jenen – nun – man wird verwegen,
Man schreibt nach amtlichem Überlegen
More solito hier, und dort ad acta,
Die Diener rennen, man flucht, verpackt da,
Der Staat floriert und bleibt im Takt da,
Doch werden die Zeiten so ungeschliffen,
Wild umzuspringen mit den Begriffen,
Kommt gar, wie heute, ein Fall, der eilig
Und doch höchstwichtig zugleich – dann freilich
Muß man von neuem unterscheiden:
Ob er mehr eilig oder mehr wichtig. –
Ich bitte, meine Herrn, verstehn Sie mich richtig!
Der Punkt ist von Einfluß. Denn wir vermeiden
Die species facti, wie billig, sofort,
Findt sich der Fall mehr eilig als liegend.
Ist aber das Wichtige überwiegend,

Wäre die Eile am unrechten Ort.
Meine Herren, Sie haben nun die Prämissen,
Sie werden den Beschluß zu finden wissen.

Terzett

Hirt

Wenn sich der Sommermorgen still erhebt,
Kein Wölkchen in den blauen Lüften schwebt,
Mit Wonneschauern naht das Licht der Welt,
Daß sich die Ährenfelder leise neigen,
Da sink ich auf die Knie im stillen Feld,
Und bete, wenn noch alle Stimmen schweigen.

Jäger

Doch keiner atmet so den Strom von Lüften,
Als wie der Jäger in den grünen Klüften!
Wo euch der Atem schwindelnd schon vergangen,
Hat seine rechte Lust erst angefangen,
Wenn tief das Tal auffunkelt durch die Bäume,
Der Aar sich aufschwingt in die klaren Räume.

Hirt

Und sinkt der Mittag müde auf die Matten,
Rast ich am Bächlein in den kühlsten Schatten,
Ein leises Flüstern geht in allen Bäumen,
Das Bächlein plaudert wirre wie in Träumen,
Die Erde säuselt kaum, als ob sie schliefe,
Und mit den Wolken in den stillen Räumen
Schiff ich still fort zur unbekannten Tiefe.

Jäger

Und wenn die Tiefe schwül und träumend ruht,
Steh ich am Berg wie auf des Landes Hut,
Seh fern am Horizont die Wetter steigen,
Und durch die Wipfel, die sich leise neigen,
Rauscht droben schwellend ein gewaltig Lied,
Das ewig frisch mir durch die Seele zieht.

Hirt

Es blitzt von fern, die Heimchen Ständchen bringen,
Und unter Blüten, die im Wind sich rühren,
Die Mädchen plaudernd sitzen vor den Türen;
Da lass ich meine Flöte drein erklingen,
Daß ringsum durch die laue Sommernacht
In Fels und Brust der Widerhall erwacht.

Jäger

Doch wenn die Täler unten längst schon dunkeln,
Seh ich vom Berge noch die Sonne funkeln,
Der Adler stürzt sich jauchzend in die Gluten,
Es bricht der Strom mit feuertrunknen Fluten
Durchs enge Steingeklüft, wie er sich rette
Zum ewgen Meer – ach, wer da Flügel hätte!

Angela

Wenn von den Auen
Die Flöte singt,
Aus Waldesrauschen
Das Horn erklingt,
Da steh ich sinnend
Im Morgenlicht –

Wem ich soll folgen,
Ich weiß es nicht.

Doch kehrt ihr beide
Im letzten Strahl
Der Sonne wieder
Zurück ins Tal,
Schaut mir so freudig
Ins Angesicht:
Da weiß ichs plötzlich –
Doch sag ichs nicht.

Intermezzo

Chor der Schmiede

Bist zum künftgen Holmgang
Nun gehämmert, Nordmann!
Schlängelt sich im Todkampf
Glutrot einst dein Schwertblitz –
Sehr weint da die Heldbraut –
Denk! der Waffenmeister
Hämmert, singet! Ists auch
Ungereimt, so klappts doch!

Morgenlied

Ein Stern still nach dem andern fällt
Tief in des Himmels Kluft,
Schon zucken Strahlen durch die Welt,
Ich wittre Morgenluft.

In Qualmen steigt und sinkt das Tal;
Verödet noch vom Fest
Liegt still der weite Freudensaal,
Und tot noch alle Gäst.

Da hebt die Sonne aus dem Meer
Eratmend ihren Lauf;
Zur Erde geht, was feucht und schwer,
Was klar, zu ihr hinauf.

Hebt grüner Wälder Trieb und Macht
Neurauschend in die Luft,
Zieht hinten Städte, eitel Pracht,
Blau' Berge durch den Duft.

Spannt aus die grünen Tepp'che weich,
Von Strömen hell durchrankt,
Und schallend glänzt das frische Reich,
So weit das Auge langt.

Der Mensch nun aus der tiefen Welt
Der Träume tritt heraus,
Freut sich, daß alles noch so hält,
Daß noch das Spiel nicht aus.

Und nun gehts an ein Fleißigsein!
Umsumsend Berg und Tal,
Agieret lustig groß und klein
Den Plunder allzumal.

Die Sonne steiget einsam auf,
Ernst über Lust und Weh
Lenkt sie den ungestörten Lauf
Zu stiller Glorie. –

Und *wie* er dehnt die Flügel aus,
Und *wie* er auch sich stellt,
Der Mensch kann nimmermehr hinaus
Aus dieser Narrenwelt.

Intermezzo

Chor der Schneider

Nur vom Ganzen frisch gerissen,
Eh die Ware ganz verschlissen,
Hier ein uralt gülden Stück,
Gibt so 'n gewissen frommen Blick,
Hier ein bunter welscher Flick,
Drauf ein Stück Hausleinewand,
Macht das Welsche erst pikant.
Hie 'nen Fetzen Bärenhaut,
Daß man auch das Deutsche schaut,
Drüber einen spanschen Kragen,
Das Erhabne wird behagen,
Frisch gestichelt, fein zum Werke,
Und wird auch nichts Ganzes draus,
Sieht es doch gar niedlich aus.

Guter Rat

Springer, der in luftgem Schreiten
Über die gemeine Welt,
Kokettieret mit den Leuten,
Sicherlich vom Seile fällt.

Schiffer, der nach jedem Winde,
Blas er witzig oder dumm,

Seine Segel stellt geschwinde,
Kommt im Wasser schmählich um.

Weisen Sterne doch die Richtung,
Hörst du nachts doch fernen Klang,
Dorthin liegt das Land der Dichtung,
Fahre zu und frag nicht lang.

Umkehr

Leben kann man nicht von Tönen,
Poesie geht ohne Schuh',
Und so wandt ich denn der Schönen
Endlich auch den Rücken zu.

Lange durch die Welt getrieben
Hat mich nun die irre Hast,
Immer doch bin ich geblieben
Nur ein ungeschickter Gast.

Überall zu spät zum Schmause
Kam ich, wenn die andern voll,
Trank die Neigen vor dem Hause,
Wußt nicht, wem ichs trinken soll.

Mußt mich vor Fortuna bücken
Ehrfurchtsvoll bis auf die Zeh'n,
Vornehm wandt sie mir den Rücken,
Ließ mich so gebogen stehn.

Und als ich mich aufgerichtet
Wieder frisch und frei und stolz,
Sah ich Berg' und Tal gelichtet,
Blühen jedes dürre Holz.

Welt hat eine plumpe Pfote,
Wandern kann man ohne Schuh' –
Deck mit deinem Morgenrote
Wieder nur den Wandrer zu!

Intermezzo

Blonder Ritter

Blonder Ritter, blonder Ritter,
Deine Blicke, weltschmerzdunkel,
Statt durch Helmes Eisengitter,
Durch die Brille gläsern funkeln.

Hinterm Ohre, statt vom Leder,
Zornig mit verwegner Finte
Ziehst du statt des Schwerts die Feder,
Und statt Blutes fließet Dinte.

Federspritzeln, Ehr beklecken,
Ungeheueres Geschnatter!
Wilde Recken, wilde Recken,
Trampelt nicht die Welt noch platter.

Liedesmut

Was Lorbeerkranz und Lobestand!
Es duftet still die Frühlingsnacht
Und rauscht der Wald vom Felsenrand,
Obs jemand hört, ob niemand wacht.

Es schläft noch alles Menschenkind,
Da pfeift sein lustges Wanderlied

Schon übers Feld der Morgenwind
Und fragt nicht erst, wer mit ihm zieht.

Und ob ihr all zu Hause saßt,
Der Frühling blüht doch, weil er muß,
Und ob ihrs lest oder bleiben laßt,
Ich singe doch aus frischer Brust.

Entgegnung

»Sei antik doch, sei teutonisch,
Lern, skandiere unverdrossen,
Freundchen, aber nur ironisch!
Und vor allem laß die Possen,
Die man sonst genannt: romantisch.« –
Also hört mans ringsher schallen;
Aber mich bedünkt: pedantisch
Sei das Schlimmste doch von allen.

Wem der Herr den Kranz gewunden,
Wird nach alle dem nicht fragen,
Sondern muß, wie ers befunden,
Auf die eigne Weise sagen,
Stets aufs neu mit freudgem Schrecken,
Ist sie auch die alte blieben,
Sich die schöne Welt entdecken,
Ewig jung ist, was wir lieben!

Oft durch des Theaters Ritzen
Brichts mit wunderbarem Lichte,
Wenn der Herr in feurgen Blitzen
Dichtend schreibt die Weltgeschichte,
Und das ist der Klang der Wehmut,
Der durch alle Dichtergeister
Schauernd geht, wenn sie in Demut
Über sich erkannt den Meister.

Der Isegrimm

Aktenstöße nachts verschlingen,
Schwatzen nach der Welt Gebrauch,
Und das große Tretrad schwingen
Wie ein Ochs, das kann ich auch.

Aber glauben, daß der Plunder
Eben nicht der Plunder wär,
Sondern ein hochwichtig Wunder,
Das gelang mir nimmermehr.

Aber andre überwitzen,
Daß ich mit dem Federkiel
Könnt den morschen Weltbau stützen,
Schien mir immer Narrenspiel.

Und so, weil ich in dem Drehen
Da steh oft wie ein Pasquill,
Läßt die Welt mich eben stehen –
Mag sies halten, wie sie will!

Tafellieder

I

(Damenliedertafel in Danzig)

Die Frauen

Gleich wie Echo frohen Liedern
Fröhlich Antwort geben muß,
So auch nahn wir und erwidern
Dankend den galanten Gruß.

Die Männer

O, ihr Gütgen und Charmanten!
Für des Echos holden Schwung
Nehmt der lustgen Musikanten
Ganz ergebne Huldigung!

Frauen

Doch ihr huldigt, wills uns dünken,
Andern Göttern nebenbei.
Rot und golden sehn wirs blinken –
Sagt, wie das zu nehmen sei?

Männer

Teure! zierlich, mit drei Fingern,
Sichrer, mit der ganzen Hand –
Und so füllt man aus den Dingern
'S Glas nicht halb, nein, bis zum Rand.

Frauen

Nun, wir sehen, ihr seid Meister.
Doch wir sind heut liberal;
Hoffentlich, als schöne Geister,
Treibt ihrs etwas ideal.

Männer

Jeder nippt und denkt die Seine,
Und wer nichts *Besondres* weiß:
Nun – der trinkt ins allgemeine
Frisch zu *aller* Schönen Preis!

Alle

Recht so! Klingt denn in die Runde
An zu Dank und Gegendank!
Sänger, Fraun, wo die im Bunde,
Da gibts einen hellen Klang!

2

Trinken und Singen

Viel Essen macht viel breiter
Und hilft zum Himmel nicht,
Es kracht die Himmelsleiter,
Kommt so ein schwerer Wicht.
Das Trinken ist gescheiter,
Das schmeckt schon nach Idee,
Da braucht man keine Leiter,
Das geht gleich in die Höh.

Chor

Da braucht man keine Leiter,
Das geht gleich in die Höh.

Viel Reden ist manierlich:
»Wohlauf?« – Ein wenig flau. –
»Das Wetter ist spazierlich.« –
Was macht die liebe Frau? –
»Ich danke« – und so weiter,
Und breiter als ein See –
Das Singen ist gescheiter,
Das geht gleich in die Höh.

Chor

Das Singen ist gescheiter,
Das geht gleich in die Höh.

Die Fisch und Musikanten
Die trinken beide frisch,
Die Wein, die andern Wasser –
Drum hat der dumme Fisch
Statt Flügel Flederwische
Und liegt elend im See –
Doch wir sind keine Fische,
Das geht gleich in die Höh.

Chor

Doch wir sind keine Fische,
Das geht gleich in die Höh.

Ja, Trinken frisch und Singen
Das bricht durch alles Weh,
Das sind zwei gute Schwingen,
Gemeine Welt, ade!
Du Erd mit deinem Plunder,
Ihr Fische samt der See,
's geht alles, alles unter,
Wir aber in die Höh!

Chor

's geht alles, alles unter,
Wir aber in die Höh!

3

Zum Abschied

Horcht! Die Stunde hat geschlagen,
Und ein Schiffer steht am Bord,
Grüßt noch einmal, und es tragen
Ihn die Wellen rauschend fort.

Sturm wühlt und die Zeiten bäumen
Sehnsüchtig sich himmelan,
Hoch in solcher Wellen Schäumen
Segle, kühner Steuermann!

Und den letzten Becher, Brüder,
Eh wir hier verlassen stehn,
Und den letzten Klang der Lieder
Auf ein freudig Wiedersehn!

4

Berliner Tafel

Viele Lerchen hellerwacht,
Die zum Himmel steigen,
Viele Sterne in der Nacht,
Vieler Wipfel Neigen,
Viele frische Herzen dann,
Die begeistert lauschen –
Da bricht erst der Lenz recht an,
Klang und Waldesrauschen.

So sind viele hier gesellt:
Rüstige Gesellen,
Die ihr Sach auf Klang gestellt,

Schauspiel und Novellen,
Viele dann, die recht sich freun,
Wenn wirs löblich machen,
Und, greift einer falsch darein,
Auch von Herzen lachen.

Und wo *solche* Resonanz,
Klingt das Lied erst helle,
Wie wir hier vereint zum Kranz,
Blüht die sandge Schelle,
Kuckuck ruft und Nachtigall
Und von Lust und Schmerzen
Weckt der Schall den Widerhall
Rings in tausend Herzen.

Ein Land, das ihr schweigend meint
Und wir freudig singen,
Und *ein* Meer, das uns vereint
Soll hinüberbringen.
Frische Fahrt denn, nah und fern,
Allen mutgen Seglern,
Die getreu dem rechten Stern,
Schleglern oder Heglern!

5

Die Heimonskinder

Auf feurgem Rosse kommt Bachus daher,
Den Becher hoch in der Hand,
Sein Rößlein wird wild, sein Kopf ist ihm schwer,
Er verschüttet den Wein auf das Land.

Den Dichter erbarmet der Rebensaft,
In den Bügel er kühn sich stellt

Und trinkt mit dem Gotte Brüderschaft –
Nun gehts erst, als gings aus der Welt!

»Ei, sieh da, so einsam, Herr Komponist!
Steig auf mit, 's ist schad um die Schuh,
Du lös'st erst die Schwinge – und wo keine ist,
Da mach uns die Flügel dazu!«

Und was sie ersonnen nun, singen die drei.
»O weh!« ruft ein Sänger herauf,
»Ihr schreit ja die köstlichsten Noten entzwei!«
Und schwingt zu den dreien sich auf.

Nun setzt der Tonkünstler, skandiert der Poet,
Der Sänger gibt himmlischen Schall,
Es lächelt Herr Bachus: »Wahrhaftig, das geht,
Unds Trinken verstehen sie all.«

Und wie sie nun alle beisammen sind,
Hebts sachte die seligen Leut,
Es wachsen dem Rosse zwei Schwingen geschwind
Und überfliegen die Zeit.

6

Der alte Held

(Tafellied zu Goethes Geburtstag 1831)

»Ich habe gewagt und gesungen,
Da die Welt noch stumm lag und bleich,
Ich habe den Bann bezwungen,
Der die schöne Braut hielt umschlungen,
Ich habe erobert das Reich.«

»Ich habe geforscht und ergründet
Und tat es euch treulich kund:
Was das Leben dunkel verkündet,
Die heilige Schrift, die entzündet
Der Herr in der Seelen Grund.«

»Wie rauschen nun Wälder und Quellen
Und singen vom ewigen Port:
Schon seh ich Morgenrot schwellen,
Und ihr dort, ihr jungen Gesellen,
Fahrt immer immerfort!«

Und so, wenn es still geworden,
Schaut er vom Turm bei Nacht
Und segnet den Sängerorden,
Der an den blühenden Borden
Das schöne Reich bewacht.

Dort hat er nach Lust und Streiten
Das Panner aufgestellt,
Und die auf dem Strome der Zeiten
Am Felsen vorübergleiten,
Sie grüßen den alten Held.

7

Toast

Auf das Wohlsein der Poeten,
Die nicht schillern und nicht göthen,
Durch die Welt in Lust und Nöten
Segelnd frisch auf eignen Böten.

Treue

Frisch auf, mein Herz! Wie heiß auch das Gedränge,
Bewahr ich doch mir kühl und frei die Brust!
Schickt Wald und Flur doch noch die alten Klänge,
Erschütternd mich mit wunderbarer Lust.
Und ob die Woge feindlich mit mir ränge:
So frömmer nur sing ich aus treuer Brust;
Da bleicht das Wetter, Himmelblau scheint helle,
Das Meer wird still und zum Delphin die Welle.

»Was wollt ihr doch mit eurem Liederspaße!
Des Würdgern beut die große Zeit so viel!«
So schallts hoffärtig nun auf jeder Gasse,
Und jeder steckt sich dreist sein glänzend Ziel.
Die Lieder, die ich stammelnd hören lasse,
Ewger Gefühle schwaches Widerspiel, –
Sie sind es wahrlich auch nicht, was ich meine,
Denn ewig unerreichbar ist das Eine.

Doch lieben oft, der Sehnsucht Glut zu mildern,
Gefangne wohl, das ferne Vaterland
An ihres Kerkers Mauern abzuschildern.
Ein Himmelsstrahl fällt schweifend auf die Wand,
Da rührts lebendig sich in allen Bildern. –
Dem Auge scheints ein lieblich bunter Tand –
Doch wer der lichten Heimat recht zu eigen,
Dem wird der Bilder ernster Geist sich zeigen.

So wachse denn und treibe fröhlich Blüte,
Du kräftig grüner, deutscher Sangesbaum!
Rausch nur erfrischend fort mir ins Gemüte
Aus deiner Wipfel klarem Himmelsraum!
Du aber, wunderbare, ewge Güte,
Die mir den Himmel wies im schönen Traum,
Erhalt auf Erden rüstig mir die Seele,
Daß ich, wo's immer ehrlich gilt, nicht fehle!

Heimweh

An meinen Bruder

Du weißts, dort in den Bäumen
Schlummert ein Zauberbann,
Und nachts oft, wie in Träumen,
Fängt der Garten zu singen an.

Nachts durch die stille Runde
Wehts manchmal bis zu mir,
Da ruf ich aus Herzensgrunde,
O Bruderherz, nach dir.

So fremde sind die andern,
Mir graut im fremden Land,
Wir wollen zusammen wandern,
Reich treulich mir die Hand!

Wir wollen zusammen ziehen,
Bis daß wir wandermüd
Auf des Vaters Grabe knien
Bei dem alten Zauberlied.

Dichterlos

Für alle muß vor Freuden
Mein treues Herze glühn,
Für alle muß ich leiden,
Für alle muß ich blühn,
Und wenn die Blüten Früchte haben,
Da haben sie mich längst begraben.

Spruch

Bau nur auf Weltgunst recht
Und pass auf jeden Wink und Gruß,
Wirst dabei nimmer fröhlich werden!
Es hats kein Hund so schlecht,
Der hinter seinen Herren muß,
Nicht frei spazieren kann auf Erden.

Lockung

Hörst du nicht die Bäume rauschen
Draußen durch die stille Rund?
Lockts dich nicht, hinabzulauschen
Von dem Söller in den Grund,
Wo die vielen Bäche gehen
Wunderbar im Mondenschein
Und die stillen Schlösser sehen
In den Fluß vom hohen Stein?

Kennst du noch die irren Lieder
Aus der alten, schönen Zeit?
Sie erwachen alle wieder
Nachts in Waldeseinsamkeit,
Wenn die Bäume träumend lauschen
Und der Flieder duftet schwül
Und im Fluß die Nixen rauschen –
Komm herab, hier ists so kühl.

Rückblick

Ich wollt im Walde dichten
Ein Heldenlied voll Pracht,
Verwickelte Geschichten,
Recht sinnreich ausgedacht.
Da rauschten Bäume, sprangen
Vom Fels die Bäche drein,
Und tausend Stimmen klangen
Verwirrend aus und ein.
Und manches Jauchzen schallen
Ließ ich aus frischer Brust,
Doch aus den Helden allen
Ward nichts vor tiefer Lust.

Kehr ich zur Stadt erst wieder
Aus Feld und Wäldern kühl,
Da kommen all die Lieder
Von fern durchs Weltgewühl,
Es hallen Lust und Schmerzen
Noch einmal leise nach,
Und bildend wird im Herzen
Die alte Wehmut wach,
Der Winter auch derweile
Im Feld die Blumen bricht –
Dann gibts vor Langerweile
Ein überlang Gedicht!

Zweifel

Könnt es jemals denn verblühen,
Dieses Glänzen, dieses Licht,
Das durch Arbeit, Sorgen, Mühen
Wie der Tag durch Wolken bricht,

Blumen, die so farbig glühen,
Um das öde Leben flicht?

Golden sind des Himmels Säume,
Abwärts ziehen Furcht und Nacht,
Rüstig rauschen Ström und Bäume
Und die heitre Runde lacht,
Ach, das sind nicht leere Träume,
Was im Busen da erwacht!

Bunt verschlingen sich die Gänge,
Tost die Menge her und hin,
Schallen zwischendrein Gesänge,
Die durchs Ganze golden ziehn,
Still begegnet im Gedränge
Dir des Lebens ernster Sinn.

Und das Herz denkt sich verloren,
Besser andrer Tun und Wust,
Fühlt sich wieder dann erkoren,
Ewig einsam doch die Brust.
O des Wechsels, o des Toren,
O der Schmerzen, o der Lust!

Dichterglück

O Welt, bin dein Kind nicht von Hause,
Du hast mir nichts geschenkt,
So hab ich denn frisch meine Klause
In Morgenrot mir versenkt.

Fortuna, streif nur die Höhen
Und wende dein Angesicht,
Ich bleibe im Wald bei den Rehen,
Flieg zu, wir brauchen dich nicht.

Und ob auf Höhn und im Grunde
Kein Streifchen auch meine blieb,
Ich segne dich, schöne Runde,
Ich habe dich dennoch so lieb!

Glückliche Fahrt

Wünsche sich mit Wünschen schlagen,
Und die Gier wird nie gestillt.
Wer ist in dem wüsten Jagen
Da der Jäger, wer das Wild?
Selig, wer es fromm mag wagen,
Durch das Treiben dumpf und wild
In der festen Brust zu tragen
Heilger Schönheit hohes Bild!

Sieh, da brechen tausend Quellen
Durch die felsenharte Welt,
Und zum Strome wird ihr Schwellen,
Der melodisch steigt und fällt.
Ringsum sich die Fernen hellen,
Gottes Hauch die Segel schwellt –
Rettend spülen dich die Wellen
In des Herzens stille Welt.

Sommerschwüle

I

Ich klimm zum Berg und schau zur niedern Erde,
Ich klimm hinab und schau die Berge an,
Süß-melancholisch spitzt sich die Geberde
Und giftge Weltverachtung ficht mich an;

Doch will aus Schmerz und Haß nichts Rechtes werden.
Ermanne dich! – Ich bin doch wohl ein Mann? –
Und ach! wie träge Silb aus Silbe schleichet,
Mit Not hab ich den letzten Reim erreichet.

O weg mit Reim und Leierklang und Singen!
Faß, Leben, wieder mich lebendig an!
Mit deiner Woge will ich freudig ringen,
Die tief mich stürzt, hebt mich auch himmelan.
Im Sturme spannt der Adler seine Schwingen –
Blas zu! Da spür ich wieder, daß ich Mann!
Viel lieber will ich raschen Tod erwerben,
Als, so verschmachtend, lebenslang zu sterben.

2

Die Nachtigall schweigt, sie hat ihr Nest gefunden,
Träg ziehn die Quellen, die so kühle sprangen,
In trüber Schwüle liegt die Welt umfangen,
So hat den Lenz der Sommer überwunden.

Noch nie hat es die Brust so tief empfunden,
Es ist, als ob viel Stimmen heimlich sangen:
»Auch *dein* Lenz, froher Sänger, ist vergangen!
An Weib und Kind ist nun der Sinn gebunden!«

O komm, Geliebte, komm zu mir zurücke!
Kann ich nur deine hellen Augen schauen,
Fröhlich Gestirn in dem verworrnen Treiben:

Wölbt hoch sich wieder des Gesanges Brücke,
Und kühn darf ich der alten Lust vertrauen,
Denn ewger Frühling will bei *Liebe* bleiben.

Frisch auf!

Ich saß am Schreibtisch bleich und krumm,
Es war mir in meinem Kopf ganz dumm
Vor Dichten, wie ich alle die Sachen
Sollte aufs allerbeste machen.
Da guckt am Fenster im Morgenlicht
Durchs Weinlaub ein wunderschönes Gesicht,
Guckt und lacht, kommt ganz herein
Und kramt mir unter den Blättern mein.
Ich, ganz verwundert: »Ich sollt dich kennen« –
Sie aber, statt ihren Namen zu nennen:
»Pfui, in dem Schlafrock siehst ja aus
Wie ein verfallenes Schilderhaus!
Willst du denn hier in der Tinte sitzen,
Schau, wie die Felder da draußen blitzen!«
So drängt sie mich fort unter Lachen und Streit,
Mir tats um die schöne Zeit nur leid.
Drunten aber unter den Bäumen
Stand ein Roß mit funkelnden Zäumen.
Sie schwang sich lustig mit mir hinauf,
Die Sonne draußen ging eben auf,
Und eh ich mich konnte bedenken und fassen,
Ritten wir rasch durch die stillen Gassen,
Und als wir kamen vor die Stadt,
Das Roß auf einmal zwei Flügel hatt,
Mir schauerte es recht durch alle Glieder:
»Mein Gott, ists denn schon Frühling wieder?« –
Sie aber wies mir, wie wir so zogen,
Die Länder, die unten vorüberflogen,
Und hoch über dem allerschönsten Wald
Machte sie lächelnd auf einmal halt.
Da sah ich erschrocken zwischen den Bäumen
Meine Heimat unten, wie in Träumen,
Das Schloß, den Garten und die stille Luft,

Die blauen Berge dahinter im Duft,
Und alle die schöne, alte Zeit
In der wundersamen Einsamkeit.
Und als ich mich wandte, war ich allein,
Das Roß nur wiehert' in den Morgen hinein,
Mir aber wars, als wär ich wieder jung,
Und wußte der Lieder noch genung!

Kriegslied

Nicht mehr in Waldesschauern
An jäher Klüfte Rand,
Wo dunkle Tannen trauern,
Siehst du die Brut mehr lauern
Auf wüster Felsenwand.

Die Greifen nicht mehr fliegen,
Lindwürm auf heißem Sand
Nicht mehr mit Löwen kriegen,
Auf ihren Bäuchen liegen
Die Drachen im platten Land.

Doch wo das Leben schimmelt,
So weit man reisen kann,
Von Würmern es noch wimmelt,
Und was auf Erden himmelt,
Sie hauchens giftig an.

Noch halten sie in Schlingen
Die wunderschöne Braut,
Bei Nacht hört man ihr Singen
Die stille Luft durchdringen
Mit tiefem Klagelaut.

Das ist die Brut der Natter,
Die immer neu entstand:
Philister und ihre Gevatter,
Die machen groß Geschnatter
Im deutschen Vaterland.

Sankt Georg, du blanker Streiter,
Leg deine Lanze ein,
Und wo ein wackrer Reiter,
Dem noch das Herz wird weiter,
Der steche frisch mit drein!

Eldorado

Es ist von Klang und Düften
Ein wunderbarer Ort,
Umrankt von stillen Klüften,
Wir alle spielten dort.

Wir alle sind verirret,
Seitdem so weit hinaus
Unkraut die Welt verwirret,
Findt keiner mehr nach Haus.

Doch manchmal tauchts aus Träumen,
Als läg es weit im Meer,
Und früh noch in den Bäumen
Rauschts wie ein Grüßen her.

Ich hört den Gruß verfliegen,
Ich folgt ihm über Land,
Und hatte mich verstiegen
Auf hoher Felsenwand.

Mein Herz ward mir so munter,
Weit hinten alle Not,
Als ginge jenseits unter
Die Welt in Morgenrot.

Der Wind spielt' in den Locken,
Da blitzt' es drunten weit,
Und ich erkannt erschrocken
Die alte Einsamkeit.

Nun jeden Morgenschimmer
Steig ich ins Blütenmeer,
Bis ich Glückselger nimmer
Von dorten wiederkehr.

Frühlingsklage

Ach, was frommt das Wehen, Sprossen,
In der schönen Frühlingszeit:
Ist des Liedes Born verschlossen
Und der Seele Freudigkeit,
Die erst Blüten bringt den Sprossen
Und den Frühling in die Zeit.

Gib den alten Frieden wieder,
In der Brust den Sonnenschein,
Gib die Laute mir und Lieder,
Dann laß blühen oder schnein,
Selbst weck ich den Lenz mir wieder,
Sollt es auch der letzte sein!

An die Waldvögel

Konnt mich auch sonst mit schwingen
Übers grüne Revier,
Hatt ein Herze zum Singen
Und Flügel wie ihr.

Flog über die Felder,
Da blüht' es wie Schnee,
Und herauf durch die Wälder
Spiegelt' die See.

Ein Schiff sah ich gehen
Fort über das Meer,
Meinen Liebsten drin stehen –
Dacht meiner nicht mehr.

Und die Segel verzogen,
Und es dämmert' das Feld,
Und ich hab mich verflogen
In der weiten, weiten Welt.

Vorwärts!

Wie der Strom sich schwingt
Aus den Wolken, die ihn tränken,
Alle Bäche verschlingt,
Sie ins Meer zu lenken –
Drein möcht ich versenken
Was in mir ringt!

Tritt nur mit in mein Schiff!
Wo wir landen oder stranden,
Erklinget das Riff,

Bricht der Lenz aus dem Sande,
Hinter uns dann ins Branden
Versenk ich das Schiff!

Frühe

Im Osten grauts, der Nebel fällt,
Wer weiß, wie bald sichs rühret!
Doch schwer im Schlaf noch ruht die Welt,
Von allem nichts verspüret.

Nur eine frühe Lerche steigt,
Es hat ihr was geträumet
Vom Lichte, wenn noch alles schweigt,
Das kaum die Höhen säumet.

Zum Abschied

Der Herbstwind schüttelt die Linde,
Wie geht die Welt so geschwinde!
Halte dein Kindlein warm.
Der Sommer ist hingefahren,
Da wir zusammen waren –
Ach, die sich lieben, wie arm!

Wie arm, die sich lieben und scheiden!
Das haben erfahren wir beiden,
Mir graut vor dem stillen Haus.
Dein Tüchlein noch läßt du wehen,
Ich kanns vor Tränen kaum sehen,
Schau still in die Gasse hinaus.

Die Gassen schauen noch nächtig,
Es rasselt der Wagen bedächtig –
Nun plötzlich rascher der Trott
Durchs Tor in die Stille der Felder,
Da grüßen so mutig die Wälder,
Lieb Töchterlein, fahre mit Gott!

Vergebner Ärger

Im alten Hause steh ich in Gedanken;
Es ist das Haus nicht mehr, der Wind mit Schauern
Geht durch das Gras im Hof, und Eulen lauern
In leeren Fenstern, die schon halb versanken.

Mich ärgern nur die jungen, kecken Ranken,
Die wie zum Spott noch schmücken Tor und Mauern,
Die grünen Birken, die mit falschem Trauern
Leicht überm Grabe meiner Lieben schwanken.

So, Nachteul' selber, auf dem öden Gipfel
Saß ich in meines Jugendglücks Ruinen,
Dumpfbrütend über unerhörten Sorgen;

Da blitzten Frühlingslichter durch die Wipfel,
Die leuchtend unter mir das Land beschienen,
Und nichts nach Eulen fragt der junge Morgen.

Der Wegelagerer

Es ist ein Land, wo die Philister thronen,
Die Krämer fahren und das Grün verstauben,
Die Liebe selber altklug feilscht mit Hauben –
Herr Gott, wie lang willst du die Brut verschonen!

Es ist ein Wald, der rauscht mit grünen Kronen,
Wo frei die Adler horsten, und die Tauben
Unschuldig girren in den grünen Lauben,
Die noch kein Fuß betrat – dort will ich wohnen!

Dort will ich nächtlich auf die Krämer lauern
Und kühn zerhaun der armen Schönheit Bande,
Die sie als niedre Magd zu Markte führen.

Hoch soll sie stehn auf grünen Felsenmauern,
Daß mahnend über die stillen Lande
Die Lüfte nachts ihr Zauberlied verführen.

Der Glücksritter

Wenn Fortuna spröde tut,
Lass ich sie in Ruh,
Singe recht und trinke gut,
Und Fortuna kriegt auch Mut,
Setzt sich mit dazu.

Doch ich geb mir keine Müh:
»He, noch eine her!«
Kehr den Rücken gegen sie,
Lass hoch leben die und die –
Das verdrießt sie sehr.

Und bald rückt sie sacht zu mir:
»Hast du deren mehr?«
Wie Sie sehn. – »Drei Kannen schier,
Und das lauter Klebebier!« –
’s wird mir gar nicht schwer.

Drauf sie zu mir lächelt fein:
»Bist ein ganzer Kerl!«
Ruft den Kellner, schreit nach Wein,
Trinkt mir zu und schenkt mir ein,
Echte Blum und Perl.

Sie bezahlet Wein und Bier,
Und ich, wieder gut,
Führe sie am Arm mit mir
Aus dem Haus, wie 'n Kavalier,
Alles zieht den Hut.

Der Schreckenberger

Aufs Wohlsein meiner Dame,
Eine Windfahn ist ihr Panier,
Fortuna ist ihr Name,
Das Lager ihr Quartier!

Und wendet sie sich weiter,
Ich kümmre mich nicht drum,
Da draußen ohne Reiter,
Da geht die Welt so dumm.

Statt Pulverblitz und Knattern
Aus jedem wüsten Haus
Gevattern sehn und schnattern
Alle Lust zum Land hinaus.

Fortuna weint vor Ärger,
Es rinnet Perl auf Perl.
»Wo ist der Schreckenberger?
Das war ein andrer Kerl.«

Sie tut den Arm mir reichen,
Fama bläst das Geleit,
So zu dem Tempel steigen
Wir der Unsterblichkeit.

Trost

Es haben viel Dichter gesungen
Im schönen deutschen Land,
Nun sind ihre Lieder verklungen,
Die Sänger ruhen im Sand.

Aber so lange noch kreisen
Die Stern um die Erde rund,
Tun Herzen in neuen Weisen
Die alte Schönheit kund.

Im Walde da liegt verfallen
Der alten Helden Haus,
Doch aus den Toren und Hallen
Bricht jährlich der Frühling aus.

Und wo immer müde Fechter
Sinken im mutigen Strauß,
Es kommen frische Geschlechter
Und fechten es ehrlich aus.

An die Dichter

Wo treues Wollen, redlich Streben
Und rechten Sinn der Rechte spürt,
Das muß die Seele ihm erheben,
Das hat mich jedesmal gerührt.

Das Reich des Glaubens ist geendet,
Zerstört die alte Herrlichkeit,
Die Schönheit weinend abgewendet,
So gnadenlos ist unsre Zeit.

O Einfalt gut in frommen Herzen,
Du züchtig schöne Gottesbraut!
Dich schlugen sie mit frechen Scherzen,
Weil dir vor ihrer Klugheit graut.

Wo findst du nun ein Haus, vertrieben,
Wo man dir deine Wunder läßt,
Das treue Tun, das schöne Lieben,
Des Lebens fromm vergnüglich Fest?

Wo findest du den alten Garten,
Dein Spielzeug, wunderbares Kind,
Der Sterne heilge Redensarten,
Das Morgenrot, den frischen Wind?

Wie hat die Sonne schön geschienen!
Nun ist so alt und schwach die Zeit;
Wie stehst so jung du unter ihnen,
Wie wird mein Herz mir stark und weit!

Der Dichter kann nicht mit verarmen;
Wenn alles um ihn her zerfällt,
Hebt ihn ein göttliches Erbarmen –
Der Dichter ist das Herz der Welt.

Den blöden Willen aller Wesen,
Im Irdischen des Herren Spur,
Soll er durch Liebeskraft erlösen,
Der schöne Liebling der Natur.

Drum hat ihm Gott das Wort gegeben,
Das kühn das Dunkelste benennt,
Den frommen Ernst im reichen Leben,
Die Freudigkeit, die keiner kennt.

Da soll er singen frei auf Erden,
In Lust und Not auf Gott vertraun,
Daß aller Herzen freier werden,
Eratmend in die Klänge schaun.

Der Ehre sei er recht zum Horte,
Der Schande leucht er ins Gesicht!
Viel Wunderkraft ist in dem Worte,
Das hell aus reinem Herzen bricht.

Vor Eitelkeit soll er vor allen
Streng hüten sein unschuldges Herz,
Im Falschen nimmer sich gefallen,
Um eitel Witz und blanken Scherz.

O, laßt unedle Mühe fahren,
O klingelt, gleißt und spielet nicht
Mit Licht und Gnad, so ihr erfahren,
Zur Sünde macht ihr das Gedicht!

Den lieben Gott laß in dir walten,
Aus frischer Brust nur treulich sing!
Was *wahr* in dir, wird sich gestalten,
Das andre ist erbärmlich Ding. –

Den Morgen seh ich ferne scheinen,
Die Ströme ziehn im grünen Grund,
Mir ist so wohl! – Die's ehrlich meinen,
Die grüß ich all aus Herzensgrund!

Wünschelrute

Schläft ein Lied in allen Dingen,
Die da träumen fort und fort,
Und die Welt hebt an zu singen,
Triffst du nur das Zauberwort.

III. Zeitlieder

Wo ruhig sich und wilder
Unstäte Wellen teilen,
Des Lebens schöne Bilder
Und Klang verworren eilen,
Wo ist der sichre Halt? –
So ferne, was wir sollen,
So dunkel, was wir wollen,
Faßt alle die Gewalt.

Die Freunde

I

Wer auf den Wogen schliefe,
Ein sanft gewiegtes Kind,
Kennt nicht des Lebens Tiefe,
Vor süßem Träumen blind.

Doch wen die Stürme fassen
Zu wildem Tanz und Fest,
Wen hoch auf dunklen Straßen
Die falsche Welt verläßt:

Der lernt sich wacker rühren,
Durch Nacht und Klippen hin
Lernt der das Steuer führen
Mit sichrem, ernstem Sinn.

Der ist vom echten Kerne,
Erprobt zu Lust und Pein,
Der glaubt an Gott und Sterne,
Der soll mein Schiffmann sein!

II

An L…

Vor mir liegen deine Zeilen,
Sind nicht Worte, Schriften nicht,
Pfeile, die verwundend heilen,
Freundesaugen, treu und schlicht.

Niemals konnte so mich rühren
Noch der Liebsten Angesicht,
Wenn uns Augen süß verführen,
Und die Welt voll Glanz und Licht:

Als in Freundesaugen lesen
Meiner eignen Seele Wort,
Fester Treue männlich Wesen,
In Betrübnis Trost und Hort.

So verschlingen in Gedanken
Sich zwei Stämme wundertreu,
Andre dran sich mutig ranken
Kron an Krone immer neu.

Prächtger Wald, wo's kühl zu wohnen,
Stille wachsend Baum an Baum,
Mit den brüderlichen Kronen
Rauschend in dem Himmelsraum!

III

An L…

Mit vielem will die Heimat mich erfreuen,
Ein heitres Schloß an blaugewundnem Flusse,
Gesellge Lust, Mutwill und frohe Muße,
Der Liebe heitres Spiel, süß zu zerstreuen.

Doch wie die Tage freundlich sich erneuen,
Fehlt doch des Freundes Brust in Tat und Muße,
Der Ernst, der herrlich schwelget im Genusse,
Des reichen Blicks sich wahr und recht zu freuen.

Wo zwei sich treulich nehmen und ergänzen,
Wächst unvermerkt das freudge Werk der Musen.
Drum laß mich wieder, Freund, ans Herz dich drücken!

Uns beide will noch schön das Leben schmücken
Mit seinen reichen, heitern, vollen Kränzen,
Der Morgenwind wühlt um den offnen Busen!

IV

An Fräulein …

Schalkhafte Augen reizend aufgeschlagen,
Die Brust empört, die Wünsche zu verschweigen,
Sieht man den leichten Zelter dich besteigen,
Nach Lust und Scherzen durch den Lenz zu jagen.

Zu jung, des Lebens Ernste zu entsagen –
Kann ich nicht länger spielen nun und schweigen,
Wer Herrlich's fühlt, der muß sich herrlich zeigen,
Mein Ruhen ist ein ewig frisches Wagen.

Laß mich, so lang noch trunken unsre Augen,
Ein'n blühnden Kranz aus den vergangnen Stunden
Dir heiter um die weiße Stirne winden;

Frag nicht dann, was mich deinem Arm entwunden,
Drück fest den Kranz nur in die muntern Augen,
Mein Haupt will auch und soll den seinen finden!

V

An Fouqué

1

Seh ich des Tages wirrendes Beginnen,
Die bunten Bilder fliehn und sich vereinen,
Möcht ich das schöne Schattenspiel beweinen,
Denn eitel ist, was jeder will gewinnen.

Doch wenn die Straßen leer, einsam die Zinnen
Im Morgenglanz wie Kometen scheinen,
Ein stiller Geist steht auf den dunklen Steinen,
Als wollt er sich auf alte Zeit besinnen:

Da nimmt die Seele rüstig sich zusammen,
An Gott gedenkend und an alles Hohe,
Was rings gedeihet auf der Erden Runde,

Und aus dem Herzen lang verhaltne Flammen,
Sie brechen fröhlich in des Morgens Lohe,
Da grüß ich, Sänger, dich aus Herzensgrunde!

2

Von Seen und Wäldern eine nächtge Runde
Sah ich, und Drachen ziehn mit glühnden Schweifen,
In Eichenwipfeln einen Horst von Greifen,
Das Nordlicht schräge leuchtend überm Grunde.

Durch Qualm dann klingend brach die Morgenstunde,
Da schweiften Ritter blank durch Nebelstreifen,
Durch Winde scharf, die auf der Heide pfeifen,
Ein Harfner sang, lobt' Gott aus Herzensgrunde.

Tiefatmend stand ich über diesen Klüften,
Des Lebens Mark rührt' schauernd an das meine,
Wie ein geharnschter Riese da erhoben.

Kein irdscher Laut mehr reichte durch die Lüfte,
Mir wars, als stünde ich mit Gott alleine,
So einsam, weit und sternhell wars da oben.

3

In Stein gehaun, zwei Löwen stehen draußen,
Bewachen ewig stumm die heilge Pforte.
Wer sich, die Brust voll Weltlust, naht dem Orte,
Den füllt ihr steinern Blicken bald mit Grausen.

Dir wächst dein Herz noch bei der Wälder Sausen,
Dich rühren noch die wilden Riesenworte,
Nur Gott vertraund, dem höchsten Schirm und Horte –
So magst du bei den alten Wundern hausen.

Ob auch die andern deines Lieds nicht achten,
Der Heldenlust und zarten Liebesblüte,
Gedanken treulos wechselnd mit der Mode:

So felsenfester sei dein großes Trachten,
Hau klingend Luft dir, ritterlich Gemüte!
Wir wollen bei dir bleiben bis zum Tode.

Der Riese

Es saß ein Mann gefangen
Auf einem hohen Turm,
Die Wetterfähnlein klangen
Gar seltsam in den Sturm.

Und draußen hört' er ringen
Verworrner Ströme Gang,
Dazwischen Vöglein singen
Und heller Waffen Klang.

Ein Liedlein scholl gar lustig:
Heisa, so lang Gott will!
Und wilder Menge Tosen;
Dann wieder totenstill.

So tausend Stimmen irren,
Wie Wind' im Meere gehn,
Sich teilen und verwirren,
Er konnte nichts verstehn.

Doch spürt' er, wer ihn grüße,
Mit Schaudern und mit Lust,
Es rührt' ihm wie ein Riese
Das Leben an die Brust.

Sängerfahrt

Kühlrauschend unterm hellen
Tiefblauen Himmelsdom
Treibt seine klaren Wellen
Der ewgen Jugend Strom.

Viel rüstige Gesellen,
Den Argonauten gleich,
Sie fahren auf den Wellen
Ins duftge Frühlingsreich.

Ich aber fass den Becher,
Daß es durchs Schiff erklingt,
Am Mast steh ich als Sprecher,
Der für euch alle singt.

Wie stehn wir hier so helle!
Wird mancher bald schlafen gehn,
O Leben, wie bist du schnelle,
O Leben, wie bist du schön!

Gegrüßt, du weite Runde,
Burg auf der Felsenwand,
Du Land voll großer Kunde,
Mein grünes Vaterland!

Euch möcht ich alles geben,
Und ich bin fürstlich reich,
Mein Herzblut und mein Leben,
Ihr Brüder, alles für euch!

So fahrt im Morgenschimmer!
Seis Donau oder Rhein,
Ein rechter Strom bricht immer
Ins ewge Meer hinein.

In das Stammbuch der M. H.

Akrostichon mit aufgegebenen Endreimen

*I*st hell der Himmel, heiter alle *Wellen,*
*B*etritt der Schiffer wieder seine *Wogen,*
*V*orüber Wald und Berge schnell *geflogen,*
*E*r muß, wohin die vollen Segel *schwellen.*
*I*n Duft versinken bald all liebe *Stellen,*
*C*ypressen nur noch ragen aus den *Wogen,*
*H*erüber kommt manch süßer Laut *geflogen,*
*E*s trinkt das Meer der Klagen sanfte *Quellen.*
*N*ichts weilt. – Doch zaubern Treue und *Verlangen,*
*D*a muß sich blühnder alte Zeit *erneuern,*
*O*effnet die Ferne drauf die Wunder*lichtung,*
*R*uht dein Bild drin, bekränzt in heilger *Dichtung.* –
*F*ern laß den Freund nach Ost und West nur *steuern,*
*F*rei scheint er wohl – du hältst ihn doch *gefangen!*

In E... s Stammbuch

Mit einem Blatte, ein Bergschloß vorstellend

In klaren Ebenmaßen, schön gefugt,
Gleich dem Palaste freundlich sich erhebend,
Stark wie die Burg, die von dem Fels dort lugt,
In ernster Höh der alten Freiheit lebend,
Gleich jenem Turm stets nach dem Höchsten strebend,
Schloß, Burg und was da irdisch, überflügelnd –
Dabei, still wie die See dort, im Gemüt
Des Himmels Blau und was auf Erden blüht,
In frommer Klarheit ewig heiter spiegelnd;
Vor allem dann fern über Strom und Land
Den alten Freunden treulich zugewandt!

Auf dem Schwedenberge

Da hoben bunt und bunter
Sich Zelte in die Luft,
Und Fähnlein wehten munter
Herunter von der Kluft.

Und um die leichten Tische,
An jenem Bächlein klar,
Saß in der kühlen Frische
Der lustgen Reiter Schar.

Eilt' durch die rüstgen Zecher
Die Marketenderin,
Reicht' flüchtig ihre Becher,
Nimmt flüchtge Küsse hin.

Da war ein Toben, Lachen,
Weit in den Wald hinein,
Die Trommel ging, es brachen
Die lustgen Pfeifen drein.

Durch die verworrnen Klänge
Stürmt fort manch wilde Brust,
Da schallten noch Gesänge
Von Freiheit und von Lust.

Fort ist das bunte Toben,
Verklungen Sang und Klang,
Und stille ists hier oben
Viel hundert Jahre lang.

Du Wald, so dunkelschaurig,
Waldhorn, du Jägerlust!
Wie lustig und wie traurig
Rührst du mir an die Brust!

Lieber alles

Soldat sein, ist gefährlich,
Studieren sehr beschwerlich,
Das Dichten süß und zierlich,
Der Dichter gar possierlich
In diesen wilden Zeiten.
Ich möcht am liebsten reiten,
Ein gutes Schwert zur Seiten,
Die Laute in der Rechten,
Studentenherz zum Fechten.
Ein wildes Roß ists Leben
Die Hufe Funken geben,
Wers ehrlich wagt, bezwingt es,
Und wo es tritt, da klingt es!

Sonette

An A…

I

Die Klugen, die nach Gott nicht wollten fragen,
Den heilgen Kampf gern irdisch möchten schlichten,
Zum Tod kein Herz, nicht Lieb, sich aufzurichten,
Verzehren sich nur selbst in eitlen Klagen.

Sind alle eure Schiffe denn zerschlagen:
Sieht man die heilge Flagge *dich* aufrichten,
Vom Liebessturm, der jene mußt vernichten,
Dein junges Schiff siegreich hinweggetragen.

Südwinde spielen lau um Laut' und Locken,
Im Morgenrot des Hutes Federn schwanken,
Und Gottes Atem macht die Segel schwellen.

Wen noch die alten Heimatklänge locken,
Dem füllt der Segel wie der Töne Schwellen
Die Brust mit jungen, ewigen Gedanken.

2

Wir sind so tief betrübt, wenn wir auch scherzen,
Die armen Menschen mühn sich ab und reisen,
Die Welt zieht ernst und streng in ihren Gleisen,
Ein feuchter Wind verlöscht die lustgen Kerzen.

Du hast so schöne Worte tief im Herzen,
Du weißt so wunderbare, alte Weisen,
Und wie die Stern am Firmamente kreisen,
Ziehn durch die Brust dir ewig Lust und Schmerzen.

So laß dein Stimme hell im Wald erscheinen!
Das Waldhorn fromm wird auf und nieder wehen,
Die Wasser gehn und einsam Rehe weiden.

Wir wollen stille sitzen und nicht weinen,
Wir wollen in den Rhein hinuntersehen,
Und, wird es finster, nicht von sammen scheiden.

3

Es will die Zeit mit ihrem Schutt verdecken
Den hellen Quell, der meiner Brust entsprungen,
Umsonst Gebete himmelan geschwungen,
Sie mögen nicht das Ohr der Gnade wecken.

So laß die Nacht die grausen Flügel strecken,
Nur immerzu, mein tapfres Schiff, gedrungen!
Wer einmal mit den Wogen hat gerungen,
Fühlt sich das Herz gehoben in den Schrecken.

Schießt zu, trefft, Pfeile, die durchs Dunkel schwirren!
Ruhvoll um Klippen überm tückschen Grunde
Lenk ich mein Schiff, wohin die Sterne winken.

Mag dann der Steuermann nach langem Irren,
Rasch ziehend alle Pfeile aus der Wunde,
Tot an der Heimatküste niedersinken!

Der Geist

Nächtlich dehnen sich die Stunden,
Unschuld schläft in stiller Bucht,
Fernab ist die Welt verschwunden,
Die das Herz in Träumen sucht.

Und der Geist tritt auf die Zinne,
Und noch stiller wirds umher,
Schauet mit dem starren Sinne
In das wesenlose Meer.

Wer ihn sah bei Wetterblicken
Stehn in seiner Rüstung blank:
Den mag nimmermehr erquicken
Reichen Lebens frischer Drang. –

Fröhlich an den öden Mauern
Schweift der Morgensonne Blick,
Da versinkt das Bild mit Schauern
Einsam in sich selbst zurück.

Klage

1809

O könnt ich mich niederlegen
Weit in den tiefsten Wald,
Zu Häupten den guten Degen,
Der noch von den Vätern alt,

Und dürft von allem nichts spüren
In dieser dummen Zeit,
Was sie da unten hantieren,
Von Gott verlassen, zerstreut;

Von fürstlichen Taten und Werken,
Von alter Ehre und Pracht,
Und was die Seele mag stärken,
Verträumend die lange Nacht!

Denn eine Zeit wird kommen,
Da macht der Herr ein End,
Da wird den Falschen genommen
Ihr unechtes Regiment.

Denn wie die Erze vom Hammer,
So wird das lockre Geschlecht
Gehaun sein von Not und Jammer
Zu festem Eisen recht.

Da wird Aurora tagen
Hoch über den Wald hinauf,
Da gibts was zu singen und schlagen,
Da wacht, ihr Getreuen, auf.

An …

Wie nach festen Felsenwänden
Muß ich in der Einsamkeit
Stets auf dich die Blicke wenden.
Alle, die in guter Zeit
Bei mir waren, sah ich scheiden
Mit des falschen Glückes Schaum.
Du bliebst schweigend mir im Leiden,
Wie ein treuer Tannenbaum,
Ob die Felder lustig blühn,
Ob der Winter zieht heran,
Immer finster, immer grün –
Reich die Hand mir, wackrer Mann.

Nachtfeier

1810

Decket Schlaf die weite Runde,
Muß ich oft am Fenster lauschen,
Wie die Ströme unten rauschen,
Räder sausen kühl im Grunde,
Und mir ist so wohl zur Stunde;
Denn hinab vom Felsenrande
Spür ich Freiheit, uralt Sehnen,
Fromm zerbrechend alle Bande,
Über Wälder, Strom und Lande
Keck die großen Flügel dehnen.

Was je Großes brach die Schranken,
Seh ich durch die Stille gehen,
Helden auf den Wolken stehen,
Ernsten Blickes, ohne Wanken,

Und es wollen die Gedanken
Mit den guten Alten hausen,
Sich in ihr Gespräch vermischen,
Das da kommt in Waldesbrausen.
Manchem füllts die Brust mit Grausen,
Mich solls laben und erfrischen!

Tag und Regung war entflohen,
Übern See nur kam Geläute
Durch die monderhellte Weite,
Und rings brannten auf den hohen
Alpen still die bleichen Lohen,
Ewge Wächter echter Weihe,
Als, erhoben vom Verderben
Und vom Jammer, da die dreie
Einsam traten in das Freie,
Frei zu leben und zu sterben.

Und so wachen heute viele
Einsam über ihrem Kummer;
Unerquickt von falschem Schlummer,
Aus des Wechsels wildem Spiele
Schauend fromm nach Einem Ziele.
Durch die öde, stumme Leere
Fühl ich mich euch still verbündet;
Ob der Tag das Recht verkehre,
Ewig strahlt der Stern der Ehre,
Kühn in heilger Nacht entzündet.

Zorn

1810

Seh ich im verfallnen, dunkeln
Haus die alten Waffen hangen,
Zornig aus dem Roste funkeln,
Wenn der Morgen aufgegangen,

Und den letzten Klang verflogen,
Wo im wilden Zug der Wetter,
Aufs gekreuzte Schwert gebogen,
Einst gehaust des Landes Retter;

Und ein neu Geschlecht von Zwergen
Schwindelnd um die Felsen klettern,
Frech, wenns sonnig auf den Bergen,
Feige krümmend sich in Wettern,

Ihres Heilands Blut und Tränen
Spottend noch einmal verkaufen,
Ohne Klage, Wunsch und Sehnen
In der Zeiten Strom ersaufen;

Denk ich dann, wie Du gestanden
Treu, da niemand treu geblieben:
Möcht ich, über unsre Schande
Tiefentbrannt in zorngem Lieben,

Wurzeln in der Felsen Marke,
Und empor zu Himmels Lichten
Stumm anstrebend, wie die starke
Riesentanne, mich aufrichten.

Symmetrie

1810

O Gegenwart, wie bist du schnelle,
Zukunft, wie bist du morgenhelle,
Vergangenheit so abendrot!
Das Abendrot soll ewig stehen,
Die Morgenhelle frisch drein wehen,
So ist die Gegenwart nicht tot.

Der Tor, der lahmt auf einem Bein,
Das ist gar nicht zu leiden,
Schlagt ihm das andre Bein entzwei,
So hinkt er doch auf beiden!

Heimkehr

1810

Heimwärts kam ich spät gezogen
Nach dem väterlichen Haus,
Die Gedanken weit geflogen
Über Berg und Tal voraus.
»Nur noch hier aus diesem Walde!«
Sprach ich, streichelt sanft mein Roß,
»Goldnen Haber kriegst du balde,
Ruhn wir aus auf lichtem Schloß.«

»Doch warum auf diesen Wegen
Siehts so still und einsam aus?
Kommt denn keiner mir entgegen,
Bin ich nicht mehr Sohn vom Haus?
Kein' Hoboe hör ich schallen,

Keine bunte Truppe mehr
Seh ich froh den Burgpfad wallen –
Damals ging es lustger her.«

Über die vergold'ten Zinnen
Trat der Monden eben vor.
»Holla ho! Ist niemand drinnen?
Fest verriegelt ist das Tor.
Wer will in der Nacht mich weisen
Von des Vaters Hof und Haus!«
Mit dem Schwert hau ich die Eisen,
und das Tor springt rasselnd auf.

Doch was seh ich! Wüst, verfallen
Zimmer, Hof und Bogen sind,
Einsam meine Tritte hallen,
Durch die Fenster pfeift der Wind.
Alle Ahnenbilder lagen
Glanzlos in den Schutt verwühlt,
Und die Zither drauf, zerschlagen,
Auf der ich als Kind gespielt.

Und ich nahm die alte Zither,
Trat ans Fenster voller Gras,
Wo so ofte hinterm Gitter
Sonst die Mutter bei mir saß:
Gern mit Märlein mich erbaute,
Daß ich still saß, Abendrot,
Strom und Wälder fromm beschaute –
»Mutter, bist du auch schon tot?«

So war ich in' Hof gekommen, –
Was ich da auf einmal sah,
Hat den Atem mir benommen,
Bleibt mir bis zum Tode nah;

Aufrecht saßen meine Ahnen,
Und kein Laut im Hofe ging,
Eingehüllt in ihre Fahnen,
Da im ewig stillen Ring.

Und den Vater unter ihnen
Sah ich sitzen an der Wand,
Streng und steinern seine Mienen,
Doch in tiefster Brust bekannt;
Und in den gefaltnen Händen
Hielt er ernst ein blankes Schwert,
Tät die Blicke niemals wenden,
Ewig auf den Stahl gekehrt.

Da rief ich aus tiefsten Schmerzen:
»Vater, sprich ein einzig Wort,
Wälz den Fels von deinem Herzen,
Starre nicht so ewig fort!
Was das Schwert mit seinen Scheinen,
Rede, was dein Schauen will;
Denn mir graust durch Mark und Beine,
Wie du so entsetzlich still.« –

Morgenleuchten kam geflogen,
Und der Vater ward so bleich,
Adler hoch darüber zogen
Durch das klare Himmelreich,
Und der Väter stiller Orden
Sank zur Ruh in Ewigkeit,
Steine, wie es lichte worden,
Standen da im Hof zerstreut.

Nur der Degen blieb da droben
Einsam liegen überm Grab;
»Sei denn Hab und Gut zerstoben,

Wenn ich dich, du Schwert, nur hab'!«
Und ich faßt es. – Leute wühlten
Übern Berg, hinab, hinauf,
Ob sie für verrückt mich hielten –
Mir ging hell die Sonne auf.

Gebet

1810

Was soll ich, auf Gott nur bauend,
Schlechter sein, als all die andern,
Die, so wohlbehaglich schauend,
Froh dem eignen Nichts vertrauend,
Die gemeine Straße wandern?

Warum gabst du mir die Güte,
Die Gedanken himmelwärts,
Und ein ritterlich Gemüte,
Das die Treue heilig hüte
In der Zeit treulosem Scherz?

Was hast du mich blank gerüstet,
Wenn mein Volk mich nicht begehrt,
Keinen mehr nach Freiheit lüstet,
Daß mein Herz, betrübt, verwüstet,
Nur dem Grabe zugekehrt? –

Laß die Ketten mich zerschlagen,
Frei zum schönen Gottesstreit
Deine hellen Waffen tragen,
Fröhlich beten, herrlich wagen,
Gib zur Kraft die Freudigkeit!

Mahnung

1810

1

In Wind verfliegen sah ich, was wir klagen,
Erbärmlich Volk um falscher Götzen Thronen,
Wen'ger Gedanken, deutschen Landes Kronen,
Wie Felsen, aus dem Jammer einsam ragen.

Da mocht ich länger nicht nach euch mehr fragen,
Der Wald empfing, wie rauschend! den Entflohnen,
In Burgen alt, an Stromeskühle wohnen
Wollt ich auf Bergen bei den alten Sagen.

Da hört ich Strom und Wald dort so mich tadeln:
»Was willst, Lebendger du, hier überm Leben,
Einsam verwildernd in den eignen Tönen?

Es soll im Kampf der rechte Schmerz sich adeln,
Den deutschen Ruhm aus der Verwüstung heben,
Das will der alte Gott von seinen Söhnen!«

2

Wohl mancher, dem die wirbligen Geschichten
Der Zeit das ehrlich deutsche Herz zerschlagen,
Mag, wie Prinz Hamlet, zu sich selber sagen:
Weh! daß zur Welt ich kam, sie einzurichten!

Weich, aufgelegt zu Lust und fröhlichem Dichten,
Möcht er so gern sich, mit der Welt vertragen,
Doch, Rache fordernd, aus den leichten Tagen
Sieht er der Väter Geist sich stets aufrichten.

Ruhlos und tödlich ist die falsche Gabe:
Des Großen Wink im tiefsten Marke spüren,
Gedanken rastlos – ohne Kraft zum Werke,

Entschließ dich, wie du kannst nun, doch das merke:
Wer in der Not nichts mag, als Lauten rühren,
Des Hand dereinst wächst mahnend aus dem Grabe.

Der Tiroler Nachtwache

1810

In stiller Bucht, bei finstrer Nacht,
Schläft tief die Welt im Grunde,
Die Berge rings stehn auf der Wacht,
Der Himmel macht die Runde,
Geht um und um,
Ums Land herum
Mit seinen goldnen Scharen,
Die Frommen zu bewahren.

Kommt nur heran mit eurer List,
Mit Leitern, Strick und Banden,
Der Herr doch noch viel stärker ist,
Macht euren Witz zu Schanden.
Wie wart ihr klug! –
Nun schwindelt Trug
Hinab vom Felsenrande –
Wie seid ihr dumm! o Schande!

Gleichwie die Stämme in dem Wald
Wolln wir zusammenhalten,
Ein feste Burg, Trutz der Gewalt,
Verbleiben treu die alten.

Steig, Sonne, schön!
Wirf von den Höhn
Nacht und die mit ihr kamen,
Hinab in Gottes Namen.

An die Tiroler

Im Jahre 1810

Bei Waldesrauschen, kühnem Sturz der Wogen,
Wo Herden einsam läuten an den Klüften,
Habt ihr in eurer Berge heitern Lüften
Der Freiheit Lebensatem eingesogen.

Euch selbst die Retter, seid ihr ausgezogen,
Wie helle Bäche brechen aus den Klüften;
Hinunter schwindelt Tücke nach den Schlüften,
Der Freiheit Burg sind eure Felsenbogen.

Hochherzig Volk, Genosse größrer Zeiten!
Du sinkst nun in der eignen Häuser Brande,
Zum Himmel noch gestreckt die freien Hände.

O Herr! laß diese Lohen wehn, sich breiten
Auffordernd über alle deutschen Lande,
Und wer da fällt, dem schenk so glorreich Ende!

An die Meisten

1810

Ist denn alles ganz vergebens?
Freiheit, Ruhm und treue Sitte,
Ritterbild des alten Lebens,
Zog im Lied durch eure Mitte
Hohnverlacht als Don Quixote;
Euch deckt Schlaf mit plumper Pfote,
Und die Ehre ist euch Zote.

Ob sich Kampf erneut', vergliche,
Ob sich roh Gebirgsvolk raufe,
Sucht der Klügre Weg' und Schliche,
Wie er nur sein Haus erlaufe.
Ruhet, stützet nur und haltet!
Untersinkt, was ihr gestaltet,
Wenn der Mutterboden spaltet.

Wie so lustig, ihr Poeten,
An den blumenreichen Hagen
In dem Abendgold zu flöten,
Quellen, Nymphen nachzujagen!
Wenn erst mutge Schüsse fallen,
Von den schönen Widerhallen
Laßt ihr zart Sonette schallen.

Wohlfeil Ruhm sich zu erringen,
Jeder ängstlich schreibt und treibet;
Keinem möcht das Herz zerspringen,
Glaubt sich selbst nicht, was er schreibet.
Seid ihr Männer, seid ihr Christen?
Glaubt ihr, Gott zu überlisten,
So in Selbstsucht feig zu nisten?

Einen Wald doch kenn ich droben,
Rauschend mit den grünen Kronen,
Stämme brüderlich verwoben,
Wo das alte Recht mag wohnen.
Manche auf sein Rauschen merken,
Und ein neu Geschlecht wird stärken
Dieser Wald zu deutschen Werken.

Der Jäger Abschied

Wer hat dich, du schöner Wald,
Aufgebaut so hoch da droben?
Wohl den Meister will ich loben,
So lang noch mein Stimm erschallt.
Lebe wohl,
Lebe wohl, du schöner Wald!

Tief die Welt verworren schallt,
Oben einsam Rehe grasen,
Und wir ziehen fort und blasen,
Daß es tausendfach verhallt:
Lebe wohl,
Lebe wohl, du schöner Wald!

Banner, der so kühle wallt!
Unter deinen grünen Wogen
Hast du treu uns auferzogen,
Frommer Sagen Aufenthalt!
Lebe wohl,
Lebe wohl, du schöner Wald!

Was wir still gelobt im Wald,
Wollens draußen ehrlich halten,
Ewig bleiben treu die Alten:

Deutsch Panier, das rauschend wallt,
Lebe wohl,
Schirm dich Gott, du schöner Wald!

Auf dem Rhein

Kühle auf dem schönen Rheine,
Fuhren wir vereinte Brüder,
Tranken von dem goldnen Weine,
Singend gute deutsche Lieder.
Was uns dort erfüllt die Brust,
Sollen wir halten,
Niemals erkalten,
Und vollbringen treu mit Lust!
Und so wollen wir uns teilen,
Eines Fels verschiedne Quellen,
Bleiben so auf hundert Meilen
Ewig redliche Gesellen!

Trost

Sag an, du helles Bächlein du,
Von Felsen eingeschlossen,
Du rauschst so munter immerzu,
Wo kommst du hergeflossen?

»Dort oben steht des Vaters Haus
Still in den klaren Lüften,
Da ruhn die alten Helden aus
In den kristallnen Klüften.

Ich sah den Morgen freudig stehn
Hoch auf der Felsenschwelle,

Die Adler ziehn und Ströme gehn,
Und sprang hinaus ins Helle.«

Sag an, du königlicher Strom,
Was geht mein Herz mir auf,
Seh ich dich ziehn durch Waldes Dom?
Wohin führt dich dein Lauf?

»Es treibt und rauscht der Eisenquell
Noch fort mir durch die Glieder;
Die Felsenluft, so kühl und hell,
Lockt zu mir alle Brüder.«

Zeichen

So Wunderbares hat sich zugetragen:
Was aus uralten Sagen
Mit tief verworrener Gewalt oft sang
Von Liebe, Freiheit, was das Herz erlabe,
Mit heller Waffen Klang
Es richtet sich geharnischt auf vom Grabe,
Und an den alten Heerschild hats geschlagen,
Daß Schauer jede Brust durchdrang.

Unmut

O Herbst! betrübt verhüllst du
Strom, Wald und Blumenlust,
Erbleichte Flur, wie füllst du
Mit Sehnsucht nun die Brust!

Weit hinter diesen Höhen,
Die hier mich eng umstellt,

Hör ich eratmend gehen
Den großen Strom der Welt.

In lichtem Glanze wandelt
Der Helden heilger Mut,
Es steigt das Land verwandelt
Aus seiner Söhne Blut.

Auch mich füllt' männlich Trauern,
Wie euch, bei Deutschlands Wehn –
Und muß in Sehnsuchtsschauern
Hier ruhmlos untergehn!

Entschluß

Gebannt im stillen Kreise sanfter Hügel,
Schlingt sich ein Strom von ewig gleichen Tagen,
Da mag die Brust nicht nach der Ferne fragen,
Und lächelnd senkt die Sehnsucht ihre Flügel.

Viel andre stehen kühn im Rossesbügel,
Des Lebens höchste Güter zu erjagen,
Und was sie wünschen, müssen sie erst wagen,
Ein strenger Geist regiert des Rosses Zügel. –

Was singt ihr lockend so, ihr stillen Matten,
Du Heimat mit den Regenbogenbrücken,
Ihr heitern Bilder, harmlos bunte Spiele?

Mich faßt der Sturm, wild ringen Licht und Schatten,
Durch Wolkenriß bricht flammendes Entzücken –
Nur zu, mein Roß! Wir finden noch zum Ziele!

Abschiedstafel

So rückt denn in die Runde!
Es schleicht die Zeit im Dunkeln,
Sie soll uns rüstig finden
Und heiter, stark und gut!
Gar viel ist zu vollbringen,
Gar vieles muß mißlingen.
So mag die letzte Stunde
Nachleuchten uns und funkeln!
Wo unsre Pfad' sich winden,
Wir sind in Gottes Hut.

Dem Bruder meines Lebens,
Der, fern, mit mir zusammen,
Sei denn aus Herzensgrunde
Das erste Glas gebracht!
Ich brauch ihn nicht zu nennen,
Er aber wird mich kennen.
Viel Land trennt uns vergebens,
Ihm soll dies Wort, die Stunde,
Durch alle Adern flammen,
Wie ich an ihn gedacht!

Zu dir nun, heitre Schöne,
Wend ich mich voll Gedanken.
Wie sie zu dir sich wenden,
Muß ich so fröhlich sein.
So weit Poeten wohnen,
So weit der Wälder Kronen,
So weit kunstreiche Töne
Die heiteren Gedanken
Und Himmelsgrüße senden:
Ist alles mein und dein.

Laß nie die Schmach mich sehen,
Daß auch dein Herz, der Lüge
Des andern Volks zum Raube,
Bereuend feig und hohl,
An Licht und Schmuck mag zagen!
Nicht wahr ist, was sie sagen:
Daß Lieb und Lust vergehen,
Nicht wahr, daß uns betrüge
Der schöne, freudge Glaube,
Und also lebe wohl!

Ihr aber, klug' Gesellen,
Die hier mit in dem Kreise,
Wohl quält ihr mich seit Jahren
Mit weisem Rat und Wort. –
Stoßt an, es sei vergessen!
Im Meere, ungemessen,
Sind viele tausend Wellen
Und tausend Schiffe fahren,
Ein jedes seine Reise,
Komm jedes in seinen Port!

Vom Berg hinabgewendet,
Seh ich die Ströme, Zinnen,
Der Liebsten Schloß darunter –
Nun, Morgenlohe, hülle
In Glorie dein Reich!
Dir, tieflebendge Fülle,
Schleudr ich das Glas hinunter,
Mir schwindeln alle Sinnen,
So wend ich mich geblendet,
Gott segne dich und euch!

An meinen Bruder 1813

Steig aufwärts, Morgenstunde!
Zerreiß die Nacht, daß ich in meinem Wehe
Den Himmel wiedersehe,
Wo ewger Frieden in dem blauen Grunde!
Will Licht die Welt erneuen,
Mag auch der Schmerz in Tränen sich befreien.

Mein lieber Herzensbruder!
Still war der Morgen – *Ein* Schiff trug uns beide,
Wie war die Welt voll Freude!
Du faßtest ritterlich das schwanke Ruder,
Und beide treulich lenkend,
Auf froher Fahrt nur Einen Stern bedenkend.

Mich irrte manches Schöne,
Viel reizte mich und viel mußt ich vermissen.
Von Lust und Schmerz zerrissen,
Was so mein Herz hinausgeströmt in Töne:
Es waren Widerspiele
Von deines Busens ewigem Gefühle.

Da ward die Welt so trübe,
Rings stiegen Wetter von der Berge Spitzen,
Der Himmel borst in Blitzen,
Daß neugestärkt sich Deutschland draus erhübe. –
Nun ist das Schiff zerschlagen,
Wie soll ich ohne *dich* die Flut ertragen! –

Auf *Einem* Fels geboren,
Verteilen kühlerauschend sich zwei Quellen,
Die eigne Bahn zu schwellen.
Doch wie sie fern einander auch verloren:
Es treffen echte Brüder
Im ewgen Meere doch zusammen wieder.

So wolle Gott du flehen,
Daß Er mit meinem Blut und Leben schalte,
Die Seele nur erhalte,
Auf daß wir freudig einst uns wiedersehen,
Wenn nimmermehr hienieden:
So dort, wo Heimat, Licht und ewger Frieden!

Aufbruch

Silbern' Ströme ziehn herunter,
Blumen schwanken fern und nah,
Ringsum regt sichs bunt und bunter –
Lenz! Bist du schon wieder da?

»Reiter sinds, die blitzend ziehen,
Wie viel glänzger Ströme Lauf,
Fahnen, liliengleich, erblühen,
Lerchenwirbel, Trommelwirbel
Wecken rings den Frühling auf.«

Horch! Was hör ich draußen klingen
Wild verlockend wie zur Jagd?
Ach, das Herz möcht mir zerspringen,
Wie es jauchzt und weint und klagt.

»Und in Waldes grünen Hallen,
Tiefe Schauer in der Brust,
Lassen wir die Hörner schallen,
In das Blau die Stimmen hallen,
So zum Schrecken wie zur Lust.«

Wehe! Dunkle Wolken decken
Seh ich all die junge Pracht,
Feurge Todeszungen strecken
Durch die grimme Wetternacht.

»Wettern gleich blüht Kampfesfülle,
Blitze zieht das gute Schwert,
Mancher wird auf ewig stille –
Herr Gott, es gescheh Dein Wille!
Blast Trompeten! Frisch mein Pferd!«

Regenbogen seh ich steigen,
Wie von Tränen sprühn die Au,
Jenen sich erbarmend neigen
Über den verweinten Gau.

»Also über Graus und Wogen
Hat der Vater gnadenreich
Ein Triumphtor still gezogen.
Wer da fällt, zieht durch den Bogen
Heim ins ewge Himmelreich.«

Tusch

Fängt die Sonne an zu stechen,
Tapfer schießen Gras und Kräuter
Und die Bäume schlagen aus:
Muß des Feinds Gewalt zerbrechen,
Nimmt der Winter schnell Reißaus,
Erd und Himmel glänzen heiter;
Und wir Musikanten fahren
Lustig auf dem Fluß hinunter,
Trommeln, pfeifen, blasen, geigen,
Und die Hörner klingen munter.

Appell

Ich hört viel Dichter klagen
Von alter Ehre rein,
Doch wen'ge mochtens wagen,
Und selber schlagen drein.

Mein Herz wollt mir zerspringen,
Sucht' mir ein ander Ziel,
Denn anders sein und singen,
Das ist ein dummes Spiel.

So stieg ich mit Auroren
Still ins Gebirg hinan,
Ich war wie neugeboren,
So kühle weht's mich an.

Und als ich, Bahn mir schaffend,
Zum Gipfel trat hinauf,
Da blitzten schon von Waffen
Ringsum die Länder auf.

Die Hörner hört ich laden,
Die Luft war streng und klar –
Ihr neuen Kameraden,
Wie singt ihr wunderbar!

Frisch auf, wir wollen uns schlagen,
So Gott will, übern Rhein
Und weiter im fröhlichen Jagen
Bis nach Paris hinein!

Soldatenlied

Was zieht da für schreckliches Sausen,
Wie Pfeifen durch Sturmes Wehn?
Das wendet das Herz recht vor Grausen,
Als sollte die Welt vergehn.

Das Fußvolk kommt da geschritten,
Die Trommeln wirbeln voran,
Die Fahne in ihrer Mitten
Weht über den grünen Plan,
Sie prangt in schneeweißem Kleide
Als wie eine milde Braut,
Die gibt *dem* hohe Freude,
Wen Gott ihr angetraut.
Sie haben sie recht umschlossen,
Dicht Mann an Mann gerückt,
So ziehen die Kriegsgenossen
Streng, schweigend und ungeschmückt,
Wie Gottes dunkler Wille,
Wie ein Gewitter schwer,
Da wird es ringsum so stille,
Der Tod nur blitzt hin und her.

Wie seltsame Klänge schwingen
Sich dort von der Waldeshöh!
Ja, Hörner sind es, die singen
Wie rasend vor Lust und Weh.

Die jungen Jäger sich zeigen
Dort drüben im grünen Wald,
Bald schimmernd zwischen den Zweigen,
Bald lauernd im Hinterhalt.
Wohl sinkt da in ewiges Schweigen
Manch schlanke Rittergestalt,

Die anderen über ihn steigen,
Hurrah! in dem schönen Wald,
Es funkelt das Blau durch die Bäume –
»Ach, Vater, ich komme bald!«

Trompeten nun hör ich werben
So hell durch die Frühlingsluft,
Zur Hochzeit oder zum Sterben
So übermächtig es ruft.

Das sind meine lieben Reiter,
Die rufen hinaus zur Schlacht,
Das sind meine lustigen Reiter,
Nun, Liebchen, gute Nacht!
Wie wird es da vorne so heiter,
Wie sprühet der Morgenwind,
In den Sieg, in den Tod und weiter,
Bis daß wir im Himmel sind!

Die ernsthafte Fastnacht 1814

Wohl vor Wittenberg auf den Schanzen
Sind der edlen Werber viel,
Wollen da zur Fastnacht tanzen
Ein gar seltsam Ritterspiel.

Und die Stadt vom Felsen droben
Spiegelt sich im Sonnenschein,
Wie ein Jungfräulein erhoben –
Jeder will ihr Bräutgam sein.

»Jäger! Laßt die Hörner klingen
Durch den Morgen kalt und blank!
Wohl, sie läßt sich noch bezwingen,
Hört sie alten deutschen Klang.«

Drauf sie einen Reiter schnelle
Senden, der so fröhlich schaut,
Der bläst seinen Gruß so helle,
Wirbt da um die stolze Braut.

»Sieh, wir werben lang verstohlen
Schon um dich in Not und Tod,
Komm! Sonst wollen wir dich holen,
Wann der Mond scheint blutig rot!«

Bleich schon fallen Abendlichter –
Und der Reiter bläst nur zu,
Nacht schon webt sich dicht und dichter –
Doch das Tor bleibt immer zu.

Nun so spielt denn, Musikanten,
Blast zum Tanz aus frischer Brust!
Herz und Sinne mir entbrannten,
O du schöne, wilde Lust!

Wer hat je so'n Saal gesehen?
Strom und Wälder spielen auf,
Sterne auf und nieder gehen,
Stecken hoch die Lampen auf.

Ja der Herr leucht't selbst zum Tanze,
Frisch denn, Kameraden mein!
Funkelnd schön im Mondesglanze
Strenges Lieb, mußt unser sein! –

Und es kam der Morgen heiter,
Mancher Tänzer lag da tot,
Und *Viktoria* blies der Reiter
Von dem Wall ins Morgenrot.

Schlesier wohl zu Ruhm und Preise
Haben sich dies Lieb gewonnen,
Und ein Schlesier diese Weise
Recht aus Herzenslust ersonnen.

Auf der Feldwacht

Mein Gewehr im Arme steh ich
Hier verloren auf der Wacht,
Still nach jener Gegend seh ich,
Hab so oft dahin gedacht!

Fernher Abendglocken klingen
Durch die schöne Einsamkeit;
So, wenn wir zusammen gingen,
Hört ichs oft in alter Zeit.

Wolken da wie Türme prangen,
Als säh ich im Duft mein Wien,
Und die Donau hell ergangen
Zwischen Burgen durch das Grün.

Doch wie fern sind Strom und Türme!
Wer da wohnt, denkt mein noch kaum,
Herbstlich rauschen schon die Stürme,
Und ich stehe wie im Traum.

Waffenstillstand der Nacht

Windsgleich kommt der wilde Krieg geritten,
Durch das Grün der Tod ihm nachgeschritten,
Manch Gespenst steht sinnend auf dem Feld,
Und der Sommer schüttelt sich vor Grausen,

Läßt die Blätter, schließt die grünen Klausen,
Ab sich wendend von der blutgen Welt.

Prächtig war die Nacht nun aufgegangen,
Hatte alle mütterlich umfangen,
Freund und Feind mit leisem Friedenskuß,
Und, als wollt der Herr vom Himmel steigen,
Hört ich wieder durch das tiefe Schweigen
Rings der Wälder feierlichen Gruß.

In C.S. ... Stammbuch

Dezember 1814

In verhängnisschweren Stunden,
Streitend für das Vaterland,
Haben wir uns brüderlich gefunden,
In der Menge still erkannt.

Sieh! Es ruhet nun der Degen
Und die hohe Brandung fällt,
Sich verlaufend auf den alten Wegen,
Und langweilig wird die Welt.

Doch der Ernst der heilgen Stunden
Waltet fort in mancher Brust,
Und was sich wahrhaftig hat verbunden,
Bleibt gesellt in Not und Lust.

Unsichtbar geschwungne Brücken
Halten Lieb und Lieb vereint,
Und in allen hellen Lebensblicken
Grüß ich fern den lieben Freund.

Und so mag der Herr dich segnen!
Frische Fahrt durchs Leben wild,
Gleichen Sinn und freudiges Begegnen,
Wo es immer Hohes gilt!

Der Friedensbote

Schlaf ein, mein Liebchen, schlaf ein,
Leis durch die Blumen am Gitter
Säuselt des Laubes Gezitter,
Rauschen die Quellen herein;
Gesenkt auf den schneeweißen Arm,
Schlaf ein, mein Liebchen, schlaf ein,
Wie atmest du lieblich und warm!

Aus dem Kriege kommen wir heim;
In stürmischer Nacht und Regen,
Wenn ich auf der Lauer gelegen,
Wie dachte ich dorten dein!
Gott stand in der Not uns bei,
Nun droben bei Mondenschein
Schlaf ruhig, das Land ist ja frei!

An meinen Bruder

1815

Was Großes sich begeben,
Der Kön'ge Herrlichkeit,
Du sahsts mit freud'gem Beben,
Dir wars vergönnt, zu leben
In dieser Wunderzeit.

Und über diese Wogen
Kam hoch ein himmlisch Bild
Durchs stille Blau gezogen,
Traf mit dem Zauberbogen
Dein Herz so fest und mild.

O wunderbares Grauen,
Zur selben Stund den Herrn
Im Wetterleuchten schauen,
Und über den stummen Gauen
Schuldloser Liebe Stern!

Und hat man ausgerungen
Mein Deutschland siegeswund:
Was damals Lieb gesungen,
Was Schwerter dir geklungen,
Klingt fort im Herzensgrund.

Laß bilden die Gewalten!
Was davon himmlisch war,
Kann nimmermehr veralten,
Wird in der Brust gestalten
Sich manches stille Jahr.

Die Fesseln müssen springen,
Ja, endlich macht sichs frei,
Und Großes wird gelingen
Durch Taten oder Singen,
Vor Gott ists einerlei.

An Philipp

(Nach einer Wiener Redoutenmelodie)

Kennst du noch den Zaubersaal,
Wo süß Melodien wehen,
Zwischen Sternen ohne Zahl
Frauen auf und nieder gehen?

Kennst du noch den Strom von Tönen,
Der sich durch die bunten Reihen schlang,
Von noch unbekannten Schönen
Und von fernen, blauen Bergen sang?

Sieh! Die lichte Pracht erneut
Fröhlich sich in allen Jahren,
Doch die Brüder sind zerstreut,
Die dort froh beisammen waren.

Und der Blick wird irre schweifen,
Einsam stehst du nun in Pracht und Scherz,
Und die alten Töne greifen
Dir mit tausend Schmerzen an das Herz.

Uhren schlagen durch die Nacht,
Drein verschlafne Geigen streichen,
Aus dem Saale, überwacht,
Sich die letzten Paare schleichen.

So ist unser Fest vergangen,
Und die lustgen Kerzen löschen aus,
Doch die Sterne draußen prangen,
Und die führen mich und dich nach Haus.

Hermanns Enkel

Altdeutsch! – Altdeutsch? – Nun, das ist,
Was man so in Büchern liest: –
Kluge Rosse – prächtge Decken,
Händel, Kruzifixe, Recken –
O, wie herrlich strahlt dies Leben!
Göttlich! – Doch mit Unterschied.
Es versteht sich, daß mans deute –
's wär doch gar zu unbequem,
Wenn man alles wörtlich nähm,
Wie's da durcheinander blüht! –
Diese Ritter – gute Leute,
Ehrlich, tapfer, brave Reiter –
Gegen uns doch Bärenhäuter!
Eigentlich sind wir wohl weiter.
Lehnstreu – Klöster – Barbarei –
Davon machen *wir* uns frei. –
Fangen wir so an zu sichten:
Fürcht ich, bleibt es bei Gedichten –
Nein doch! Eines, geht mir bei,
Eines bleibt doch: Dies Vernichten
Aller Modesklaverei! –
Hohe Vaterländerei!
Schnittst du los nicht Hermanns Söhne
Von des Halstuchs schnöden Schlingen,
Worin, sonder Kraft und Schöne,
Unsre Väter schmählich hingen?
Gabst du nicht dem Löwen Mähne,
Die ihm frech die Zeit gestohlen?
Statt des windgen Fracks Geflatter
Der Litefka Schurz aus Polen,
Statt des Franzen knabenglatter
Schnauze: seinen Henri quatre? –
Bruder, ich sags unverhohlen,

Und auch du wirsts nicht bestreiten:
Große Zeichen großer Zeiten! –
Wahrlich, säh ich nicht den Kragen
Übern schwarzen Rock geschlagen,
Schien mir alles Ironie.
Doch wie sprech ich da? Ironisch –
Dieses Wort ist nicht teutonisch.
Undeutsch ist die falsche Freude:
Künsteln am wahrhaften Wort!
Ob auch feige Poesie
Sauere Gesichter schneide:
Durch den welschen Lügenwitz
Schreitet stramm der Deutsche fort
Hinter seiner Nasenspitz,
Aller Ehrlichkeiten Sitz,
Biderb immer grade aus.
Alles Welsche wird mir Graus,
Seit ich steck im deutschen Kleide:
Du auch, Liebchen, wähle gleich
Deine Tracht dir altdeutsch aus!
Wie's auf Bildern noch zu schauen:
Wedel von dem Schweif der Pfauen,
Dann von Spitzen, blumenreich,
Wie 'ne mittelmäßge Scheibe,
Eine steife Halsrotunde!
's ist so überm schlanken Leibe
Wie ein Regenschirm gespannt,
Oben drauf dann statt dem Knopf
Schwebt der holde Frauenkopf,
In das Blütenmeer von Kragen,
Ariadnen gleich, verschlagen. –
O, und ein moralscher Kragen!
Denn wer ist da so gewandt,
Flüsternd was ins Ohr zu sagen,
Was nicht gleich die andern wissen?
Und – unmöglich ist das Küssen!

*Der Liedsprecher**

I

Und wo ein tüchtig Leben,
Und wo ein Ehrenhaus,
Da geht der Sänger eben
Gern gastlich ein und aus.

Der freudige Geselle
Grüßt Pfaff und Rittersmann,
Und frische Morgenhelle
Weht all im Liede an.

Und kühn im Rossesbügel
Der Ritter waldwärts zieht,
Und das Gebet nimmt Flügel
Und überfliegt das Lied.

Denn obs mit Schwert, mit Liedern
Sich Bahn zum Himmel schafft,
's ist *eine* Schar von Brüdern
Und *eine* Liebeskraft.

Wo die vereint, da ranken
Sich willig Stein und Erz,
Da pfeilern die Gedanken
Sich freudig himmelwärts.

Die haben diese Bogen
Kühn übern wilden Strom

* Das vorstehende Lied wurde am 20ten Juni 1822 während der Tafel, welche des damaligen Kronprinzen von Preußen, jetzigen Königs, Majestät, in dem großen Rempter des Marienburger Ritterschlosses gab, von einem Freunde des Verfassers in dem Kostüm der alten Liedsprecher gesungen.

Empörter Zeit gezogen
Zum wunderbaren Dom.

Die Burgen sahn wir fallen,
Die Adler zogen aus,
Wehklagend durch die Hallen
Gehn Winde ein und aus.

Doch droben auf der Zinne
Steht noch der Heldengeist,
Der – was die Zeit beginne –
Still nach dem Kreuze weist.

Es wechseln viel' Geschlechter
Und sinken in die Nacht –
Steh fest, du treuer Wächter,
Und nimm dein Land in acht!

Schon hat zum Kreuzeslichte
Dein Volk sich ernst gewandt,
Im Sturm der Weltgerichte
Tief schaudernd dich erkannt.

Nun hebt sich wieder fröhlich
Dein Haus im Morgenschein,
Die Jungfrau minneselig
Schaut weit ins Land hinein.

Gesänge hör ich schallen,
Durchs Grün geschmückte Gäst
Wallfahrten nach den Hallen –
Wem gilt das frohe Fest?

Der Königssohn, ihr Preußen,
Weilt auf dem Ritterschloß,

Das ist nach Adlers Weisen,
Daß er der Höh Genoß.

Das ist des Königs Walten,
Was herrlich, groß und recht,
Im Wechsel zu erhalten
Dem kommenden Geschlecht.

Er hob die Heldenmale
Zu neuer Herrlichkeit,
Damit das Volk im Tale
Gedenk der großen Zeit.

Das ewig Alt' und Neue,
Das mit den Zeiten ringt,
Das, Fürst, ists, was das treue
Herz deines Volks durchdringt.

Wo das noch ehrlich waltet,
Da ist zu Gottes Ruhm
Die Kreuzesfahn entfaltet,
Und rechtes Rittertum.

O, reicht dem Liedersprecher,
Bevor er scheiden muß,
Den hochgefüllten Becher
Zu seinem besten Gruß!

Doch einzeln nicht verhallen
Darf, was ich jetzt gedacht.
Was jeder meint, von *allen,*
Seis freudig auch gebracht!

All ritterliche Geister
Umringen fest den Thron,

Und auf zum höchsten Meister
Dringt treuer Liebe Ton:

Dem ritterlichen *König*
Heil, und dem *Königssohn!*

2

(Als die Kaiserin von Rußland
das Schloß Marienburg besuchte)

Will Lust die Tor erschließen,
Da bleib ich draußen nicht,
Das Hohe zu begrüßen,
Das ist des Sängers Pflicht.

Das ist die alte Halle,
Hier sang ich manches Mal,
Die hohen Ritter alle
Rings um mich her im Saal.

Und von dem Heldenstreiten
Erklang manch kühnes Lied,
Das noch in nächtgen Zeiten
Den stillen Bau durchzieht.

Doch farbenlos vergrauen
Ohn Blüte Fels und Au –
Es fehlt' der Schmuck der Frauen
Dem hochgewaltgen Bau.

Die Stärke regt das Wilde,
Und nur, der Kraft gesellt,
Die königliche Milde
Bezwingt die starre Welt. –

Welch Glanz hat mich umflogen
Und füllt das ganze Haus,
Als pfeilerten die Bogen
Ins Himmelreich hinaus!

Und was der Stein will sagen,
Der Mensch in tiefster Brust,
In Klängen anzuschlagen,
Das ist des Sängers Lust:

O du – gleichbar der Hohen,
Die dieses Haus bewacht
Und Morgenrotes Lohen
Im Norden angefacht –

Was Großes hier ersonnen,
All Segen, der hier weilt,
All Wohl, das hier begonnen,
Dir, hohe Frau, zum Heil!

Und so nun will ich neigen
Mich vor der Majestät –
Dann laßt mich gehn und schweigen,
Bis ihr *Sie* wiederseht.

Der neue Rattenfänger

Juchheisa! Und ich führ den Zug
Hopp über Feld und Graben.
Des alten Plunders ist genug,
Wir wollen neuen haben.

Was! Wir gering? Ihr vornehm, reich?
Planierend schwirrt die Schere,

Seid Lumps wie wir, so sind wir gleich,
Hübsch breit wird die Misere!

Das alte Lied, das spiel ich neu,
Da tanzen alle Leute,
Das ist die Vaterländerei,
O Herr, mach uns gescheute! –

Der brave Schiffer

Der Sturm wollt uns zerschmettern,
Was morsch war, lag zerschellt,
Es schrieb mit feurgen Lettern
Der Herr, und sprach in Wettern
Zu der erschrocknen Welt.

Durch wilder Wogen Spritzen
Vorüber manchem Riff,
Wo auf Korallenspitzen
Die finstern Nornen sitzen,
Flog da das Preußenschiff.

Das war von echtem Kerne;
Gedankenvoll die Wacht
Schaut durch die wüste Ferne
Zum königlichen Sterne,
Der leuchtet aus der Nacht.

Und ob sie Nebel decken,
Was groß und heilig war,
Lenkten da aus den Schrecken
Gewaltig die treuen Recken –
Du mitten in dieser Schar.

Da sah man wohl den schlanken
Wald kühner Masten sich
Zum Himmel pfeilernd ranken!
Du lehntest voll Gedanken
Auf deine Harfe dich.

Bald mächtiger, bald leise,
Mit wunderbarem Klang,
Zogst du Gesangeskreise,
Daß eine tiefe Weise
Das wilde Meer bezwang.

Und Sturm und Nacht verzogen,
Schon blitzt' es hier und da,
Das Land stieg aus den Wogen,
Und unter dem Friedensbogen
Die alte Viktoria. –

Fahr wohl! Wie Adlerschwingen
Wird in der Zeiten Schwung
Dein Ringen und dein Singen
Durch deutsche Herzen klingen,
So bleibst du ewig jung!

Ablösung

Wir saßen gelagert im Grünen,
So traulich und lustig gesellt,
Die Lichter des Frühlings schienen
Hold spielend durchs grüne Gezelt.

Im Frühlingsglanz still auf und nieder
Ergingen der Frauen sich viel,
Und liebliche Augen und Lieder,
Sie spielten ein herzliches Spiel.

Und unten von Tälern und Flüssen
Ein schallendes, wirrendes Reich –
O freudiges, erstes Begrüßen
Von Leben und Lieben zugleich!

Verlassen nun stehen die Räume,
Es schauen und rauschen allein
Die groß gewordenen Bäume
So ernst in die Stille herein.

Von allen, die dort sonst gesessen,
Es sehnet sich niemand hierher,
Sie haben den Frühling vergessen,
Kennt keiner den anderen mehr.

Und wie ich so sinn, da erwachen
Die alten Lieder in mir!
Da hör ich auf einmal ein Lachen
Und Schallen im grünen Revier.

Und fröhliche Lieder erklangen
Aus Herzensgrunde so recht,
Und unter den Bäumen ergangen
Erblick ich ein ander Geschlecht.

Geöffnet bleibt ewig zum Feste
Des Frühlings lustiges Haus,
Es schwärmen so wechselnd die Gäste
Da immer herein und heraus.

Die vorigen Lieder verhallen,
Wir sinken verblühend hinab,
Und neue Gesänge erschallen
Hoch über dem blühenden Grab.

An den Lützowschen Jäger

Wunderliche Spießgesellen,
Denkt ihr noch an mich,
Wie wir an der Elbe Wellen
Lagen brüderlich?

Wie wir in des Spreewalds Hallen,
Schauer in der Brust,
Hell die Hörner ließen schallen
So zu Schreck wie Lust?

Mancher mußte da hinunter
Unter den Rasen grün,
Und der Krieg und Frühling munter
Gingen über ihn.

Wo wir ruhen, wo wir wohnen:
jener Waldeshort
Rauscht mit seinen grünen Kronen
Durch mein Leben fort.

Bei Halle

Da steht eine Burg überm Tale
Und schaut in den Strom hinein,
Das ist die fröhliche Saale,
Das ist der Gibichenstein.

Da hab ich so oft gestanden,
Es blühten Täler und Höhn,
Und seitdem in allen Landen
Sah ich nimmer die Welt so schön!

Durchs Grün da Gesänge schallten,
Von Rossen, zu Lust und Streit,
Schauten viel schlanke Gestalten,
Gleichwie in der Ritterzeit.

Wir waren die fahrenden Ritter,
Eine Burg war noch jedes Haus,
Es schaute durchs Blumengitter
Manch schönes Fräulein heraus.

Das Fräulein ist alt geworden,
Und unter Philistern umher
Zerstreut ist der Ritterorden,
Kennt keiner den andern mehr.

Auf dem verfallenen Schlosse,
Wie der Burggeist, halb im Traum,
Steh ich jetzt ohne Genossen
Und kenne die Gegend kaum.

Und Lieder und Lust und Schmerzen,
Wie liegen sie nun so weit –
O Jugend, wie tut im Herzen
Mir deine Schönheit so leid.

Wechsel

Es fällt nichts vor, mir fällt nichts ein,
Ich glaub, die Welt steht still,
Die Zeit tritt auf so leis und fein,
Man weiß nicht, was sie will.

Auf einmal rührt sichs dort und hier –
Was das bedeuten mag?

Es ist, als hörtst du über dir
Einen frischen Flügelschlag.

Rasch steigen dunkle Wetter auf,
Schon blitzts und rauscht die Rund,
Der lustge Sturmwind fliegt vorauf –
Da atm' ich aus Herzensgrund.

Abschied

Laß, Leben, nicht so wild die Locken wehen!
Es will so rascher Ritt mir nicht mehr glücken,
Hoch überm Land von diamantnen Brücken:
Mir schwindelt, in den Glanz hinabzusehen.

»Vom Rosse spielend meine Blicke gehen
Nach jüngern Augen, die mein Herz berücken,
Horch, wie der Frühling aufjauchzt vor Entzücken,
Kannst du nicht mit hinab, lass ich dich stehen.«

Kaum noch herzinnig mein, wendst du dich wieder,
Ist das der Lohn für deine treusten Söhne?
Dein trunkner Blick, fast möcht er mich erschrecken.

»Wer sagt' dir, daß ich treu, weil ich so schöne?
Leb wohl, und streckst du müde einst die Glieder,
Will ich mit Blumen dir den Rasen decken.«

Vorbei

Das ist der alte Baum nicht mehr,
Der damals hier gestanden,
Auf dem ich gesessen im Blütenmeer
Über den sonnigen Landen.

Das ist der Wald nicht mehr, der sacht
Vom Berge rauschte nieder,
Wenn ich vom Liebchen ritt bei Nacht,
Das Herz voll neuer Lieder.

Das ist nicht mehr das tiefe Tal
Mit den grasenden Rehen,
In das wir nachts viel tausendmal
Zusammen hinausgesehen. –

Es ist der Baum noch, Tal und Wald,
Die Welt ist jung geblieben,
Du aber wurdest seitdem alt,
Vorbei ist das schöne Lieben.

Weltlauf

Was du gestern frisch gesungen,
Ist doch heute schon verklungen,
Und beim letzten Klange schreit
Alle Welt nach Neuigkeit.

War ein Held, der legt' verwegen
Einstmals seinen blutgen Degen
Als wie Gottes schwere Hand
Über das erschrockne Land.

Mußts doch blühn und rauschen lassen,
Und den toten Löwen fassen
Knaben nun nach Jungenart
Ungestraft an Mähn und Bart.

So viel Gipfel als da funkeln,
Sahn wir abendlich verdunkeln,
Und es hat die alte Nacht
Alles wieder gleich gemacht.

Wie im Turm der Uhr Gewichte
Rücket fort die Weltgeschichte,
Und der Zeiger schweigend kreist,
Keiner rät, wohin er weist.

Aber wenn die ehrnen Zungen
Nun zum letztenmal erklungen,
Auf den Turm der Herr sich stellt,
Um zu richten diese Welt.

Und der Herr hat nichts vergessen,
Was geschehen, wird er messen
Nach dem Maß der Ewigkeit –
O wie klein ist doch die Zeit!

IV. Frühling und Liebe

An die Freunde

Der Jugend Glanz, der Sehnsucht irre Weisen,
Die tausend Ströme durch das duftge Land,
Es zieht uns all zu seinen Zauberkreisen. –
Wem Gottesdienst in tiefster Brust entbrannt,
Der sieht mit Wehmut ein unendlich Reisen
Zu ferner Heimat, die er fromm erkannt:
Und was sich *spielend* wob als irdsche Blume,
Wölbt still den Kelch zum *ernsten* Heiligtume.

So schauet denn das buntbewegte Leben
Ringsum von meines Gartens heitrer Zinn',
Daß hoch die Bilder, die noch dämmernd schweben –
Wo Morgenglanz geblendet meinen Sinn –
An eurem Blick erwachsen und sich heben.
Verwüstend rauscht die Zeit darüber hin;
In euren treuen Herzen neu geboren,
Sind sie im wilden Strome unverloren.

Anklänge

I

Liebe, wunderschönes Leben,
Willst du wieder mich verführen,
Soll ich wieder Abschied geben
Fleißig ruhigem Studieren?

Offen stehen Fenster, Türen,
Draußen Frühlingsboten schweben,

Lerchen schwirrend sich erheben,
Echo will im Wald sich rühren.

Wohl, da hilft kein Widerstreben,
Tief im Herzen muß ichs spüren:
Liebe, wunderschönes Leben,
Wieder wirst du mich verführen!

2

Hoch über stillen Höhen
Stand in dem Wald ein Haus,
So einsam wars zu sehen
Dort übern Wald hinaus.

Ein Mädchen saß darinnen
Bei stiller Abendzeit,
Tät seidne Fäden spinnen
Zu ihrem Hochzeitskleid.

3

Jagdlied

Durch schwankende Wipfel
Schießt güldner Strahl,
Tief unter den Gipfeln
Das neblige Tal.
Fern hallt es am Schlosse,
Das Waldhorn ruft,
Es wiehern die Rosse
In die Luft, in die Luft!

Bald Länder und Seen
Durch Wolkenzug
Tief schimmernd zu sehen
In schwindelndem Flug,
Bald Dunkel wieder
Hüllt Reiter und Roß,
O Lieb', o Liebe
So laß mich los! –

Immer weiter und weiter
Die Klänge ziehn,
Durch Wälder und Heiden
Wohin, ach wohin?
Erquickliche Frische,
Süß-schaurige Lust!
Hoch flattern die Büsche,
Frei schlägt die Brust.

Das Zaubernetz

Fraue, in den blauen Tagen
Hast ein Netz du ausgehangen,
Zart gewebt aus seidnen Haaren,
Süßen Worten, weißen Armen.

Und die blauen Augen sprachen,
Da ich waldwärts wollte jagen:
»Zieh mir, Schöner, nicht von dannen!«
Ach, da war ich dein Gefangner!

Hörst du nun den Frühling laden? –
Jägers Waldhorn geht im Walde,
Lockend grüßen bunte Flaggen,
Nach dem Sänger alle fragen.

Ach, von euch, ihr Frühlingsfahnen,
Kann ich, wie von dir, nicht lassen!
Reisen in den blauen Tagen
Muß der Sänger mit dem Klange.

Flügel hat, den du gefangen –
Alle Schlingen müssen lassen
Und er wird dir weggetragen,
Wenn die ersten Lerchen sangen.

Liebst du, treu dem alten Sange
Wie dem Sänger, mich wahrhaftig:
Laß dein Schloß, den schönen Garten,
Führ dich heim in Waldesprachten!

Auf dem Zelter sollst du prangen,
Um die schönen Glieder schlanke
Seide, himmelblau, gespannet,
Als ein süßgeschmückter Knabe.

Und der Jäger sieht uns fahren,
Und er läßt das Wild, das Jagen,
Will nun ewig mit uns wandern
Mit dem frischen Hörnerklange.

Wer von uns verführt den andern,
Ob es deine Augen taten,
Meine Laut', des Jägers Blasen? –
Ach, wir könnens nicht erraten;

Aber um uns drei zusammen
Wird der Lenz im grünen Walde
Wohl ein Zaubernetze schlagen,
Dem noch keiner je entgangen.

Der Schalk

Läuten kaum die Maienglocken
Leise durch den lauen Wind,
Hebt ein Knabe froh erschrocken
Aus dem Grase sich geschwind,
Schüttelt in den Blütenflocken
Seine feinen blonden Locken,
Schelmisch sinnend wie ein Kind.

Und nun wehen Lerchenlieder,
Und es schlägt die Nachtigall,
Rauschend von den Bergen nieder
Kommt der kühle Wasserfall,
Rings im Walde bunt Gefieder: –
Frühling, Frühling ist es wieder
Und ein Jauchzen überall.

Und den Knaben hört man schwirren,
Goldne Fäden zart und lind
Durch die Lüfte künstlich wirren –
Und ein süßer Krieg beginnt:
Suchen, Fliehen, schmachtend Irren,
Bis sich alle hold verwirren. –
O beglücktes Labyrinth!

Frühlingsgruß

Es steht ein Berg in Feuer,
In feurigem Morgenbrand,
Und auf des Berges Spitze
Ein Tannbaum überm Land.

Und auf dem höchsten Wipfel
Steh ich und schau vom Baum,
O Welt, du schöne Welt, du,
Man sieht dich vor Blüten kaum!

Abendlandschaft

Der Hirt bläst seine Weise,
Von fern ein Schuß noch fällt,
Die Wälder rauschen leise
Und Ströme tief im Feld.

Nur hinter jenem Hügel
Noch spielt der Abendschein –
O hätt ich, hätt ich Flügel,
Zu fliegen da hinein!

Elfe

Bleib bei uns! Wir haben den Tanzplan im Tal
Bedeckt mit Mondesglanze,
Johanniswürmchen erleuchten den Saal,
Die Heimchen spielen zum Tanze.

Die Freude, das schöne leichtgläubige Kind,
Es wiegt sich in Abendwinden:
Wo Silber auf Zweigen und Büschen rinnt,
Da wirst du die Schönste finden!

Frühlingsmarsch

Hoch über euren Sorgen
Sah ich vom Berg ins Land
Voll tausend guter Morgen,
Die Welt in Blüten stand.

Was zagt ihr träg und blöde?
Was schön ist, wird doch dein!
Die Welt tut nur so spröde
Und will erobert sein.

Laßt die Trompeten laden,
Durchs Land die Trommeln gehn,
Es wimmeln Kameraden,
Wo rechte Banner wehn.

Wir ziehn durch die Provinzen,
Da funkelt manches Schloß,
Schön Lieb, hol dich vom Zwinger
Und schwing dich mit aufs Roß!

Und wenn das Blühen endet:
Noch taumelnd sprengen wir,
Vom Abendrot geblendet,
Ins letzte Nachtquartier.

Die Lerche

Ich kann hier nicht singen,
Aus dieser Mauern dunklen Ringen
Muß ich mich schwingen
Vor Lust und tiefem Weh.
O Freude, in klarer Höh

Zu sinken und sich zu heben,
In Gesang
Über die grüne Erde dahin zu schweben,

Wie unten die licht' und dunkeln Streifen
Wechselnd im Fluge vorüberschweifen,
Aus der Tiefe ein Wirren und Rauschen und Hämmern,
Die Erde aufschimmernd im Frühlingsdämmern,
Wie ist die Welt so voller Klang!
Herz, was bist du bang?
Mußt aufwärts dringen!
Die Sonne tritt hervor,
Wie glänzen mir Brust und Schwingen,
Wie still und weit ists droben am Himmelstor!

Nachtigall

Nach den schönen Frühlingstagen,
Wenn die blauen Lüfte wehen,
Wünsche mit dem Flügel schlagen
Und im Grünen Amor zielt,
Bleibt ein Jauchzen auf den Höhen;
Und ein Wetterleuchten spielt
Aus der Ferne durch die Bäume
Wunderbar die ganze Nacht,
Daß die Nachtigall erwacht
Von den irren Widerscheinen,
Und durch alle selge Gründe
In der Einsamkeit verkünde,
Was sie alle, alle meinen:
Dieses Rauschen in den Bäumen
Und der Mensch in dunklen Träumen.

Adler

Steig nur, Sonne,
Auf die Höhn!
Schauer wehn,
Und die Erde bebt vor Wonne.

Kühn nach oben
Greift aus Nacht
Waldespracht,
Noch von Träumen kühl durchwoben.

Und vom hohen
Felsaltar
Stürzt der Aar
Und versinkt in Morgenlohen.

Frischer Morgen!
Frisches Herz,
Himmelwärts!
Laß den Schlaf nun, laß die Sorgen!

Durcheinander

Spatzen schrein und Nachtigallen,
Nelke glüht und Distel sticht,
Rose schön durch Nesseln bricht,
Besser noch hat mir gefallen
Liebchens spielendes Augenlicht;
Aber fehlte auch nur Eins von allen,
's wär eben der närrische Frühling nicht.

Gleichheit

Es ist kein Blümlein nicht so klein,
Die Sonne wirds erwarmen,
Scheint in das Fenster mild herein
Dem König wie dem Armen,
Hüllt alles ein in Sonnenschein
Mit göttlichem Erbarmen.

Gedenk

Es ist kein Vöglein so gemein,
Es spürt geheime Schauer,
Wenn draußen streift der Sonnenschein
Vergoldend seinen Bauer.

Und du hast es vergessen fast
In deines Kerkers Spangen,
O Menschlein, daß du Flügel hast
Und daß du hier gefangen.

Die Sperlinge

Altes Haus mit deinen Löchern,
Geizger Bauer, nun ade!
Sonne scheint, von allen Dächern
Tröpfelt lustig schon der Schnee,
Draußen auf dem Zaune munter
Wetzen unsre Schnäbel wir,
Durch die Hecken 'rauf und 'runter,
In dem Baume vor der Tür
Tummeln wir in hellen Haufen
Uns mit großem Kriegsgeschrei,
Um die Liebste uns zu raufen
Denn der Winter ist vorbei!

Schneeglöckchen

’s war doch wie ein leises Singen
In dem Garten heute nacht,
Wie wenn laue Lüfte gingen:
»Süße Glöcklein, nun erwacht,
Denn die warme Zeit wir bringen,
Eh’s noch jemand hat gedacht.« –
’s war kein Singen, ’s war ein Küssen,
Rührt’ die stillen Glöcklein sacht,
Daß sie alle tönen müssen
Von der künftgen bunten Pracht.
Ach, sie konntens nicht erwarten,
Aber weiß vom letzten Schnee
War noch immer Feld und Garten,
Und sie sanken um vor Weh.
So schon manche Dichter streckten
Sangesmüde sich hinab,
Und der Frühling, den sie weckten,
Rauschet über ihrem Grab.

Spaziergang

Ochse, wie bist du so stattlich, bedachtsam, fleißig und nützlich!
Wahrlich, ich brauche dich sehr – aber du bist doch ein Ochs!

Ho da! Kartoffeln und ihr, ökonomische Knollengewächse,
Schreiten kaum kann man; gemach! macht euch nicht gar zu sehr breit!

Grüß dich, Klatschrose und Gänseblum, Butterblum, ländliches Völkchen,
Schmucklos und ohne Geruch, unschuldig, – weiter sonst nichts? –

Nelke, du reizendes Kind, wie hast du so gar nichts
Bescheidnes!
Jauchzende Farben voll Lust flammst du ins traurige Grün,

Tief von den eigenen Düften du selber lustig berauschet,
Spiele denn, brenne, von dir lass ich berauschen mich gern!

Mädchenseele

Gar oft schon fühlt ichs tief, des Mädchens Seele
Wird nicht sich selbst, dem Liebsten nur geboren.
Da irrt sie nun verstoßen und verloren,
Schickt heimlich Blicke schön als Boten aus,
Daß sie auf Erden suchen ihr ein Haus.
Sie schlummert in der Schwüle, leicht bedeckt,
Lächelt im Schlafe, atmet warm und leise,
Doch die Gedanken sind fern auf der Reise,
Und auf den Wangen flattert träumrisch Feuer,
Hebt buhlend oft der Wind den zarten Schleier.
Der Mann, der da zum ersten Mal sie weckt,
Zuerst hinunterlangt in diese Stille,
Dem fällt sie um den Hals vor Freude bang
Und läßt ihn nicht mehr all ihr Lebelang.

Steckbrief

Grüß euch aus Herzensgrund:
Zwei Äugen hell und rein,
Zwei Röslein auf dem Mund,
Kleid blank aus Sonnenschein!

Nachtigall klagt und weint,
Wollüstig rauscht der Hain,

Alles die Liebe meint:
Wo weilt sie so allein?

Weils draußen finster war,
Sah ich viel heilern Schein,
Jetzt ist es licht und klar,
Ich muß im Dunkeln sein.

Sonne nicht steigen mag,
Sieht so verschlafen drein,
Wünschet den ganzen Tag,
Daß wieder Nacht möcht sein.

Liebe geht durch die Luft,
Holt fern die Liebste ein;
Fort über Berg und Kluft!
Und Sie wird doch noch mein!

Morgenständchen

In den Wipfeln frische Lüfte,
Fern melodscher Quellen Fall,
Durch die Einsamkeit der Klüfte
Waldeslaut und Vogelschall,
Scheuer Träume Spielgenossen,
Steigen all' beim Morgenschein
Auf des Weinlaubs schwanken Sprossen
Dir ins Fenster aus und ein.
Und wir nahn noch halb in Träumen,
Und wir tun in Klängen kund,
Was da draußen in den Bäumen
Singt der weite Frühlingsgrund.
Regt der Tag erst laut die Schwingen:
Sind wir alle wieder weit –

Aber tief im Herzen klingen
Lange nach noch Lust und Leid.

Aussicht

Komm zum Garten denn, du Holde!
In den warmen, schönen Tagen
Sollst du Blumenkränze tragen,
Und vom kühl kristallnen Golde
Mit den frischen, roten Lippen,
Eh ich trinke, lächelnd nippen.
Ohne Maß dann, ohne Richter,
Küssend, trinkend singt der Dichter
Lieder, die von selbst entschweben:
Wunderschön ist doch das Leben!

Abendständchen

Schlafe, Liebchen, weils auf Erden
Nun so still und seltsam wird!
Oben gehn die goldnen Herden,
Für uns alle wacht der Hirt.

In der Ferne ziehn Gewitter;
Einsam auf dem Schifflein schwank,
Greif ich draußen in die Zither,
Weil mir gar so schwül und bang.

Schlingend sich an Bäum und Zweigen,
In dein stilles Kämmerlein
Wie auf goldnen Leitern steigen
Diese Töne aus und ein.

Und ein wunderschöner Knabe
Schifft hoch über Tal und Kluft,
Rührt mit seinem goldnen Stabe
Säuselnd in der lauen Luft.

Und in wunderbaren Weisen
Singt er ein uraltes Lied,
Das in linden Zauberkreisen
Hinter seinem Schifflein zieht.

Ach, den süßen Klang verführet
Weit der buhlerische Wind,
Und durch Schloß und Wand ihn spüret
Träumend jedes schöne Kind.

Nacht

1

Die Vöglein, die so fröhlich sangen,
Der Blumen bunte Pracht,
'S ist alles unter nun gegangen,
Nur das Verlangen
Der Liebe wacht.

2

Tritt nicht hinaus jetzt vor die Tür,
Die Nacht hat eignen Sang,
Das Waldhorn ruft, als riefs nach dir,
Betrüglich ist der irre Klang,
Endlos der Wälder Labyrinth –
Behüt dich Gott, du schönes Kind!

3

Überm Lande die Sterne
Machen die Runde bei Nacht,
Mein Schatz ist in der Ferne,
Liegt am Feuer auf der Wacht.
Übers Feld bellen Hunde;
Wenn der Mondschein erblich,
Rauscht der Wald auf im Grunde:
Reiter, jetzt hüte dich!

4

Hörst du die Gründe rufen
In Träumen halb verwacht?
O, von des Schlosses Stufen
Steig nieder in die Nacht! –

Die Nachtigallen schlagen,
Der Garten rauschet sacht,
Es will dir Wunder sagen
Die wunderbare Nacht.

Wahl

Der Tanz, der ist zerstoben,
Die Musik ist verhallt,
Nun kreisen Sterne droben,
Zum Reigen singt der Wald.

Sind alle fortgezogen,
Wie ists nun leer und tot!
Du rufst vom Fensterbogen:
»Wann kommt das Morgenrot!«

Mein Herz möcht mir zerspringen,
Darum so wein ich nicht,
Darum so muß ich singen,
Bis daß der Tag anbricht.

Eh es beginnt zu tagen:
Der Strom geht still und breit,
Die Nachtigallen schlagen,
Mein Herz wird mir so weit!

Du trägst so rote Rosen,
Du schaust so freudenreich,
Du kannst so fröhlich kosen,
Was stehst du still und bleich?

Und laß sie gehn und treiben
Und wieder nüchtern sein,
Ich will wohl bei dir bleiben!
Ich will dein Liebster sein!

Die Stille

Es weiß und rät es doch keiner,
Wie mir so wohl ist, so wohl!
Ach, wüßt es nur Einer, nur Einer,
Kein Mensch es sonst wissen sollt!

So still ists nicht draußen im Schnee,
So stumm und verschwiegen sind
Die Sterne nicht in der Höhe,
Als meine Gedanken sind.

Ich wünscht, es wäre schon Morgen,
Da fliegen zwei Lerchen auf,

Die überfliegen einander,
Mein Herze folgt ihrem Lauf.

Ich wünscht, ich wäre ein Vöglein
Und zöge über das Meer,
Wohl über das Meer und weiter,
Bis daß ich im Himmel wär!

Frühlingsnetz

Im hohen Gras der Knabe schlief,
Da hört' ers unten singen,
Es war, als ob die Liebste rief,
Das Herz wollt ihm zerspringen.

Und über ihm ein Netze wirrt
Der Blumen leises Schwanken,
Durch das die Seele schmachtend irrt
In lieblichen Gedanken.

So süße Zauberei ist los,
Und wunderbare Lieder
Gehn durch der Erde Frühlingsschoß,
Die lassen ihn nicht wieder.

Das Mädchen

Stand ein Mädchen an dem Fenster,
Da es draußen Morgen war,
Kämmte sich die langen Haare,
Wusch sich ihre Äuglein klar.

Sangen Vöglein aller Arten,
Sonnenschein spielt' vor dem Haus,
Draußen überm schönen Garten
Flogen Wolken weit hinaus.

Und sie dehnt' sich in den Morgen,
Als ob sie noch schläfrig sei,
Ach, sie war so voller Sorgen,
Flocht ihr Haar und sang dabei:

Wie ein Vöglein hell und reine,
Ziehet draußen muntre Lieb,
Lockt hinaus zum Sonnenscheine,
Ach, wer da zu Hause blieb'!

Die Studenten

Die Jäger ziehn in grünen Wald
Und Reiter blitzend übers Feld,
Studenten durch die ganze Welt,
So weit der blaue Himmel wallt.

Der Frühling ist der Freudensaal,
Viel tausend Vöglein spielen auf,
Da schallts im Wald bergab, bergauf:
Grüß dich, mein Schatz, viel tausendmal!

Viel rüstige Bursche ritterlich,
Die fahren hier in Stromes Mitt,
Wie wilde sie auch stellen sich,
Trau mir, mein Kind, und fürcht dich nit!

Querüber übers Wasser glatt
Laß werben deine Äugelein,

Und der dir Wohlgefallen hat,
Der soll dein lieber Buhle sein.

Durch Nacht und Nebel schleich ich sacht,
Kein Lichtlein brennt, kalt weht der Wind,
Riegl auf, riegl auf bei stiller Nacht,
Weil wir so jung beisammen sind!

Ade nun, Kind, und nicht geweint!
Schon gehen Stimmen da und dort,
Hoch übern Wald Aurora scheint,
Und die Studenten reisen fort.

Der Gärtner

Wohin ich geh und schaue,
In Feld und Wald und Tal,
Vom Berg hinab in die Aue:
Viel schöne, hohe Fraue,
Grüß ich dich tausendmal.

In meinem Garten find ich
Viel Blumen, schön und fein,
Viel Kränze wohl draus wind ich
Und tausend Gedanken bind ich
Und Grüße mit darein.

Ihr darf ich keinen reichen,
Sie ist zu hoch und schön,
Die müssen alle verbleichen,
Die Liebe nur ohnegleichen
Bleibt ewig im Herzen stehn.

Ich schein wohl froher Dinge
Und schaffe auf und ab,
Und, ob das Herz zerspringe,
Ich grabe fort und singe
Und grab mir bald mein Grab.

Jägerkatechismus

Was wollt ihr in dem Walde haben,
Mag sich die arme Menschenbrust
Am Waldesgruße nicht erlaben,
Am Morgenrot und grüner Lust?

Was tragt ihr Hörner an der Seite,
Wenn ihr des Hornes Sinn vergaßt,
Wenns euch nicht selbst lockt in die Weite,
Wie ihr vom Berg früh morgens blast?

Ihr werd't doch nicht die Lust erjagen,
Ihr mögt durch alle Wälder gehn;
Nur müde Füß und leere Magen –
Mir möcht die Jägerei vergehn!

O nehmet doch die Schneiderelle,
Guckt in der Küche in den Topf!
Sonntags dann auf des Hauses Schwelle,
Krau euch die Ehfrau auf dem Kopf!

Die Tierlein selber: Hirsch' und Rehen,
Was lustig haust im grünen Haus,
Sie fliehen auf ihre freien Höhen
Und lachen arme Wichte aus.

Doch kommt ein Jäger, wohlgeboren,
Das Horn irrt, er blitzt rosenrot,
Da ist das Hirschlein wohl verloren,
Stellt selber sich zum lustgen Tod.

Vor allen aber die Verliebten,
Die lad ich ein zur Jägerlust,
Nur nicht die weinerlich Betrübten;
Die recht von frisch' und starker Brust.

Mein Schatz ist Königin im Walde,
Ich stoß ins Horn, ins Jägerhorn!
Sie hört mich fern und naht wohl balde,
Und was ich blas, ist nicht verlorn! –

Der Kadett

Meine Liebste, die ist von allen
Grade die Schönste nicht,
Doch hat mir eben gefallen
Ihr spielendes Augenlicht.

Da kann ich von Glücke sagen,
Denn wär sie die Schönste just,
Müßt ich mit allen mich schlagen
Um die Eine nach Herzenslust.

Übermut

Ein' Gems auf dem Stein,
Ein' Vogel im Flug,
Ein Mädel, das klug,
Kein Bursch holt die ein.

Der Polack

Und komm ich, komm ich ohne Pelz,
Mein Liebste fragt mich aus:
Wo hast du lassen deinen Pelz?
Und macht sich doch nichts draus.

Da drüben ist gut Schnaps und Bier,
Der Wirt bläst Klarinett,
Da stritten wir, drei oder vier,
Wers schönste Liebchen hätt.

Ich aber trank aus deinem Schuh,
Ließ meinen Pelz im Haus
Und eine Handvoll Haar' dazu,
Ich mach mir gar nichts draus.

Der Jäger

Was Segeln der Wünsche durch luftige Höh!
Was bildendes Träumen im blühenden Klee!
Was Hoffen und Bangen, was Schmachten, was Weh!

Und rauscht nicht die Erde in Blüten und Duft?
Und schreitet nicht Hörnerklang kühn durch die Luft?
Und stürzet nicht jauchzend der Quell von der Kluft?

Drum jage du frisch auch dein flüchtiges Reh
Durch Wälder und Felder, durch Täler und See,
Bis es dir ermüdet im Arme vergeh!

Der Landreiter

Ich ging bei Nacht einst über Land,
Ein Bürschlein traf ich draußen,
Das hat 'nen Stutzen in der Hand
Und zielt auf mich voll Grausen.
Ich renne, da ich mich erbos,
Auf ihn in vollem Rasen,
Da drückt das kecke Bürschlein los
Und ich stürz auf die Nasen.
Er aber lacht mir ins Gesicht,
Daß er mich angeschossen,
Kupido war der kleine Wicht –
Das hat mich sehr verdrossen.

Der Bote

Am Himmelsgrund schießen
So lustig die Stern,
Dein Schatz läßt dich grüßen
Aus weiter, weiter Fern!

Hat eine Zither gehangen
An der Tür unbeacht',
Der Wind ist gegangen
Durch die Saiten bei Nacht.

Schwang sich auf dann vom Gitter
Über die Berge, übern Wald –
Mein Herz ist die Zither,
Gibt ein'n fröhlichen Schall

Die Jäger

Wir waren ganz herunter,
Da sprach Diana ein,
Die blickt' so licht und munter,
Nun gehts zum Wald hinein!

Im Dunkeln Äuglein funkeln,
Kupido schleichet leis,
Die Bäume heimlich munkeln –
Ich weiß wohl, was ich weiß!

Der Winzer

Es hat die Nacht geregnet,
Es zog noch grau ins Tal,
Und ruhten still gesegnet
Die Felder überall;
Von Lüften kaum gefächelt,
Durchs Ungewisse Blau
Die Sonne verschlafen lächelt'
Wie eine wunderschöne Frau.

Nun sah ich auch sich heben
Aus Nebeln unser Haus,
Du dehntest zwischen den Reben
Dich von der Schwelle hinaus,
Da funkelt' auf einmal vor Wonne
Der Strom und Wald und Au –
Du bist mein Morgen, meine Sonne,
Meine liebe, verschlafene Frau!

Der Poet

Bin ich fern Ihr: schau ich nieder
Träumend in die Täler hier,
Ach, ersinn ich tausend Lieder,
Singt mein ganzes Herz von Ihr.
Doch was hilft die Gunst der Musen
Daß die Welt mich Dichter nennt?
Keiner fragt, wie mir im Busen
Sorge tief und Sehnsucht brennt.

Ja, darf ich bei Liebchen weilen:
Fühl ich froh der Stunden Schwall
Wohl melodischer enteilen
Als der schönste Silbenfall,
Will ich singen, Lippen neigen
Sich auf mich und leidens nicht,
Und wie gerne mag ich schweigen,
Wird mein Leben zum Gedicht!

Die Kleine

Zwischen Bergen, liebe Mutter,
Weit den Wald entlang,
Reiten da drei junge Jäger
Auf drei Rößlein blank,
        lieb Mutter,
Auf drei Rößlein blank.

Ihr könnt fröhlich sein, lieb Mutter,
Wird es draußen still:
Kommt der Vater heim vom Walde,
Küßt Euch, wie er will,
        lieb Mutter,
Küßt Euch, wie er will.

Und *ich* werfe mich im Bettchen
Nachts ohn Unterlaß,
Kehr mich links und kehr mich rechts hin,
Nirgends hab ich was,
lieb Mutter,
Nirgends hab ich was.

Bin ich eine Frau erst einmal,
In der Nacht dann still
Wend ich mich nach allen Seiten,
Küß, so viel ich will,
lieb Mutter,
Küß, so, viel ich will.

Die Stolze

Sie steckt mit der Abendröte
In Flammen rings das Land,
Und hat samt Manschetten und Flöte
Den verliebten Tag verbrannt.

Und als nun verglommen die Gründe,
Sie stieg auf die stillen Höhn,
Wie war da rings um die Schlünde
Die Welt so groß und schön!

Waldkönig zog durch die Wälder
Und stieß ins Horn vor Lust,
Da klang über die stillen Felder,
Wovon der Tag nichts gewußt. –

Und wer mich wollt erwerben,
Ein Jäger müßts sein zu Roß,
Und müßt auf Leben und Sterben
Entführen mich auf sein Schloß!

Der Freiwerber

Frühmorgens durch die Winde kühl,
Zwei Ritter hergeritten sind,
Im Garten klingt ihr Saitenspiel,
Wach auf, wach auf, mein schönes Kind!

Ringsum viel Schlösser schimmernd stehn,
So silbern geht der Ströme Lauf,
Hoch, weit rings Lerchenlieder wehn,
Schließ Fenster, Herz und Äuglein auf!

So wie du bist, verschlafen heiß,
Laß allen Putz und Zier zu Haus,
Tritt nur herfür im Hemdlein weiß,
Siehst so gar schön verliebet aus.

Ich hab einen Fremden wohl bei mir,
Der lauert unten auf der Wacht,
Der bittet schön dich um Quartier,
Verschlafnes Kind, nimm dich in acht!

Jäger und Jägerin

Sie

Wär ich ein muntres Hirschlein schlank,
Wollt ich im grünen Walde gehn,
Spazieren gehn bei Hörnerklang,
Nach meinem Liebsten mich umsehn.

Er

Nach meiner Liebsten mich umsehn
Tu ich wohl, zieh ich früh von hier,
Doch Sie mag niemals zu mir gehn
Im dunkelgrünen Waldrevier.

Sie

Im dunkelgrünen Waldrevier
Da blitzt der Liebste rosenrot,
Gefällt so sehr dem armen Tier,
Das Hirschlein wünscht, es läge tot.

Er

Und wär das schöne Hirschlein tot,
So möcht ich jagen länger nicht;
Scheint übern Wald der Morgen rot:
Hüt, schönes Hirschlein, hüte dich!

Sie

Hüt, schönes Hirschlein, hüte dich!
Sprichts Hirschlein selbst in seinem Sinn:
Wie soll ich, soll ich hüten mich,
Wenn ich so sehr verliebet bin?

Er

Weil ich so sehr verliebet bin,
Wollt ich das Hirschlein, schön und wild,
Aufsuchen tief im Walde drin
Und streicheln, bis es stille hielt.

Sie

Ja, streicheln, bis es stille hielt,
Falsch locken so in Stall und Haus!
Zum Wald springts Hirschlein frei und wild
Und lacht verliebte Narren aus.

Der Tanzmeister

Wohlgerüstet war ich kommen;
Siegsgewiß, doch wie zum Scherz
Hat ein Blick mein Herz genommen –
Wer kann kämpfen ohne Herz?

So vom Augenblick – geschlagen,
Kniet ich Armer vor ihr hin,
Hatt kein Herz nun, ihr zu sagen,
Daß ich ihr Entherzter bin.

Die Braut

Wann die Bäume blühn und sprossen
Und die Lerche kehrt zurück,
Denkt die Seele der Genossen,
Fühlet fern' und nahes Glück.

Selig Weinen selger Herzen!
Wenn das Herz nichts weiter will,
Nicht von Lust erfüllt, noch Schmerzen,
Aber fröhlich ist und still.

Frischer sich die Hügel kränzen,
Heitrer lacht das weite Blau,

Alle Blumen schöner glänzen
Durch des Auges süßen Tau.

Und soll denn das Lieben leiden,
Und, wer leidet, krank auch sein,
Ach, so will ich keine Freuden,
Und mag nicht gesund mehr sein!

Die Geniale

Lustig auf den Kopf, mein Liebchen,
Stell dich, in die Luft die Bein!
Heisa! Ich will sein dein Bübchen,
Heute nacht soll Hochzeit sein!

Wenn du Shakespeare kannst vertragen,
O du liebe Unschuld du!
Wirst du mich wohl auch ertragen
Und noch jedermann dazu. –

Der verzweifelte Liebhaber

Studieren will nichts bringen,
Mein Rock hält keinen Stich,
Meine Zither will nicht klingen,
Mein Schatz, der mag mich nicht.

Ich wollt, im Grün spazierte
Die allerschönste Frau,
Ich wär ein Drach und führte
Sie mit mir fort durchs Blau.

Ich wollt, ich jagt gerüstet
Und legt die Lanze aus,
Und jagte all Philister
Zur schönen Welt hinaus.

Ich wollt, ich säß jetzunder
Im Himmel still und weit,
Und früg nach all dem Plunder
Nichts vor Zufriedenheit.

Der Glückliche

Ich hab ein Liebchen lieb recht von Herzen
Hellfrische Augen hats wie zwei Kerzen,
Und wo sie spielend streifen das Feld,
Ach, wie so lustig glänzet die Welt!

Wie in der Waldnacht zwischen den Schlüften
Plötzlich die Täler sonnig sich klüften,
Funkeln die Ströme, rauscht himmelwärts
Blühende Wildnis – so ist mein Herz!

Wie vom Gebirge ins Meer zu schauen,
Wie wenn der Seefalk, hangend im Blauen,
Zuruft der dämmernden Erd, wo sie blieb? –
So unermeßlich ist rechte Lieb!

Der Nachtvogel

Liegt der Tag rings auf der Lauer,
Blickt so schlau auf Lust und Trauer:
Kann ich kaum mich selbst verstehen.
Laß die Lauscher schlafen gehen!

Nur ein Stündchen unbewacht
Laß in der verschwiegnen Nacht
Mich in deine Augen sehen
Wie in stillen Mondenschein.
In dem Park an der Rotunde,
Wenn es dunkelt, harr ich dein.
Still und fromm ja will ich sein.
Liebste, ach nur *eine* Stunde! –
Sieh mir nicht so böse drein!
Willst du nie dein Schweigen brechen,
Ewig stumm wie Blumen sein:
O so laß mich das Versprechen
Pflücken dir vom stillen Munde:
Liebste, ach nur *eine* Stunde!
In dem Park, an der Rotunde,
Wenn es dunkelt, harr ich dein.

Coda

Und kann ich nicht sein
Mit dir zu zwein,
So will ich, allein,
Der Schwermut mich weihn!

Die Nachtblume

Nacht ist wie ein stilles Meer,
Lust und Leid und Liebesklagen
Kommen so verworren her
In dem linden Wellenschlagen.

Wünsche wie die Wolken sind,
Schiffen durch die stillen Räume,
Wer erkennt im lauen Wind,
Obs Gedanken oder Träume? –

Schließ ich nun auch Herz und Mund,
Die so gern den Sternen klagen:
Leise doch im Herzensgrund
Bleibt das linde Wellenschlagen.

Der Dichter

Nichts auf Erden nenn ich mein
Als die Lieder meiner Laute,
Doch nenn den, der freudger schaute
In die schöne Welt hinein!
Alles Lebens tiefste Schöne
Tun geheimnisvoll ja Töne
Nur dem frommen Sänger kund,
Und *die* Freude sagt kein Mund,
Die Gott wunderbar gelegt
In des Dichters Herzensgrund.
Wenn die Welt, so wild bewegt,
Ängstlich schaut nach ihren Rettern:
Über aller Nebel Wogen
Wölbt Er kühn den Friedensbogen,
Und, wie nach verzognen Wettern,
Rauscht die Erde wieder mild,
Alle Knospen Blüten treiben,
Und der Frühling ist sein Haus,
Und *der* Frühling geht nie aus. –
O du lieblich Frauenbild!
Willst du bei dem Sänger bleiben? –
Blumen bind't ein streng Geschick:
Wenn die tausend Stimmen singen,
Alle Schmerzen, alles Glück
Ewig lautlos zu verschweigen.
Doch bei kühlem Mondenblick
Regt ihr stiller Geist die Schwingen,

Möcht dem duftgen Kelch entsteigen.
Sieh, schon ist die Sonn gesunken
Aus der dunkelblauen Schwüle,
Und zerspringt in tausend Funken
An den Felsen rings und Bäumen,
Bis sie alle selig träumen.
Mit den Sternen in der Kühle
Blühn da Wünsche, steigen Lieder
Aus des Herzens Himmelsgrund,
Und ich fühle alles wieder:
Alte Freuden, junges Wagen!
Ach! so viel möcht ich dir sagen,
Sagen recht aus Herzensgrund,
In dem Rauschen, in dem Wehen,
Möcht ich fröhlich mit dir gehen,
Plaudern in der lauen Nacht,
Bis der Morgenstern erwacht! –

An eine Tänzerin

Kastagnetten lustig schwingen
Seh ich dich, du zierlich Kind!
Mit der Locken schwarzen Ringen
Spielt der sommerlaue Wind.
Künstlich regst du schöne Glieder,
Glühendwild,
Zärtlichmild
Tauchest in Musik du nieder,
Und die Woge hebt dich wieder.

Warum sind so blaß die Wangen,
Dunkelfeucht der Augen Glanz,
Und ein heimliches Verlangen
Schimmert glühend durch den Tanz?

Schalkhaft lockend schaust du nieder,
Liebesnacht
Süß erwacht,
Wollüstig erklingen Lieder –
Schlag nicht so die Augen nieder!

Wecke nicht die Zauberlieder
In der dunklen Tiefe Schoß,
Selbst verzaubert sinkst du nieder,
Und sie lassen dich nicht los.
Tödlich schlingt sich um die Glieder
Sündlich Glühn,
Und verblühn
Müssen Schönheit, Tanz und Lieder,
Ach, ich kenne dich nicht wieder!

Klage

Ich hab manch Lied geschrieben,
Die Seele war voll Lust,
Von treuem Tun und Lieben,
Das beste, was ich wußt.

Was mir das Herz bewogen,
Das sagte treu mein Mund,
Und das ist nicht erlogen,
Was kommt aus Herzensgrund.

Liebchen wußts nicht zu deuten
Und lacht' mir ins Gesicht,
Dreht' sich zu andern Leuten
Und achtet's weiter nicht.

Und spielt' mit manchem Tropfe,
Weil ich so tief betrübt.
Mir ist so dumm im Kopfe,
Als wär ich nicht verliebt.

Ach Gott, wem soll ich trauen?
Will Sie mich nicht verstehn,
Tun all so fremde schauen,
Und alles muß vergehn.

Und alles irrt zerstreuet –
Sie ist so schön und rot –
Ich hab nichts, was mich freuet,
Wär ich viel lieber tot!

Trauriger Winter

Nun ziehen Nebel, falbe Blätter fallen,
Öd alle Stellen, die uns oft entzücket!
Und noch einmal tief Rührung uns beglücket,
Wie aus der Flucht die Abschiedslieder schallen.

Wohl manchem blüht aus solchem Tod Gefallen:
Daß er, nun eng ans blühnde Herz gedrücket,
Von roten Lippen holdre Sträuße pflücket,
Als Lenz je beut mit Wäldern, Wiesen allen.

Mir sagte niemals ihrer Augen Bläue:
»Ruh auch aus! Willst du ewig sinnen?«
Und einsam sah ich so den Sommer fahren.

So will ich tief des Lenzes Blüte wahren,
Und mit Erinnern zaubrisch mich umspinnen,
Bis ich nach langem Traum erwach im Maie.

Trauriger Frühling

Mir ists im Kopf so wüste,
Die Zeit wird mir so lang,
Wie auch der Lenz mich grüßte
Mit Glanz und frischem Klang,
Das Herz bleibt mir so wüste,
Mir ist so sterbensbang.

Viel Vöglein lockend sangen
Im blühenden Revier,
Ich hatt mir eins gefangen,
Jetzt ist es weit von mir,
Viel Vöglein draußen sangen,
Ach, hätt ich meins nur hier!

Begegnung

Ich wandert in der Frühlingszeit,
Fern auf den Bergen gingen
Mit Geigenspiel und Singen
Viel lustge Hochzeitsleut,
Das war ein Jauchzen und Klingen!
Es blühte rings in Tal und Höhn,
Ich konnt vor Lust nicht weitergehn.

Am Dorfe dann auf grüner Au
Begannen sie den Reigen,
Und durch den Schall der Geigen
Lacht' laut die junge Frau,
Ihr Stimmlein klang so eigen,
Ich wußte nicht, wie mir geschehn –
Da wandt sie sich in wildem Drehn.

Es war mein Lieb! ’s ist lange her,
Sie blickt’ so ohne Scheue,
Verloren ist die Treue,
Sie kannte mich nicht mehr –
Da jauchzt’ und geigt’s aufs neue,
Ich aber wandt mich fort ins Feld,
Nun wandr ich bis ans End der Welt!

Der Kranke

Vögelein munter
Singen so schön,
Laßt mich hinunter
Spazieren gehn!

»Nacht ists ja draußen;
’s war nur der Sturm,
Den du hörst sausen
Droben vom Turm.«

Liebchen im Garten
Seh ich dort stehn,
Lang mußt sie warten,
O laßt mich gehn.

»Still nur, der blasse
Tod ists, der sacht
Dort durch die Gasse
Schleicht in der Nacht.«

Wie mir ergraute,
Bleiches Gesicht!
Gebt mir die Laute,
Mir wird so licht!

»Was willst du singen
In tiefster Not?
Lenz, Lust vergingen,
Liebchen ist tot!« –

Laßt mich, Gespenster!
Lied, riegl auf die Gruft!
Öffnet die Fenster,
Luft, frische freie Luft!

Im Herbst

Der Wald wird falb, die Blätter fallen,
Wie öd und still der Raum!
Die Bächlein nur gehn durch die Buchenhallen
Lind rauschend wie im Traum,
Und Abendglocken schallen
Fern von des Waldes Saum.

Was wollt ihr mich so wild verlocken
In dieser Einsamkeit?
Wie in der Heimat klingen diese Glocken
Aus stiller Kinderzeit –
Ich wende mich erschrocken,
Ach, was mich liebt, ist weit!

So brecht hervor nur, alte Lieder,
Und brecht das Herz mir ab!
Noch einmal grüß ich aus der Ferne wieder,
Was ich nur Liebes hab,
Mich aber zieht es nieder
Vor Wehmut wie ins Grab.

Die Hochzeitsänger

Fernher ziehn wir durch die Gassen,
Stehn im Regen und im Wind,
Wohl von aller Welt verlassen
Arme Musikanten sind.
Aus den Fenstern Geigen klingen,
Schleift und dreht sichs bunt und laut,
Und wir Musikanten singen
Draußen da der reichen Braut.

Wollt sie doch keinen andern haben,
Ging mit mir durch Wald und Feld,
Prächtig in den blauen Tagen
Schien die Sonne auf die Welt.
Heisa: lustig Drehn und Ringen,
Jeder hält sein Liebchen warm,
Und wir Musikanten singen
Lustig so, daß Gott erbarm.

Lachend reicht man uns die Neigen,
Auf ihr Wohlsein trinken wir;
Wollt sie sich am Fenster zeigen,
's wäre doch recht fein von ihr.
Und wir fiedeln und wir singen
Manche schöne Melodei,
Daß die besten Saiten springen,
's war, als spräng mirs Herz entzwei.

Jetzt ist Schmaus und Tanz zerstoben,
Immer stiller wirds im Haus,
Und die Mägde putzen oben
Alle lustgen Kerzen aus.
Doch wir blasen recht mit Rasen
Jeder in sein Instrument,

Möcht in meinem Grimm ausblasen
Alle Stern' am Firmament!

Und am Hause seine Runde
Tritt der Wächter gähnend an,
Rufet aus die Schlafensstunde,
Und sieht ganz erbost uns an.
Doch nach ihrem Kabinette
Schwing ich noch mein Tamburin,
Fahr wohl in dein Himmelbette,
Weil wir müssen weiter ziehn!

Der letzte Gruß

Ich kam vom Walde hernieder,
Da stand noch das alte Haus,
Mein Liebchen, sie schaute wieder
Wie sonst zum Fenster hinaus.

Sie hat einen andern genommen,
Ich war draußen in Schlacht und Sieg.
Nun ist alles anders gekommen,
Ich wollt, 's wär wieder erst Krieg.

Am Wege dort spielte ihr Kindlein,
Das glich ihr recht auf ein Haar,
Ich küßts auf sein rotes Mündlein:
»Gott segne dich immerdar!«

Sie aber schaute erschrocken
Noch lange Zeit nach mir hin,
Und schüttelte sinnend die Locken
Und wußte nicht, wer ich bin. –

Da droben hoch stand ich am Baume,
Da rauschten die Wälder so sacht,
Mein Waldhorn, das klang wie im Traume
Hinüber die ganze Nacht.

Und als die Vögelein sangen
Frühmorgens, sie weinte so sehr,
Ich aber war weit schon gegangen,
Nun sieht sie mich nimmermehr!

Bei einer Linde

Seh ich dich wieder, du geliebter Baum,
In dessen junge Triebe
Ich einst in jenes Frühlings schönstem Traum
Den Namen schnitt von meiner ersten Liebe?

Wie anders ist seitdem der Äste Bug,
Verwachsen und verschwunden
Im härtren Stamm der vielgeliebte Zug,
Wie ihre Liebe und die schönsten Stunden!

Auch ich seitdem wuchs stille fort, wie du,
Und nichts an mir wollt weilen,
Doch *meine* Wunde wuchs – und wuchs nicht zu,
Und wird wohl niemals mehr hienieden heilen.

Vom Berge

Da unten wohnte sonst mein Lieb,
Die ist jetzt schon begraben,
Der Baum noch vor der Türe blieb,
Wo wir gesessen haben.

Stets muß ich nach dem Hause sehn,
Und seh doch nichts vor Weinen,
Und wollt ich auch hinunter gehn,
Ich stürb dort so alleine!

Verlorene Liebe

Lieder schweigen jetzt und Klagen,
Nun will ich erst fröhlich sein,
All mein Leid will ich zerschlagen
Und Erinnern – gebt mir Wein!
Wie er mir verlockend spiegelt
Sterne und der Erde Lust,
Stillgeschäftig dann entriegelt
All die Teufel in der Brust,
Erst der Knecht und dann der Meister,
Bricht er durch die Nacht herein,
Wildester der Lügengeister,
Ring mit mir, ich lache dein!
Und den Becher voll Entsetzen
Werf ich in des Stromes Grund,
Daß sich nimmer dran soll letzen
Wer noch fröhlich und gesund!

Lauten hör ich ferne klingen,
Lustge Burschen ziehn vom Schmaus,
Ständchen sie den Liebsten bringen,
Und das lockt mich mit hinaus.
Mädchen hinterm blühnden Baume
Winkt und macht das Fenster auf,
Und ich steige wie im Traume
Durch das kleine Haus hinauf.
Schüttle nur die dunklen Locken
Aus dem schönen Angesicht!

Sieh, ich stehe ganz erschrocken:
Das sind *ihre* Augen licht,

Locken hatte sie wie deine,
Bleiche Wangen, Lippen rot –
Ach, du bist ja doch nicht meine,
Und *mein* Lieb ist lange tot!
Hättest du nur nicht gesprochen
Und so frech geblickt nach mir,
Das hat ganz den Traum zerbrochen
Und nun grauet mir vor dir.
Da nimm Geld, kauf Putz und Flimmern,
Fort und lache nicht so wild!
O ich möchte dich zertrümmern,
Schönes, lügenhaftes Bild!

Spät von dem verlornen Kinde
Kam ich durch die Nacht daher,
Fahnen drehten sich im Winde,
Alle Gassen waren leer.
Oben lag noch meine Laute
Und mein Fenster stand noch auf,
Aus dem stillen Grunde graute
Wunderbar die Stadt herauf.
Draußen aber blitzts vom weiten,
Alter Zeiten ich gedacht',
Schaudernd reiß ich in den Saiten
Und ich sing die halbe Nacht.
Die verschlafnen Nachbarn sprechen,
Daß ich nächtlich trunken sei –
O du mein Gott! und mir brechen
Herz und Saitenspiel entzwei!

Das Ständchen

Auf die Dächer zwischen blassen
Wolken scheint der Mond herfür,
Ein Student dort auf der Gassen
Singt vor seiner Liebsten Tür.

Und die Brunnen rauschen wieder
Durch die stille Einsamkeit,
Und der Wald vom Berge nieder,
Wie in alter, schöner Zeit.

So in meinen jungen Tagen
Hab ich manche Sommernacht
Auch die Laute hier geschlagen
Und manch lustges Lied erdacht.

Aber von der stillen Schwelle
Trugen sie mein Lieb zur Ruh –
Und du, fröhlicher Geselle,
Singe, sing nur immer zu!

Klang um Klang

1

Es ist ein Klang gekommen
Herüber durch die Luft,
Der Wind hats gebracht und genommen,
Ich weiß nicht, wer mich ruft.
Es schallt der Grund von Hufen,
In der Ferne fiel ein Schuß –
Das sind die Jäger, die rufen,
Daß ich hinunter muß!

2

Das sind nicht die Jäger – im Grunde
Gehn Stimmen hin und her.
Hüt dich zu dieser Stunde,
Mein Herz ist mir so schwer!
Wer dich lieb hat, macht die Runde,
Steig nieder und frag nicht, wer!
Ich führ dich aus diesem Grunde –
Dann siehst du mich nimmermehr.

3

Ich weiß einen großen Garten,
Wo die wilden Blumen stehn,
Die Engel frühmorgens sein warten,
Wenn alles noch still auf den Höhn.
Manch zackiges Schloß steht darinne,
Die Rehe grasen ums Haus,
Da sieht man weit von der Zinne,
Weit über die Länder hinaus.

Neue Liebe

Herz, mein Herz, warum so fröhlich,
So voll Unruh und zerstreut,
Als kam über Berge selig
Schon die schöne Frühlingszeit?

Weil ein liebes Mädchen wieder
Herzlich an dein Herz sich drückt,
Schaust du fröhlich auf und nieder,
Erd und Himmel dich erquickt.

Und ich hab die Fenster offen,
Neu zieh in die Welt hinein
Altes Banges, altes Hoffen!
Frühling, Frühling soll es sein!

Still kann ich hier nicht mehr bleiben,
Durch die Brust ein Singen irrt,
Doch zu licht ists mir zum Schreiben,
Und ich bin so froh verwirrt.

Also schlendr ich durch die Gassen,
Menschen gehen her und hin,
Weiß nicht, was ich tu und lasse,
Nur, daß ich so glücklich bin.

Frühlingsnacht

Übern Garten durch die Lüfte
Hört ich Wandervögel ziehn,
Das bedeutet Frühlingsdüfte,
Unten fängts schon an zu blühn.

Jauchzen möcht ich, möchte weinen,
Ist mirs doch, als könnts nicht sein!
Alte Wunder wieder scheinen
Mit dem Mondesglanz herein.

Und der Mond, die Sterne sagens,
Und in Träumen rauschts der Hain,
Und die Nachtigallen schlagens:
Sie ist Deine, sie ist dein!

Frau Venus

Was weckst du, Frühling, mich von neuem wieder?
Daß all die alten Wünsche auferstehen,
Geht übers Land ein wunderbares Wehen;
Das schauert mir so lieblich durch die Glieder.

Die schöne Mutter grüßen tausend Lieder,
Die, wieder jung, im Brautkranz süß zu sehen;
Der Wald will sprechen, rauschend Ströme gehen,
Najaden tauchen singend auf und nieder.

Die Rose seh ich gehn aus grüner Klause
Und, wie so buhlerisch die Lüfte fächeln,
Errötend in die laue Flut sich dehnen.

So mich auch ruft ihr aus dem stillen Hause –
Und schmerzlich nun muß ich im Frühling lächeln,
Versinkend zwischen Duft und Klang vor Sehnen.

Erwartung

O schöne, bunte Vögel,
Wie singt ihr gar so hell!
O Wolken, luftge Segel,
Wohin so schnell, so schnell?

Ihr alle, ach, gemeinsam
Fliegt zu der Liebsten hin,
Sagt ihr, wie ich hier einsam
Und voller Sorgen bin.

Im Walde steh und laur ich,
Verhallt ist jeder Laut,

Die Wipfel nur wehn schaurig,
O komm, du süße Braut!

Schon sinkt die dunkelfeuchte
Nacht rings auf Wald und Feld,
Des Mondes hohe Leuchte
Tritt in die stille Welt.

Wie schauert nun im Grunde
Der tiefsten Seele mich!
Wie öde ist die Runde
Und einsam ohne dich!

Was rauscht? – *Sie* naht von ferne! –
Nun, Wald, rausch von den Höhn,
Nun laß Mond, Nacht und Sterne
Nur auf und unter gehn!

Leid und Lust

Euch Wolken beneid ich
In blauer Luft,
Wie schwingt ihr euch freudig
Über Berg und Kluft!

Mein Liebchen wohl seht ihr
Im Garten gehn,
Am Springbrunnen steht sie
So morgenschön.

Und wäscht an der Quelle
Ihr goldenes Haar,
Die Äuglein helle,
Und blickt so klar.

Und Busen und Wangen
Dürft ihr da sehn. –
Ich brenn vor Verlangen,
Und muß hier stehn!

Euch Wolken bedaur ich
Bei stiller Nacht;
Die Erde bebt schaurig,
Der Mond erwacht:

Da führt mich ein Bübchen
Mit Flügelein fein,
Durchs Dunkel zum Liebchen,
Sie läßt mich ein.

Wohl schaut ihr die Sterne
Weit, ohne Zahl,
Doch bleiben sie ferne
Euch allzumal.

Mir leuchten zwei Sterne
Mit süßem Strahl,
Die küss ich so gerne
Viel tausendmal.

Euch grüßt mit Gefunkel
Der Wasserfall,
Und tief aus dem Dunkel
Die Nachtigall.

Doch süßer es grüßet
Als Wellentanz,
Wenn Liebchen hold flüstert:
»Dein bin ich ganz.«

So segelt denn taurig
In öder Pracht!
Euch Wolken bedaur ich
Bei süßer Nacht.

Trennung

I

Denkst du noch jenes Abends, still vor Sehnen,
Wo wir zum letztenmal im Park beisammen?
Kühl standen rings des Abendrotes Flammen,
Ich scherzte wild – du lächeltest durch Tränen,
So spielt der Wahnsinn lieblich mit den Schmerzen
An jäher Schlüfte Rand, die nach ihm trachten;
Er mag der lauernden Gefahr nicht achten;
Er hat den Tod ja schon im öden Herzen.

Ob du die Mutter auch belogst, betrübtest,
Was andre Leute drüber deuten, sagen –
Sonst scheu – heut mochtst du nichts nach allem fragen,
Mir einzig zeigen nur, wie du mich liebtest.
Und aus dem Hause heimlich so entwichen,
Gabst du ins Feld mir schweigend das Geleite,
Vor uns das Tal, das hoffnungsreiche, weite,
Und hinter uns kam grau die Nacht geschlichen.

Du gehst nun fort, sprachst du, ich bleib alleine;
Ach! dürft ich alles lassen, still und heiter
Mit dir so ziehn hinab und immer weiter –
Ich sah dich an – es spielten bleiche Scheine
So wunderbar um Locken dir und Glieder;
So ruhig, fremd warst du mir nie erschienen,
Es war, als sagten die versteinten Mienen,
Was du verschwiegst: Wir sehn uns niemals wieder!

2

Schon wird es draußen licht auf Berg und Talen;
Aurora, stille Braut, ihr schönen Strahlen,
Die farbgen Rauch aus Fluß und Wäldern saugen,
Euch grüßen neu die halbverschlafnen Augen.
Verrätrisch, sagt man, sei des Zimmers Schwüle,
Wo nachts ein Mädchen träumte vom Geliebten:
So komm herein, du rote, frische Kühle,
Fliegt in die blaue Luft, ihr schönen Träume!

Ein furchtsam Kind, im stillen Haus erzogen,
Konnt ich am Abendrot die Blicke weiden,
Tiefatmend in die laue Luft vor Freuden.
Er hat um diese Stille mich betrogen.
Mit stolzen Augen, fremden schönen Worten
Lockt er die Wünsche aus dem stillen Hafen,
Wo sie bei Sternenglanze selig schlafen,
Hinaus ins unbekannte Reich der Wogen;
Da kommen Winde buhlend angeflogen,
Die zarte Hand zwingt nicht die wilden Wellen,
Du mußt, wohin die vollen Segel schwellen.

Da zog er heimlich fort. – Seit jenem Morgen
Da hatt ich Not, hatt heimlich was zu sorgen.
Wenn nächtlich unten lag die stille Runde,
Einförmig Rauschen herkam von den Wäldern,
Pfeifend der Wind strich durch die öden Felder
Und hin und her in Dörfern bellten Hunde,
Ach! wenn kein glücklich Herz auf Erden wacht,
Begrüßten die verweinten Augen manche Nacht!

Wie oft, wenn wir im Garten ruhig waren,
Sagte mein Bruder mir vor vielen Jahren:
»Dem schönen Lenz gleicht recht die erste Liebe.
Wann draußen neu geschmückt die Frühlingsbühne,

Die Reiter blitzend unten ziehn durchs Grüne,
In blauer Luft die Lerchen lustig schwirren,
Läßt sie sich weit ins Land hinaus verführen,
Fragt nicht, wohin, und mag sich gern verirren,
Den Stimmen folgend, die sie wirrend führen.
Da wendet auf den Feldern sich der Wind,
Die Vögel hoch durch Nebel ziehn nach Haus;
Es wird so still, das schöne Fest ist aus.
Gar weit die Heimat liegt, das schöne Kind
Find't nicht nach Hause mehr, nicht weiter fort –
Hüt dich, such früh dir einen sichern Port!«

Glück

Wie jauchzt meine Seele
Und singet in sich!
Kaum, daß ichs verhehle,
So glücklich bin ich.

Rings Menschen sich drehen
Und sprechen gescheut,
Ich kann nichts verstehen,
So fröhlich zerstreut. –

Zu eng wird das Zimmer,
Wie glänzet das Feld,
Die Täler voll Schimmer,
Weit herrlich die Welt!

Gepreßt bricht die Freude
Durch Riegel und Schloß,
Fort über die Heide!
Ach, hätt ich ein Roß! –

Und frag ich und sinn ich,
Wie *so* mir geschehn?: –
Mein Liebchen herzinnig,
Das soll ich heut sehn!

Die Schärpe

Mein Schatz, das ist ein kluges Kind,
Die spricht: »Willst du nicht fechten:
Wir zwei geschiedne Leute sind;
Erschlagen dich die Schlechten:
Auch keins von beiden dran gewinnt.«
Mein Schatz, das ist ein kluges Kind,
Für die will ich *leben* und fechten!

Abschied und Wiedersehen

I

In süßen Spielen unter nun gegangen
Sind Liebchens Augen, und sie atmet linde,
Stillauschend sitz ich bei dem holden Kinde,
Die Locken streichelnd ihr von Stirn und Wangen.

Ach! Lust und Mond und Sterne sind vergangen,
Am Fenster mahnen schon die Morgenwinde:
Daß ich vom Nacken leis die Arme winde,
Die noch im Schlummer lieblich mich umfangen.

O öffne nicht der Augen süße Strahle!
Nur einen Kuß noch – und zum letzten Male
Geh ich von dir durchs stille Schloß hernieder.

Streng greift der eisge Morgen an die Glieder,
Wie ist die Welt so klar und kalt und helle –
Tiefschauernd tret ich von der lieben Schwelle.

2

Ein zart Geheimnis webt in stillen Räumen,
Die Erde löst die diamantnen Schleifen,
Und nach des Himmels süßen Strahlen greifen
Die Blumen, die der Mutter Kleid besäumen.

Da rauschts lebendig draußen in den Bäumen,
Aus Osten langen purpurrote Streifen,
Hoch Lerchenlieder durch das Zwielicht schweifen –
Du hebst das blühnde Köpfchen hold aus Träumen.

Was sinds für Klänge, die ans Fenster flogen?
So altbekannt verlocken diese Lieder,
Ein Sänger steht im schwanken Dämmerschein.

Wach auf! Dein Liebster ist fernher gezogen,
Und Frühling ists auf Tal und Bergen wieder,
Wach auf, wach auf, nun bist du ewig mein!

Die Einsame

1

Wenn morgens das fröhliche Licht bricht ein,
Tret ich zum offenen Fensterlein,
Draußen gehn lau die Lüft auf den Auen,
Singen die Lerchen schon hoch im Blauen,
Rauschen am Fenster die Bäume gar munter,
Ziehn die Brüder in den Wald hinunter;
Und bei dem Sange und Hörnerklange
Wird mir immer so bange, bange.

Wüßt ich nur immer, wo du jetzo bist,
Würd mir schon wohler auf kurze Frist.
Könntest du mich nur über die Berge sehen
Dein gedenkend im Garten gehen:
Dort rauschen die Brunnen jetzt alle so eigen,
Die Blumen vor Trauern im Winde sich neigen.
Ach! von den Vöglein über die Tale
Sei mir gegrüßt viel tausend Male!

Du sagtest gar oft: Wie süß und rein
Sind deine blauen Äugelein!
Jetzo müssen sie immerfort weinen,
Da sie nicht finden mehr, was sie meinen;
Wird auch der rote Mund erblassen,
Seit du mich, süßer Buhle, verlassen.
Eh du wohl denkst, kann das Blatt sich wenden,
Geht alles gar bald zu seinem Ende.

2

Die Welt ruht still im Hafen,
Mein Liebchen, gute Nacht!
Wann Wald und Berge schlafen,
Treu' Liebe einsam wacht.

Ich bin so wach und lustig,
Die Seele ist so licht,
Und eh ich liebt, da wußt ich
Von solcher Freude nicht.

Ich fühl mich so befreiet
Von eitlem Trieb und Streit,
Nichts mehr das Herz zerstreuet
In seiner Fröhlichkeit.

Mir ist, als müßt ich singen
So recht aus tiefster Lust
Von wunderbaren Dingen,
Was niemand sonst bewußt.

O könnt ich alles sagen!
O wär ich recht geschickt!
So muß ich still ertragen,
Was mich so hoch beglückt.

3

Wärs dunkel, ich läg im Walde,
Im Walde rauschts so sacht,
Mit ihrem Sternenmantel
Bedecket mich da die Nacht,
Da kommen die Bächlein gegangen:
Ob ich schon schlafen tu?
Ich schlaf nicht, ich hör noch lange
Den Nachtigallen zu,
Wenn die Wipfel über mir schwanken,
Es klinget die ganze Nacht,
Das sind im Herzen die Gedanken,
Die singen, wenn niemand wacht.

4

Im beschränkten Kreis der Hügel,
Auf des stillen Weihers Spiegel
Scheue, fromme Silberschwäne –
Fassend; in des Rosses Mähne
Mit dem Liebsten kühn im Bügel –
Blöde Bande – mutge Flügel
Sind getrennter Lieb Gedanken!

An die Entfernte

1

Denk ich, du Stille, an dein ruhig Walten,
An jenes letzten Abends rote Kühle,
Wo ich die teure Hand noch durfte halten:
Steh ich oft sinnend stille im Gewühle,
Und, wie den Schweizer heimsche Alphornslieder
Auf fremden Bergen, fern den Freunden allen,
Oft unverhofft befallen,
Kommt tiefe Sehnsucht plötzlich auf mich nieder.

Ich hab es oft in deiner Brust gelesen:
Nie hast du recht mich in mir selbst gefunden,
Fremd blieb, zu keck und treibend dir mein Wesen,
Und so bin ich im Strome dir verschwunden.
O nenn drum nicht die schöne Jugend wilde,
Die mit dem Leben und mit seinen Schmerzen
Mag unbekümmert scherzen,
Weil sie die Brust reich fühlt und ernst und milde!

Getrennt ist längst schon unsres Lebens Reise,
Es trieb mein Herz durch licht' und dunkle Stunden.
Dem festern Blick erweitern sich die Kreise,
In Duft ist jenes erste Reich verschwunden –
Doch, wie die Pfade einsam sich verwildern,
Was ich seitdem, von Lust und Leid bezwungen,
Geliebt, geirrt, gesungen:
Ich knie vor dir in all den tausend Bildern.

2

Als noch Lieb' mit mir im Bunde,
Hatt ich Ruhe keine Stunde;
Wenn im Schloß noch alle schliefen,
Wars, als ob süß' Stimmen riefen,
Tönend bis zum Herzensgrunde:
»Auf! schon goldne Strahlen dringen,
Heiter funkeln Wald und Garten,
Neu erquickt die Vögel singen,
Läßt du so dein Liebchen warten?«
Und vom Lager mußt ich springen.

Doch kein Licht noch sah ich grauen,
Draußen durch die nächtlich lauen
Räume nur die Wolken flogen,
Daß die Seele, mitgezogen,
Gern versank im tiefen Schauen –
Unten dann die weite Runde,
Schlösser glänzend fern erhoben,
Nachtigallen aus dem Grunde,
Alles wie im Traum verwoben,
Mit einander still im Bunde.

Wach blieb ich am Fenster stehen,
Kühler schon die Lüfte wehen,
Rot schon rings des Himmels Säume,
Regten frischer sich die Bäume,
Stimmen hört ich fernab gehen:
Und durch Türen, öde Bogen,
Zürnend, daß die Riegel klungen,
Bin ich heimlich ausgezogen,
Bis befreit aufs Roß geschwungen,
Morgenwinde mich umflogen.

Läßt der Morgen von den Höhen
Weit die roten Fahnen wehen,
Widerhall in allen Lüften,
Losgerissen aus den Klüften
Silberner die Ströme gehen:
Spürt der Mann die frischen Geister,
Draußen auf dem Feld, zu Pferde,
Alle Ängste keck zerreißt er,
Dampfend unter ihm die Erde,
Fühlt er sich hier Herr und Meister.

Und so öffnet ich die schwüle
Brust aufatmend in der Kühle!
Locken fort aus Stirn und Wange,
Daß der Strom mich ganz umfange,
Frei das blaue Meer umspüle,
Mit den Wolken, eilig fliehend,
Mit der Ströme lichtem Grüßen
Die Gedanken fröhlich ziehend,
Weit voraus vor Wolken, Flüssen –
Ach! ich fühlte, daß ich blühend!

Und im schönen Garten droben,
Wie aus Träumen erst gehoben,
Sah ich still mein Mädchen stehen,
Über Fluß und Wälder gehen
Von der heitern Warte oben
Ihre Augen licht und helle,
Wann der Liebste kommen werde. –
Ja! da kam die Sonne schnelle,
Und weit um die ganze Erde
War es morgenschön und helle!

Das Flügelroß

Ich hab nicht viel hienieden,
Ich hab nicht Geld noch Gut;
Was vielen nicht beschieden,
Ist mein: – der frische Mut.

Was andre mag ergötzen,
Das kümmert wenig mich,
Sie leben in den Schätzen,
In Freuden lebe ich.

Ich hab ein Roß mit Flügeln,
Getreu in Lust und Not,
Das wiehernd spannt die Flügel
Bei jedem Morgenrot.

Mein Liebchen! wie so öde
Wirds oft in Stadt und Schloß,
Frisch auf und sei nicht blöde,
Besteig mit mir mein Roß!

Wir segeln durch die Räume,
Ich zeig dir Meer und Land,
Wie wunderbare Träume
Tief unten ausgespannt.

Hellblinkend zu den Füßen
Unzählger Ströme Lauf –
Es steigt ein Frühlingsgrüßen
Verhallend zu uns auf.

Und bunt und immer wilder
In Liebe, Haß und Lust
Verwirren sich die Bilder –
Was schwindelt dir die Brust?

So fröhlich tief im Herzen,
Zieh ich all' himmelwärts,
Es kommen selbst die Schmerzen
Melodisch an das Herz.

Der Sänger zwingt mit Klängen,
Was störrig, dumpf und wild,
Es spiegelt in Gesängen
Die Welt sich göttlich mild.

Und unten nun verbrauset
Des breiten Lebens Strom,
Der Adler einsam hauset
Im stillen Himmelsdom. –

Und sehn wir dann den Abend
Verhallen und verblühn,
Im Meere, kühle labend,
Die heilgen Sterne glühn:

So lenken wir hernieder
Zu Waldes grünem Haus,
Und ruhn vom Schwung der Lieder
Auf blühndem Moose aus.

O sterndurchwebtes Düstern,
O heimlich stiller Grund!
O süßes Liebesflüstern
So innig Mund an Mund!

Die Nachtigallen locken,
Mein Liebchen atmet lind,
Mit Schleier zart und Locken
Spielt buhlerisch der Wind.

Und schlaf denn bis zum Morgen
So sanft gelehnt an mich!
Süß sind der Liebe Sorgen,
Dein Liebster wacht für dich.

Ich halt die blühnden Glieder,
Vor süßen Schauern bang,
Ich laß dich ja nicht wieder
Mein ganzes Leben lang! –

Aurora will sich heben,
Du schlägst die Augen auf,
O wonniges Erbeben,
O schöner Lebenslauf!

Glückwunsch

Brech der lustige Sonnenschein
Mit der Tür euch ins Haus hinein,
Daß alle Stuben so frühlingshelle;
Ein Engel auf des Hauses Schwelle
Mit seinem Glanze säume
Hof, Garten, Feld und Bäume,
Und geht die Sonne abends aus,
Führ er die Müden mild nach Haus!

Der junge Ehemann

Hier unter dieser Linde
Saß ich viel tausendmal
Und schaut nach meinem Kinde
Hinunter in das Tal,
Bis daß die Sterne standen

Hell über ihrem Haus,
Und weit in den stillen Landen
Alle Lichter löschten aus.

Jetzt neben meinem Liebchen
Sitz ich im Schatten kühl,
Sie wiegt ein muntres Bübchen,
Die Täler schimmern schwül,
Und unten im leisen Winde
Regt sich das Kornfeld kaum,
Und über uns säuselt die Linde –
Es ist mir noch wie ein Traum.

Im Abendrot

Wir sind durch Not und Freude
Gegangen Hand in Hand,
Vom Wandern ruhn wir beide
Nun überm stillen Land.

Rings sich die Täler neigen,
Es dunkelt schon die Luft,
Zwei Lerchen nur noch steigen
Nachträumend in den Duft.

Tritt her, und laß sie schwirren,
Bald ist es Schlafenszeit,
Daß wir uns nicht verirren
In dieser Einsamkeit.

O weiter, stiller Friede!
So tief im Abendrot
Wie sind wir wandermüde –
Ist das etwa der Tod?

Nachklänge

1

Lustge Vögel in dem Wald,
Singt, so lang es grün,
Ach, wer weiß, wie bald, wie bald
Alles muß verblühn!

Sah ichs doch vom Berge einst
Glänzen überall,
Wußte kaum, warum du weinst,
Fromme Nachtigall.

Und kaum ging ich über Land,
Frisch durch Lust und Not
Wandelt' alles, und ich stand
Müd im Abendrot.

Und die Lüfte wehen kalt
Übers falbe Grün,
Vöglein, euer Abschied hallt –
Könnt ich mit euch ziehn!

2

O Herbst, in linden Tagen
Wie hast du rings dein Reich
Phantastisch aufgeschlagen,
So bunt und doch so bleich!

Wie öde, ohne Brüder,
Mein Tal so weit und breit,
Ich kenne dich kaum wieder
In dieser Einsamkeit.

So wunderbare Weise
Singt nun dein bleicher Mund,
Es ist, als öffnet' leise
Sich unter mir der Grund.

Und ich ruht überwoben,
Du sängest immerzu,
Die Linde schüttelt' oben
Ihr Laub und deckt' mich zu.

3

Schon kehren die Vögel wieder ein,
Es schallen die alten Lieder,
Ach, die fröhliche Jugend mein
Kommt sie wohl auch noch wieder? –

Ich weiß nicht, was ich so töricht bin!
Wolken im Herbstwind jagen,
Die Vögel ziehn über die Wälder hin,
Das klang wie in Frühlingstagen.

Dort auf dem Berge da steht ein Baum,
Drin jubeln die Wandergäste,
Er aber, müde, rührt wie im Traum
Noch einmal Wipfel und Äste.

4

Mir träumt', ich ruhte wieder
Vor meines Vaters Haus
Und schaute fröhlich nieder
Ins alte Tal hinaus,
Die Luft mit lindem Spielen
Ging durch das Frühlingslaub,

Und Blütenflocken fielen
Mir über Brust und Haupt.

Als ich erwacht, da schimmert
Der Mond vom Waldesrand,
Im falben Scheine flimmert
Um mich ein fremdes Land,
Und wie ich ringsher sehe:
Die Flocken waren Eis,
Die Gegend war vom Schnee,
Mein Haar vom Alter weiß.

5

Es schauert der Wald vor Lust,
Die Sterne nun versanken,
Und wandeln durch die Brust
Als himmlische Gedanken.

6

An meinen Bruder

Gedenkst du noch des Gartens
Und Schlosses überm Wald,
Des träumenden Erwartens:
Obs denn nicht Frühling bald?

Der Spielmann war gekommen,
Der jeden Lenz singt aus,
Er hat uns mitgenommen
Ins blühnde Land hinaus.

Wie sind wir doch im Wandern
Seitdem so weit zerstreut!
Frägt einer nach dem andern,
Doch niemand gibt Bescheid.

Nun steht das Schloß versunken
Im Abendrote tief.
Als ob dort traumestrunken
Der alte Spielmann schlief.

Gestorben sind die Lieben,
Das ist schon lange her,
Die wen'gen, die geblieben,
Sie kennen uns nicht mehr.

Und fremde Leute gehen
Im Garten vor dem Haus –
Doch übern Garten sehen
Nach *uns* die Wipfel aus.

Doch rauscht der Wald im Grunde
Fort durch die Einsamkeit
Und gibt noch immer Kunde
Von unsrer Jugendzeit.

Bald mächtger und bald leise
In jeder guten Stund
Geht diese Waldesweise
Mir durch der Seele Grund.

Und stamml' ich auch nur bange,
Ich sing es, weil ich muß,
Du hörst doch in dem Klange
Den alten Heimatsgruß.

V. Totenopfer

Gewaltges Morgenrot,
Weit, unermeßlich – du verzehrst die Erde!
Und in dem Schweigen nur der Flug der Seelen,
Die säuselnd heimziehn durch die stille Luft.

Wehmut

Ich irr in Tal und Hainen
Bei kühler Abendstund,
Ach, weinen möcht ich, weinen
So recht aus Herzensgrund.

Und alter Zeiten Grüßen
Kam da, im Tal erwacht,
Gleichwie von fernen Flüssen
Das Rauschen durch die Nacht.

Die Sonne ging hinunter,
Da säuselt' kaum die Welt,
Ich blieb noch lange munter
Allein im stillen Feld.

Sonette

I

Es qualmt' der eitle Markt in Staub und Schwüle,
So klanglos öde wallend auf und nieder,
Wie dacht ich da an meine Berge wieder,
An frischen Sang, Felsquell und Waldeskühle!

Doch steht ein Turm dort über dem Gewühle,
Der andre Zeiten sah und beßre Brüder,
Das Kreuz treu halten seine Riesenglieder,
Wie auch der Menschlein Flut den Fels umspüle.

Das war mein Hafen in der weiten Wüste,
Oft kniet ich betend in des Domes Mitte,
Dort hab ich dich, mein liebes Kind, gefunden;

Ein Himmelbote wohl, der so mich grüßte:
»Verzweifle nicht! Die Schönheit und die Sitte
Sie sind noch von der Erde nicht verschwunden.«

2

Ein alt Gemach voll sinnger Seltsamkeiten,
Still' Blumen aufgestellt am Fensterbogen,
Gebirg und Länder draußen blau gezogen,
Wo Ströme gehn und Ritter ferne reiten.

Ein Mädchen, schlicht und fromm wie jene Zeiten,
Das, von den Abendscheinen angeflogen,
Versenkt in solcher Stille tiefe Wogen –
Das mocht auf Bildern oft das Herz mir weiten.

Und nun wollt wirklich sich das Bild bewegen,
Das Mädchen atmet' auf, reicht aus dem Schweigen
Die Hand mir, daß sie ewig meine bliebe.

Da sah ich draußen auch das Land sich regen,
Die Wälder rauschen und Aurora steigen –
Die alten Zeiten all weckt mir die Liebe.

3

Wenn zwei geschieden sind von Herz und Munde,
Da ziehn Gedanken über Berg' und Schlüfte
Wie Tauben säuselnd durch die blauen Lüfte,
Und tragen hin und wieder süße Kunde.

Ich schweif umsonst, so weit der Erde Runde,
Und stieg ich hoch auch über alle Klüfte,
Dein Haus ist höher noch als diese Lüfte,
Da reicht kein Laut hin, noch zurück zum Grunde.

Ja, seit du tot – mit seinen blühnden Borden
Wich ringsumher das Leben mir zurücke,
Ein weites Meer, wo keine Bahn zu finden.

Doch ist dein Bild zum Sterne mir geworden,
Der nach der Heimat weist mit stillem Blicke,
Daß fromm der Schiffer streite mit den Winden.

Treue

Wie dem Wanderer in Träumen,
Daß er still im Schlafe weint,
Zwischen goldnen Wolkensäumen
Seine Heimat wohl erscheint:

So durch dieses Frühlings Blühen
Über Berg' und Täler tief,
Sah ich oft dein Bild noch ziehen,
Als obs mich von hinnen rief';

Und mit wunderbaren Wellen
Wie im Traume, halbbewußt,
Gehen ewge Liederquellen
Mir verwirrend durch die Brust.

Gute Nacht

Die Höhn und Wälder schon steigen
Immer tiefer ins Abendgold,
Ein Vöglein frägt in den Zweigen:
Ob es Liebchen grüßen sollt?

O Vöglein, du hast dich betrogen,
Sie wohnet nicht mehr im Tal,
Schwing auf dich zum Himmelsbogen,
Grüß sie droben zum letztenmal!

Am Strom

Der Fluß glitt einsam hin und rauschte,
Wie sonst, noch immer, immerfort,
Ich stand am Strand gelehnt und lauschte,
Ach, was ich liebt, war lange fort!
Kein Laut, kein Windeshauch, kein Singen
Ging durch den weiten Mittag schwül,
Verträumt die stillen Weiden hingen
Hinab bis in die Wellen kühl.

Die waren alle wie Sirenen
Mit feuchtem, langem, grünem Haar,
Und von der alten Zeit voll Sehnen
Sie sangen leis und wunderbar.
Sing, Weide, singe, grüne Weide!
Wie Stimmen aus der Liebsten Grab
Zieht mich dein heimlich Lied voll Leide
Zum Strom von Wehmut mit hinab.

Nachruf an meinen Bruder

Ach, daß auch wir schliefen!
Die blühenden Tiefen,
Die Ströme, die Auen
So heimlich aufschauen,
Als ob sie alle riefen:
»Dein Bruder ist tot!
Unter Rosen rot
Ach, daß wir auch schliefen!«

»Hast doch keine Schwingen,
Durch Wolken zu dringen!
Muß immerfort schauen
Die Ströme, die Auen –
Die werden dir singen
Von *ihm* Tag und Nacht,
Mit Wahnsinnesmacht
Die Seele umschlingen.«

So singt, wie Sirenen,
Von hellblauen, schönen
Vergangenen Zeiten,
Der Abend vom weiten
Versinkt dann im Tönen,
Erst Busen, dann Mund,
Im blühenden Grund.
O schweiget Sirenen!

O wecket nicht wieder!
Denn zaubrische Lieder
Gebunden hier träumen
Auf Feldern und Bäumen,
Und ziehen mich nieder
So müde vor Weh –

Zu tiefstillem See –
O weckt nicht die Lieder!

Du kanntest die Wellen
Des Sees, sie schwellen
In magischen Ringen.
Ein wehmütig Singen
Tief unter den Quellen
Im Schlummer dort hält
Verzaubert die Welt.
Wohl kennst du die Wellen.

Kühl wirds auf den Gängen,
Vor alten Gesängen
Möchts Herz mir zerspringen.
So will ich denn singen!
Schmerz fliegt ja auf Klängen
Zu himmlischer Lust,
Und still wird die Brust
Auf kühl grünen Gängen.

Laß fahren die Träume!
Der Mond scheint durch Bäume,
Die Wälder nur rauschen,
Die Täler still lauschen,
Wie einsam die Räume!
Ach, niemand ist mein!
Herz, wie so allein!
Laß fahren die Träume!

Der Herr wird dich führen.
Tief kann ich ja spüren
Der Sterne still Walten.
Der Erde Gestalten
Kaum hörbar sich rühren.

Durch Nacht und durch Graus
Gen Morgen, nach Haus –
Ja, Gott wird mich führen.

Auf meines Kindes Tod

I

Das Kindlein spielt' draußen im Frühlingsschein,
Und freut' sich und hatte so viel zu sehen,
Wie die Felder schimmern und die Ströme gehen –
Da sah der Abend durch die Bäume herein,
Der alle die schönen Bilder verwirrt.
Und wie es nun ringsum so stille wird,
Beginnt aus den Tälern ein heimlich Singen,
Als wollts mit Wehmut die Welt umschlingen,
Die Farben vergehn und die Erde wird blaß.
Voll Staunen fragt's Kindlein: Ach, was ist das?
Und legt sich träumend ins säuselnde Gras;
Da rühren die Blumen ihm kühle ans Herz
Und lächelnd fühlt es so süßen Schmerz,
Und die Erde, die Mutter, so schön und bleich,
Küßt das Kindlein und läßts nicht los,
Zieht es herzinnig in ihren Schoß
Und bettet es drunten gar warm und weich,
Still unter Blumen und Moos. –

»Und was weint ihr, Vater und Mutter, um mich?
In einem viel schöneren Garten bin ich,
Der ist so groß und weit und wunderbar,
Viel Blumen stehn dort von Golde klar,
Und schöne Kindlein mit Flügeln schwingen
Auf und nieder sich drauf und singen. –
Die kenn ich gar wohl aus der Frühlingszeit,
Wie sie zogen über Berge und Täler weit

Und mancher mich da aus dem Himmelblau rief,
Wenn ich drunten im Garten schlief. –
Und mitten zwischen den Blumen und Scheinen
Steht die schönste von allen Frauen,
Ein glänzend Kindlein an ihrer Brust. –
Ich kann nicht sprechen und auch nicht weinen,
Nur singen immer und wieder dann schauen
Still vor großer, seliger Lust.«

2

Als ich nun zum ersten Male
Wieder durch den Garten ging,
Busch und Bächlein in dem Tale
Lustig an zu plaudern fing.

Blumen halbverstohlen blickten
Neckend aus dem Gras heraus,
Bunte Schmetterlinge schickten
Sie sogleich auf Kundschaft aus.

Auch der Kuckuck in den Zweigen
Fand sich bald zum Spielen ein,
Endlich brach der Baum das Schweigen:
»Warum kommst du heut allein?«

Da ich aber schwieg, da rührt' er
Wunderbar sein dunkles Haupt,
Und ein Flüstern konnt ich spüren
Zwischen Vöglein, Blüt und Laub.

Tränen in dem Grase hingen,
Durch die abendstille Rund
Klagend nun die Quellen gingen,
Und ich weint aus Herzensgrund.

3

Was ist mir denn so wehe?
Es liegt ja wie im Traum
Der Grund schon, wo ich stehe,
Die Wälder säuseln kaum

Noch von der dunklen Höhe.
Es komme wie es will,
Was ist mir denn so wehe
Wie bald wird alles still.

4

Das ists, was mich ganz verstöret:
Daß die Nacht nicht Ruhe hält,
Wenn zu atmen aufgehöret
Lange schon die müde Welt.

Daß die Glocken, die da schlagen,
Und im Wald der leise Wind
Jede Nacht von neuem klagen
Um mein liebes, süßes Kind,

Daß mein Herz nicht konnte brechen
Bei dem letzten Todeskuß,
Daß ich wie im Wahnsinn sprechen
Nun in irren Liedern muß.

5

Freuden wollt ich dir bereiten,
Zwischen Kämpfen, Lust und Schmerz
Wollt ich treulich dich geleiten
Durch das Leben himmelwärts.

Doch du hasts allein gefunden,
Wo kein Vater führen kann,
Durch die ernste, dunkle Stunde
Gingst du schuldlos mir voran.

Wie das Säuseln leiser Schwingen
Draußen über Tal und Kluft
Ging zur selben Stund ein Singen
Ferne durch die stille Luft.

Und so fröhlich glänzt' der Morgen,
'S war als ob das Singen sprach:
Jetzo lasset alle Sorgen,
Liebt ihr mich, so folgt mir nach!

6

Ich führt dich oft spazieren
In Wintereinsamkeit,
Kein Laut ließ sich da spüren,
Du schöne, stille Zeit!

Lenz ists nun, Lerchen singen
Im Blauen über mir,
Ich weine still – sie bringen
Mir einen Gruß von dir.

7

Die Welt treibt fort ihr Wesen,
Die Leute kommen und gehn,
Als wärst du nie gewesen,
Als wäre nichts geschehn.

Wie sehn ich mich aufs neue
Hinaus in Wald und Flur!
Ob ich mich gräm, mich freue,
Du bleibst mir treu, Natur.

Da klagt vor tiefem Sehnen
Schluchzend die Nachtigall,
Es schimmern rings von Tränen
Die Blumen überall.

Und über alle Gipfel
Und Blütentäler zieht
Durch stillen Waldes Wipfel
Ein heimlich Klagelied.

Da spür ichs recht im Herzen,
Daß dus, Herr, draußen bist –
Du weißts, wie mir von Schmerzen
Mein Herz zerrissen ist!

8

Von fern die Uhren schlagen,
Es ist schon tiefe Nacht,
Die Lampe brennt so düster,
Dein Bettlein ist gemacht.

Die Winde nur noch gehen
Wehklagend um das Haus,
Wir sitzen einsam drinne
Und lauschen oft hinaus.

Es ist, als müßtest leise
Du klopfen an die Tür,
Du hättst dich nur verirret,
Und kämst nun müd zurück.

Wir armen, armen Toren!
Wir irren ja im Graus
Des Dünkels noch verloren –
Du fandst dich längst nach Haus.

9

Dort ist so tiefer Schatten,
Du schläfst in guter Ruh,
Es deckt mit grünen Matten
Der liebe Gott dich zu.

Die alten Weiden neigen
Sich auf dein Bett herein,
Die Vöglein in den Zweigen
Sie singen treu dich ein.

Und wie in goldnen Träumen
Geht linder Frühlingswind
Rings in den stillen Bäumen –
Schlaf wohl mein süßes Kind!

10

Mein liebes Kind, Ade!
Ich konnt Ade nicht sagen,
Als sie dich fortgetragen,
Vor tiefem, tiefem Weh.

Jetzt auf lichtgrünem Plan
Stehst du im Myrtenkranze,
Und lächelst aus dem Glanze
Mich still voll Mitleid an.

Und Jahre nahn und gehn,
Wie bald bin ich verstoben –
O bitt für mich da droben,
Daß wir uns wiedersehn!

An einen Offizier, der als Bräutigam starb

Frisch flogst du durch die Felder
Und faßtest ihre Hand,
Ringsum der Kreis der Wälder
In Morgenflammen stand.

O falsches Rot! Verblühen
Mußt dieses Blütenmeer,
Wer dachte, daß dies Glühen
Das Abendrot schon wär!

Nun dunkeln schon die Fernen,
Du wirst so still und bleich,
Wie ist da weit von Sternen
Der Himmelsgrund so reich!

Trompeten hört ich laden
Fern durch die stille Luft,
Als zögen Kameraden –
Der alte Feldherr ruft.

Es sinken schon die Brücken,
Heut dir und morgen mir.
Du mußt hinüberrücken,
Kam'rad, mach uns Quartier!

Treu Lieb ist unverloren,
Empfängst – wie bald ists hin! –
Einst an den Himmelstoren
Die müde Pilgerin.

Angedenken

Berg und Täler wieder fingen
Ringsumher zu blühen an,
Aus dem Walde hört ich singen
Einen lustgen Jägersmann.

Und die Tränen drangen leise:
So einst blüht' es weit und breit,
Als mein Lieb dieselbe Weise
Mich gelehrt vor langer Zeit.

Ach, ein solches Angedenken,
's ist nur eitel Klang und Luft,
Und kann schimmernd doch versenken
Rings in Tränen Tal und Kluft!

In der Fremde

Aus der Heimat hinter den Blitzen rot
Da kommen die Wolken her,
Aber Vater und Mutter sind lange tot,
Es kennt mich dort keiner mehr.
Wie bald, wie bald kommt die stille Zeit,
Da ruhe ich auch, und über mir
Rauschet die schöne Waldeinsamkeit
Und keiner mehr kennt mich auch hier.

Vesper

Die Abendglocken klangen
Schon durch das stille Tal,
Da saßen wir zusammen
Da droben wohl hundertmal.

Und unten wars so stille
Im Lande weit und breit,
Nur über uns die Linde
Rauscht' durch die Einsamkeit.

Was gehn die Glocken heute,
Als ob ich weinen müßt?
Die Glocken, die bedeuten,
Daß meine Lieb gestorben ist!

Ich wollt, ich läg begraben
Und über mir rauschte weit
Die Linde jeden Abend
Von der alten, schönen Zeit!

Die Nachtigallen

Möcht wissen, was sie schlagen
So schön bei der Nacht,
's ist in der Welt ja doch niemand,
Der mit ihnen wacht.

Und die Wolken, die reisen,
Und das Land ist so blaß,
Und die Nacht wandert leise
Durch den Wald übers Gras.

Nacht, Wolken, wohin sie gehen,
Ich weiß es recht gut,
Liegt ein Grund hinter den Höhen,
Wo meine Liebste jetzt ruht.

Zieht der Einsiedel sein Glöcklein,
Sie höret es nicht,

Es fallen ihr die Löcklein
Übers ganze Gesicht.

Und daß sie niemand erschrecket,
Der liebe Gott hat sie hier
Ganz mit Mondschein bedecket,
Da träumt sie von mir.

Nachruf

Du liebe, treue Laute,
Wie manche Sommernacht,
Bis daß der Morgen graute,
Hab ich mit dir durchwacht!

Die Täler wieder nachten,
Kaum spielt noch Abendrot,
Doch die sonst mit uns wachten,
Die liegen lange tot.

Was wollen wir nun singen
Hier in der Einsamkeit,
Wenn alle von uns gingen,
Die unser Lied erfreut?

Wir wollen dennoch singen!
So still ists auf der Welt;
Wer weiß, die Lieder dringen
Vielleicht zum Sternenzelt.

Wer weiß, die da gestorben,
Sie hören droben mich,
Und öffnen leis die Pforten
Und nehmen uns zu sich.

VI. Geistliche Lieder

Andre haben andre Schwingen,
Aber wir, mein fröhlich Herz,
Wollen grad hinauf uns singen,
Aus dem Frühling himmelwärts!

Götterdämmerung

1

Was klingt mir so heiter
Durch Busen und Sinn?
Zu Wolken und weiter,
Wo trägt es mich hin?

Wie auf Bergen hoch bin ich
So einsam gestellt
Und grüße herzinnig,
Was schön auf der Welt.

Ja, Bacchus, dich seh ich,
Wie göttlich bist du!
Dein Glühen versteh ich,
Die träumende Ruh.

O rosenbekränztes
Jünglingsbild,
Dein Auge, wie glänzt es,
Die Flammen so mild!

Ists Liebe, ists Andacht,
Was so dich beglückt?
Rings Frühling dich anlacht,
Du sinnest entzückt. –

Frau Venus, du Frohe,
So klingend und weich,
In Morgenrots Lohe
Erblick ich dein Reich

Auf sonnigen Hügeln
Wie ein' Zauberring. –
Zart Bübchen mit Flügeln
Bedienen dich flink,

Durchsäuseln die Räume
Und laden, was fein
Als goldene Träume
Zur Königin ein.

Und Ritter und Frauen
Im grünen Revier
Durchschwärmen die Auen
Wie Blumen zur Zier.

Und jeglicher hegt sich
Sein Liebchen im Arm,
So wirrt und bewegt sich
Der selige Schwarm. –

Die Klänge verrinnen,
Es bleichet das Grün,
Die Frauen stehn sinnend,
Die Ritter schaun kühn.

Und himmlisches Sehnen
Geht singend durchs Blau,
Da schimmert von Tränen
Rings Garten und Au. –

Und mitten im Feste
Erblick ich, wie mild!
Den stillsten der Gäste. –
Woher, einsam Bild?

Mit blühendem Mohne,
Der träumerisch glänzt,
Und mit Lilienkrone
Erscheint er bekränzt.

Sein Mund schwillt zum Küssen
So lieblich und bleich,
Als brächt er ein Grüßen
Aus himmlischem Reich.

Eine Fackel wohl trägt er,
Die wunderbar prangt.
»Wo ist einer«, frägt er,
»Den heimwärts verlangt?«

Und manchmal da drehet
Die Fackel er um –
Tiefschauernd vergehet
Die Welt und wird stumm.

Und was hier versunken
Als Blumen zum Spiel,
Siehst oben du funkeln
Als Sterne nun kühl. –

O Jüngling vom Himmel,
Wie bist du so schön!
Ich laß das Gewimmel,
Mit dir will ich gehn!

Was will ich noch hoffen?
Hinauf, ach hinauf!
Der Himmel ist offen,
Nimm, Vater, mich auf!

2

Von kühnen Wünderbildern
Ein großer Trümmerhauf,
In reizendem Verwildern
Ein blühnder Garten drauf;

Versunknes Reich zu Füßen,
Vom Himmel fern und nah,
Aus anderm Reich ein Grüßen –
Das ist Italia!

Wenn Frühlingslüfte wehen
Hold übern grünen Plan,
Ein leises Auferstehen
Hebt in den Tälern an.

Da will sichs unten rühren
Im stillen Göttergrab,
Der Mensch kanns schauernd spüren
Tief in die Brust hinab.

Verwirrend in den Bäumen
Gehn Stimmen hin und her,
Ein sehnsuchtsvolles Träumen
Weht übers blaue Meer.

Und unterm duftgen Schleier,
So oft der Lenz erwacht,
Webt in geheimer Feier
Die alte Zaubermacht.

Frau Venus hört das Locken,
Der Vögel heitern Chor,
Und richtet froh erschrocken
Aus Blumen sich empor.

Sie sucht die alten Stellen,
Das luftge Säulenhaus,
Schaut lächelnd in die Wellen
Der Frühlingsluft hinaus.

Doch öd sind nun die Stellen,
Stumm liegt ihr Säulenhaus,
Gras wächst da auf den Schwellen,
Der Wind zieht ein und aus.

Wo sind nun die Gespielen?
Diana schläft im Wald,
Neptunus ruht im kühlen
Meerschloß, das einsam hallt.

Zuweilen nur Sirenen
Noch tauchen aus dem Grund,
Und tun in irren Tönen
Die tiefe Wehmut kund. –

Sie selbst muß sinnend stehen
So bleich im Frühlingsschein,
Die Augen untergehen,
Der schöne Leib wird Stein. –

Denn über Land und Wogen
Erscheint, so still und mild,
Hoch auf dem Regenbogen
Ein andres Frauenbild.

Ein Kindlein in den Armen
Die Wunderbare hält,
Und himmlisches Erbarmen
Durchdringt die ganze Welt.

Da in den lichten Räumen
Erwacht das Menschenkind,
Und schüttelt böses Träumen
Von seinem Haupt geschwind.

Und, wie die Lerche singend,
Aus schwülen Zaubers Kluft
Erhebt die Seele ringend
Sich in die Morgenluft.

Mariä Sehnsucht

Es ging Maria in den Morgen hinein,
Tat die Erd einen lichten Liebesschein,
Und über die fröhlichen, grünen Höhn
Sah sie den bläulichen Himmel stehn.
»Ach, hätt ich ein Brautkleid von Himmelsschein,
Zwei goldene Flüglein – wie flög ich hinein!« –

Es ging Maria in stiller Nacht,
Die Erde schlief, der Himmel wacht',
Und durchs Herze, wie sie ging und sann und dacht,
Zogen die Sterne mit goldener Pracht.
»Ach, hätt ich das Brautkleid von Himmelsschein,
Und goldene Sterne gewoben drein.«

Es ging Maria im Garten allein,
Da sangen so lockend bunt' Vögelein,
Und Rosen sah sie im Grünen stehn,

Viel rote und weiße so wunderschön.
»Ach hätt ich ein Knäblein, so weiß und rot,
Wie wollt ichs lieb haben bis in den Tod!«

Nun ist wohl das Brautkleid gewoben gar,
Und goldene Sterne im dunkelen Haar,
Und im Arme die Jungfrau das Knäblein hält,
Hoch über der dunkelerbrausenden Welt,
Und vom Kindlein gehet ein Glänzen aus,
Das ruft uns nur ewig: nach Haus, nach Haus!

Jugendandacht

1

Daß des verlornen Himmels es gedächte,
Schlagen ans Herz des Frühlings linde Wellen,
Wie ewger Wonnen schüchternes Vermuten.
Geheimer Glanz der lauen Sommernächte,
Du grüner Wald, verführend Lied der Quellen,
Des Morgens Pracht, stillblühnde Abendgluten,
Ihr fragt: wo Schmerz und Lust so lange ruhten,
Die süß das Herz verdunkeln und es hellen?
Wie tut ihr zaubrisch auf die alten Wunden,
Daß losgebunden in das Licht sie bluten!
O selge Zeit entfloßner Himmelsbläue,
Der ersten Andacht solch inbrünstger Liebe,
Die ewig wollte knien vor der Einen!
Demütig in der Glorie des Maien
Hob sie den Schleier oft, daß offen bliebe
Der Augen Himmel, in das Land zu scheinen.
Und stand ich still, und mußt ich herzlich weinen;
In ihrem Blick gereinigt alle Triebe:

Da war nur Wonne, was ich mußte klagen,
Im Angesicht der Stillen, Ewigreinen
Kein Schmerz, als solcher Liebe Lieb ertragen!

2

Wie in einer Blume himmelblauen
Grund, wo schlummernd träumen stille Regenbogen,
Ist mein Leben ein unendlich Schauen,
Klar durchs ganze Herz Ein süßes Bild gezogen.

Stille saß ich, sah die Jahre fliegen,
Bin im Innersten Dein treues Kind geblieben;
Aus dem duftgen Kelche aufgestiegen,
Ach, wann lohnst Du endlich auch mein treues Lieben!

3

Was wollen mir vertraun die blauen Weiten,
Des Landes Glanz, die Wirrung süßer Lieder,
Mir ist so wohl, so bang! Seid ihr es wieder
Der frommen Kindheit stille Blumenzeiten?

Wohl weiß ichs – dieser Farben heimlich Spreiten
Deckt einer Jungfrau strahlend reine Glieder;
Es wogt der große Schleier auf und nieder,
Sie schlummert drunten fort seit Ewigkeiten.

Mir ist in solchen linden, blauen Tagen,
Als müßten alle Farben auferstehen,
Aus blauer Fern sie endlich zu mir gehen.

So wart ich still, schau in den Frühling milde,
Das ganze Herz weint nach dem süßen Bilde,
Vor Freud, vor Schmerz? – Ich weiß es nicht zu sagen.

4

Viel Lenze waren lange schon vergangen,
Vorüber zogen wunderbare Lieder,
Die Sterne gingen ewig auf und nieder,
Die selbst vor großer Sehnsucht golden klangen.

Und wie so tausend Stimmen ferne sangen,
Als riefen mich von hinnen selge Brüder,
Fühlt ich die alten Schmerzen immer wieder,
Seit Deine Blicke, Jungfrau, mich bezwangen.

Da wars, als ob sich still Dein Auge hübe,
Langst sehnsuchtsvoll nach mir mit offnen Armen,
Fühlst selbst den Schmerz, den Du mir süß gegeben. –

Umfangen fühl ich innigst mich erwarmen,
Berührt mit goldnen Strahlen mich das Leben,
Ach! daß ich ewig Dir am Herzen bliebe!

5

Wann Lenzesstrahlen golden niederrinnen,
Sieht man die Scharen losgebunden ziehen,
Im Waldrevier, dem neu der Schmuck geliehen,
Die lustge Jagd nach Lieb und Scherz beginnen.

Den Sänger will der Frühling gar umspinnen,
Er, der Geliebteste, darf nicht entfliehen,
Fühlt rings ein Lied durch alle Farben ziehen,
Das ihn so lockend nimmer läßt von hinnen.

Gefangen so, sitzt er viel selge Jahre;
Des Einsamen spottet des Pöbels Scherzen,
Der aller Glorie möchte Lieb entkleiden.

Doch er grüßt fröhlich alle, wie sie fahren,
Und mutig sagt er zu den süßen Schmerzen:
»Gern sterb ich bald, wollt ihr von mir je scheiden!«

6

Wann frisch die buntgewirkten Schleier wallen,
Weit in das Land die Lerchen mich verführen,
Da kann ichs tief im Herzen wieder spüren,
Wie mich die Eine liebt und ruft vor allen.

Wenn Nachtigalln aus grünen Hallen schallen,
Wen möchten nicht die tiefen Töne rühren;
Wen nicht das süße Herzeleid verführen,
Im Liebesschlagen tot vom Baum zu fallen? –

So sag auch ich bei jedem Frühlingsglanze:
Du süße Laute! laß uns beide sterben,
Beklagt vom Widerhallen zarter Töne,

Kann unser Lied auch nie den Lohn erwerben,
Daß hier mit eignem, frischem Blumenkranze
Uns endlich kröne nun die Wunderschöne! –

7

Der Schäfer spricht, wenn er frühmorgens weidet:
»Dort drüben wohnt sie hinter Berg' und Flüssen!«
Doch seine Wunden deckt sie gern mit Küssen,
Wann lauschend Licht am stillen Abend scheidet.

Ob neu der Morgenschmuck die Erde kleidet,
Ob Nachtigallen Nacht und Stern' begrüßen,
Stets fern und nah bleibt *meine* Lieb der Süßen,
Die in dem Lenz mich ewig sucht und meidet. –

Doch hör ich wunderbare Stimmen sprechen:
»Die Perlen, die du treu geweint im Schmerze,
Sie wird sie sorglich all zusammenbinden,

Mit eigner Kette so dich süß umwinden,
Hinaufziehn dich an Mund und blühend Herze –
Was Himmel schloß, mag nicht der Himmel brechen.«

8

Wenn du am Felsenhange standst alleine,
Unten im Walde Vögel seltsam sangen
Und Hörner aus der Ferne irrend klangen,
Als ob die Heimat drüben nach dir weine,

Wars niemals da, als rief die Eine, Deine?
Lockt' dich kein Weh, kein brünstiges Verlangen
Nach andrer Zeit, die lange schon vergangen,
Auf ewig einzugehn in grüne Scheine?

Gebirge dunkelblau steigt aus der Ferne,
Und von den Gipfeln führt des Bundes Bogen
Als Brücke weit in unbekannte Lande.

Geheimnisvoll gehn oben goldne Sterne,
Unten erbraust viel Land in dunklen Wogen –
Was zögerst du am unbekannten Rande?

9

Es wendet zürnend sich von mir die Eine,
Versenkt die Ferne mit den Wunderlichtern.
Es stockt der Tanz – ich stehe plötzlich nüchtern,
Musik läßt treulos mich so ganz alleine.

Da spricht der Abgrund dunkel: Bist nun meine;
Zieht mich hinab an bleiernen Gewichtern,
Sieht stumm mich an aus steinernen Gesichtern,
Das Herz wird selber zum kristallnen Steine.

Dann ists, als ob es dürstend Schmerzen sauge
Aus lang vergeßner Zeit Erinnerungen,
Und kann sich rühren nicht, von Frost bezwungen.

Versteinert schweigen muß der Wehmut Welle,
Wie willig auch, schmölz ihn ein wärmend Auge,
Kristall zerfließen wollt als Tränenquelle.

10

Durchs Leben schleichen feindlich fremde Stunden,
Wo Ängsten aus der Brust hinunterlauschen,
Verworrne Worte mit dem Abgrund tauschen,
Drin bodenlose Nacht nur ward erfunden.

Wohl ist des Dichters Seele stumm verbunden
Mit Mächten, die am Volk vorüberrauschen;
Sehnsucht muß wachsen an der Tiefe Rauschen
Nach hellerm Licht und nach des Himmels Kunden.

O Herr! du kennst allein den treuen Willen,
Befrei ihn von der Kerkerluft des Bösen,
Laß nicht die eigne Brust mich feig zerschlagen!

Und wie ich schreibe hier, den Schmerz zu stillen,
Fühl ich den Engel schon die Riegel lösen,
Und kann vor Glanze nicht mehr weiter klagen.

Der Fromme

Es saß ein Kind gebunden und gefangen,
Wo vor der Menschen eitlem Tun und Schallen
Der Vorzeit Wunderlaute trüb verhallen;
Der alten Heimat dacht' es voll Verlangen.

Da sieht es draußen Ströme, hell ergangen,
Durch zaubrisch Land viel Pilger, Sänger wallen,
Kühl rauscht der Wald, die lustgen Hörner schallen,
Aurora scheint, so weit die Blicke langen. –

O laß die Sehnsucht ganz dein Herz durchdringen!
So legt sich blühend um die Welt dein Trauern
Und himmlisch wird dein Schmerz und deine Sorgen.
Ein frisch Gemüt mag wohl die Welt bezwingen,
Ein recht Gebet bricht Banden bald und Mauern:
Und frei springst du hinunter in den Morgen.

*

Willkommen, Liebchen, denn am Meeresstrande!
Wie rauschen lockend da ans Herz die Wellen
Und tiefe Sehnsucht will die Seele schwellen,
Wenn andre träge schlafen auf dem Lande.

So walte Gott! – Ich lös des Schiffleins Bande,
Wegweiser sind die Stern, die ewig hellen,
Viel Segel fahren da und frisch Gesellen
Begrüßen uns von ihrer Schiffe Rande.

Wir sitzen still, gleich Schwänen zieht das Segel,
Ich schau in deiner Augen lichte Sterne,
Du schweigst und schauerst heimlich oft zusammen.

Blick auf! Schon schweifen Paradiesesvögel,
Schon wehen Wunderklänge aus der Ferne,
Der Garten Gottes steigt aus Morgenflammen.

Lieder

1

Frisch eilt der helle Strom hinunter.
Drauf ziehn viel bunte Schifflein munter,
Und Strom und Schiff und bunte Scheine,
Sie fragen alle: was ich weine?
Mir ist so wohl, mir ist so weh,
Wie ich den Frühling fahren seh.

Viel Lenze sitz ich schon da oben,
Ein Regenbogen steht im Land erhoben
Und durch die Täler, Wiesen, Wogen
Still, wie ein fernes Lied, gezogen,
Schifft immerfort Dein himmlisch Bild –
Doch Strom und Schiff nie stille hielt.

2

Denk ich Dein, muß bald verwehen
Alle Trübnis weit und breit,
Und die frischen Blicke gehen
Wie in einen Garten weit.

Wunderbare Vögel wieder
Weiden dort auf grüner Au,
Einsam' Engel, alte Lieder
Ziehen durch den Himmel blau.

Wolken, Ströme, Schiffe, alle
Segeln in die Pracht hinein –
Keines kehrt zurück von allen,
Und ich stehe so allein.

An den heiligen Joseph

Wenn trübe Schleier alles grau umweben,
Zur bleichen Ferne wird das ganze Leben,
Will Heimat oft sich tröstend zeigen;
Aus Morgenrot die goldnen Höhen steigen,
Und aus dem stillen, wundervollen Duft
Eine wohlbekannte Stimm hinüberruft.

Du warst ja auch einmal hier unten,
Hast ewger Treue Schmerz empfunden;
Längst war Maria fortgezogen,
Wie einsam rauschten rings die dunklen Wogen!
Da breitet' oben sie die Arme aus:
Komm, treuer Pilger, endlich auch nach Haus!

Seitdem ist wohl viel anders worden,
Treu Lieb auf Erden ist ausgestorben.
Wem könnt ichs außer Dir wohl klagen,
Wie oft in kummervollen Tagen
Mein ganzes Herz hier hofft und bangt,
Und nach der Heimat immer fort verlangt!

Kirchenlied

O Maria, meine Liebe!
Denk ich recht im Herzen Dein:
Schwindet alles Schwer' und Trübe,
Und, wie heller Morgenschein,
Dringts durch Lust und irdschen Schmerz
Leuchtend mir durchs ganze Herz.

Auf des ewgen Bundes Bogen,
Ernst von Glorien umblüht,
Stehst du über Land und Wogen;
Und ein himmlisch Sehnen zieht
Alles Leben himmelwärts
An das große Mutterherz.

Wo Verlaßne einsam weinen,
Sorgenvoll in stiller Nacht,
Den' vor allen läßt Du scheinen
Deiner Liebe milde Pracht,
Daß ein tröstend Himmelslicht
In die dunklen Herzen bricht.

Aber wütet wildverkehrter
Sünder frevelhafte Lust:
Da durchschneiden neue Schwerter
Dir die treue Mutterbrust;
Und voll Schmerzen flehst Du doch:
Herr! Vergib, o schone noch!

Deinen Jesus in den Armen,
Übern Strom der Zeit gestellt,
Als das himmlische Erbarmen
Hütest Du getreu die Welt,
Daß im Sturm, der trübe weht,
Dir kein Kind verloren geht.

Wenn die Menschen mich verlassen
In der letzten stillen Stund,
Laß mich fest das Kreuz umfassen.
Aus dem dunklen Erdengrund
Leite liebreich mich hinaus,
Mutter, in des Vaters Haus!

Morgengebet

O wunderbares, tiefes Schweigen,
Wie einsam ists noch auf der Welt!
Die Wälder nur sich leise neigen,
Als ging' der Herr durchs stille Feld.

Ich fühl mich recht wie neu geschaffen,
Wo ist die Sorge nun und Not?
Was mich noch gestern wollt erschlaffen,
Ich schäm mich des im Morgenrot.

Die Welt mit ihrem Gram und Glücke
Will ich, ein Pilger, frohbereit
Betreten nur wie eine Brücke
Zu Dir, Herr, übern Strom der Zeit.

Und buhlt mein Lied, auf Weltgunst lauernd,
Um schnöden Sold der Eitelkeit:
Zerschlag mein Saitenspiel; und schauernd
Schweig ich vor Dir in Ewigkeit.

Mittag

Vergeht mir der Himmel
Vor Staube schier,
Herr, im Getümmel
Zeig Dein Panier!

Wie schwank ich sündlich,
Läßt Du von mir;
Unüberwindlich
Bin ich mit Dir!

Abend

Gestürzt sind die goldnen Brücken
Und unten und oben so still!
Es will mir nichts mehr glücken,
Ich weiß nicht mehr, was ich will.

Von üppig blühenden Schmerzen
Rauscht eine Wildnis im Grund,
Da spielt wie in wahnsinnigen Scherzen
Das Herz an dem schwindligen Schlund. –

Die Felsen möchte ich packen
Vor Zorn und Wehe und Lust,
Und unter den brechenden Zacken
Begraben die wilde Brust.

Da kommt der Frühling gegangen,
Wie ein Spielmann aus alter Zeit,
Und singt von uraltem Verlangen
So treu durch die Einsamkeit.

Und über mir Lerchenlieder
Und unter mir Blumen bunt,
So werf ich im Grase mich nieder
Und weine aus Herzensgrund.

Da fühl ich ein tiefes Entzücken,
Nun weiß ich wohl, was ich will,
Es bauen sich andere Brücken,
Das Herz wird auf einmal still.

Der Abend streut rosige Flocken,
Verhüllet die Erde nun ganz,
Und durch des Schlummernden Locken
Ziehn Sterne den heiligen Kranz.

Nachtgruß

Weil jetzo alles stille ist
Und alle Menschen schlafen,
Mein Seel das ewge Licht begrüßt,
Ruht wie ein Schiff im Hafen.

Der falsche Fleiß, die Eitelkeit,
Was keinen mag erlaben,
Darin der Tag das Herz zerstreut,
Liegt alles tief begraben.

Ein andrer König wunderreich
Mit königlichen Sinnen,
Zieht herrlich ein im stillen Reich,
Besteigt die ewgen Zinnen.

Morgenlied

Kein Stimmlein noch schallt von allen
In frühester Morgenstund,
Wie still ists noch in den Hallen
Durch den weiten Waldesgrund.

Ich stehe hoch überm Tale
Stille vor großer Lust,
Und schau nach dem ersten Strahle,
Kühl schauernd in tiefster Brust.

Wie sieht da zu dieser Stunde
So anders das Land herauf,
Nichts hör ich da in der Runde
Als von fern der Ströme Lauf.

Und ehe sich alle erhoben
Des Tages Freuden und Weh,
Will ich, Herr Gott, Dich loben
Hier einsam in stiller Höh. –

Nun rauschen schon stärker die Wälder,
Morgenlicht funkelt herauf,
Die Lerche singt über den Feldern,
Schöne Erde, nun wache auf!

In der Nacht

Das Leben draußen ist verrauschet,
Die Lichter löschen aus,
Schauernd mein Herz am Fenster lauschet
Still in die Nacht hinaus.

Da nun der laute Tag zerronnen
Mit seiner Not und bunten Lust,
Was hast du in dem Spiel gewonnen,
Was blieb der müden Brust? –

Der Mond ist trostreich aufgegangen,
Da unterging die Welt,
Der Sterne heilge Bilder prangen
So einsam hoch gestellt!

O Herr! auf dunkelschwankem Meere
Fahr ich im schwachen Boot,
Treufolgend Deinem goldenen Heere
Zum ewgen Morgenrot.

Werktag

Wir wandern nun schon viel hundert Jahr,
Und kommen doch nicht zur Stelle –
Der Strom wohl rauscht an die tausend gar,
Und kommt doch nicht zur Quelle.

Sonntag

Weit in das Land die Ström ihr Silber führen,
Fern blau Gebirge duftig hingezogen,
Die Sonne scheint, die Bäume sanft sich rühren,
Und Glockenklang kommt auf den linden Wogen;
Hoch in den Lüften Lerchen jubilieren,
Und, so weit klar sich wölbt des Himmels Bogen,
Von Arbeit ruht der Mensch rings in die Runde,
Atmet zum Herren auf aus Herzensgrunde.

Frühling

Und wenn die Lerche hell anstimmt
Und Frühling rings bricht an:
Da schauert tief und Flügel nimmt,
Wer irgend fliegen kann.

Die Erde grüßt er hochbeglückt,
Die, eine junge Braut,
Mit Blumen wild und bunt geschmückt,
Tief in das Herz ihm schaut.

Den Himmel dann, das blaue Meer
Der Sehnsucht, grüßt er treu,
Da stammen Lied und Sänger her
Und spürens immer neu.

Die dunkeln Gründe säuseln kaum,
Sie schaun so fremd herauf.
Tiefschauernd fühlt er, 's war ein Traum –
Und wacht im Himmel auf.

Herbst

Es ist nun der Herbst gekommen,
Hat das schöne Sommerkleid
Von den Feldern weggenommen
Und die Blätter ausgestreut,
Vor dem bösen Winterwinde
Deckt er warm und sachte zu
Mit dem bunten Laub die Gründe,
Die schon müde gehn zur Ruh.

Durch die Felder sieht man fahren
Eine wunderschöne Frau,
Und von ihren langen Haaren
Goldne Fäden auf der Au
Spinnet sie und singt im Gehen:
Eia, meine Blümelein,
Nicht nach andern immer sehen,
Eia, schlafet, schlafet ein.

Und die Vöglein hoch in Lüften
Über blaue Berg und Seen
Ziehn zur Ferne nach den Klüften,
Wo die hohen Zedern stehn,
Wo mit ihren goldnen Schwingen
Auf des Benedeiten Gruft
Engel Hosianna singen
Nächtens durch die stille Luft.

Winter

Wie von Nacht verhangen,
Wußt nicht, was ich will,
Schon so lange, lange
War ich totenstill.

Liegt die Welt voll Schmerzen,
Wills auch draußen schnein:
Wache auf, mein Herze,
Frühling muß es sein!

Was mich frech wollt fassen,
's ist nur Wogenschaum,
Falsche Ehr, Not, Hassen,
Welt, ich spür dich kaum.

Breite nur die Flügel
Wieder, schönes Roß,
Frei laß ich die Zügel,
So brich durch, Genoß!

Und hat ausgeklungen
Liebes-Lust und Leid,
Um die wir gerungen
In der schönsten Zeit;

Nun so trag mich weiter,
Wo das Wünschen aus –
Wie wird mir so heiter,
Roß, bring mich nach Haus!

Der Schiffer

Die Lüfte linde fächeln,
Aus stillen Meeres Schaum
Sirenen tauchend lächeln,
Der Schiffer liegt im Traum.

Da faßt der Sturm die Wellen,
Durchwühlt die Einsamkeit:
Wacht auf, ihr Traumgesellen,
Nun ists nicht Schlafenszeit! –

In jenen stillen Tagen
Wie war ich stolz und klug,
In sichern Glücks Behagen
Mir selber gut genug.

Du hast das Glück zerschlagen;
Nimm wieder, was Du gabst,

Ich schweig und will nicht klagen,
Jetzt weiß ich, wie Du labst.

Das sind die mächtgen Stürme,
Die wecken, was da ruht,
Es sinken Land und Türme
Allmählich in die Flut.

Kein Meerweib will sich zeigen,
Kein Laut mehr langt zu mir,
Und in dem weiten Schweigen
Steh ich allein mit Dir.

O führe an den Riffen
Allmächtig Deine Hand,
Wohin wir alle schiffen,
Uns zu dem Heimatsstrand!

Der Soldat

Und wenn es einst dunkelt,
Der Erd bin ich satt,
Durchs Abendrot funkelt
Eine prächtge Stadt:

Von den goldenen Türmen
Singet der Chor,
Wir aber stürmen
Das himmlische Tor.

Der Wächter

Nächtlich macht der Herr die Rund,
Sucht die Seinen unverdrossen,
Aber überall verschlossen
Trifft er Tür und Herzensgrund,
Und er wendet sich voll Trauer:
Niemand ist, der mit mir wacht. –
Nur der Wald vernimmts mit Schauer,
Rauschet fromm die ganze Nacht.

Waldwärts durch die Einsamkeit
Hört ich über Tal und Klüften
Glocken in den stillen Lüften,
Wie aus fernem Morgen weit –
An die Tore will ich schlagen,
An Palast und Hütten: Auf!
Flammend schon die Gipfel ragen,
Wachet auf, wacht auf, wacht auf!

Gottes Segen

Das Kind ruht aus vom Spielen,
Am Fenster rauscht die Nacht,
Die Engel Gotts im Kühlen
Getreulich halten Wacht.

Am Bettlein still sie stehen,
Der Morgen graut noch kaum,
Sie küssens, eh sie gehen,
Das Kindlein lacht im Traum.

Der Umkehrende

I

Du sollst mich doch nicht fangen,
Duftschwüle Zaubernacht!
Es stehn mit goldnem Prangen
Die Stern auf stiller Wacht,
Und machen überm Grunde,
Wo du verirret bist,
Getreu die alte Runde –
Gelobt sei Jesus Christ!

Wie bald in allen Bäumen
Geht nun die Morgenluft,
Sie schütteln sich in Träumen,
Und durch den roten Duft
Eine fromme Lerche steiget,
Wenn alles still noch ist,
Den rechten Weg dir zeiget –
Gelobt sei Jesus Christ!

2

Hier bin ich, Herr! Gegrüßt das Licht,
Das durch die stille Schwüle
Der müden Brust gewaltig bricht
Mit seiner strengen Kühle.
Nun bin ich frei! Ich taumle noch
Und kann mich noch nicht fassen –
O Vater, Du erkennst mich doch,
Und wirst nicht von mir lassen!

3

Was ich wollte, liegt zerschlagen,
Herr, ich lasse ja das Klagen,
Und das Herz ist still.
Nun aber gib auch Kraft, zu tragen,
Was ich *nicht* will!

4

Es wandelt, was wir schauen,
Tag sinkt ins Abendrot,
Die Lust hat eignes Grauen,
Und alles hat den Tod.

Ins Leben schleicht das Leiden
Sich heimlich wie ein Dieb,
Wir alle müssen scheiden
Von allem, was uns lieb.

Was gäb es doch auf Erden,
Wer hielt' den Jammer aus,
Wer möcht geboren werden,
Hieltst Du nicht droben Haus!

Du bists, der, was wir bauen,
Mild über uns zerbricht,
Daß wir den Himmel schauen –
Darum so klag ich nicht.

5

Waldeinsamkeit!
Du grünes Revier,
Wie liegt so weit
Die Welt von hier!
Schlaf nur, wie bald
Kommt der Abend schön,
Durch den stillen Wald
Die Quellen gehn,
Die Mutter Gottes wacht,
Mit ihrem Sternenkleid
Bedeckt sie dich sacht
In der Waldeinsamkeit,
Gute Nacht, gute Nacht! –

Der Kranke

Soll ich dich denn nun verlassen,
Erde, heitres Vaterhaus?
Herzlich Lieben, mutig Hassen,
Ist denn alles, alles aus?

Vor dem Fenster durch die Linden
Spielt es wie ein linder Gruß,
Lüfte, wollt ihr mir verkünden,
Daß ich bald hinunter muß? –

Liebe, ferne, blaue Hügel,
Stiller Fluß im Talesgrün,
Ach, wie oft wünscht ich mir Flügel,
Über euch hinweg zu ziehn!

Da sich jetzt die Flügel dehnen,
Schaur ich in mich selbst zurück,
Und ein unbeschreiblich Sehnen
Zieht mich zu der Welt zurück.

Sterbeglocken

Nun legen sich die Wogen,
Und die Gewitter schwül
Sind all hinabgezogen,
Mir wird das Herz so kühl.

Die Täler alle dunkeln,
Ist denn das Morgenzeit?
Wie schön die Gipfel funkeln,
Und Glocken hör ich weit.

So hell noch niemals klangen
Sie übern Waldessaum –
Wo war ich denn so lange?
Das war ein schwerer Traum.

Der Pilger

1

Man setzt uns auf die Schwelle,
Wir wissen nicht, woher?
Da glüht der Morgen helle,
Hinaus verlangt uns sehr.
Der Erde Klang und Bilder,
Tiefblaue Frühlingslust,
Verlockend wild und wilder,

Bewegen da die Brust.
Bald wird es rings so schwüle,
Die Welt eratmet kaum,
Berg', Schloß und Wälder kühle
Stehn lautlos wie im Traum,
Und ein geheimes Grausen
Beschleichet unsern Sinn:
Wir sehnen uns nach Hause
Und wissen nicht, wohin?

2

Dein Wille, Herr, geschehe!
Verdunkelt schweigt das Land,
Im Zug der Wetter sehe
Ich schauernd Deine Hand.
O mit uns Sündern gehe
Erbarmend ins Gericht!
Ich beug im tiefsten Wehe
Zum Staub mein Angesicht,
Dein Wille, Herr, geschehe!

3

Schlag mit den flammgen Flügeln!
Wenn Blitz aus Blitz sich reißt:
Steht wie in Rossesbügeln
So ritterlich mein Geist.

Waldesrauschen, Wetterblicken
Macht recht die Seele los,
Da grüßt sie mit Entzücken,
Was wahrhaft, ernst und groß.

Es schiffen die Gedanken
Fern wie auf weitem Meer,
Wie auch die Wogen schwanken:
Die Segel schwellen mehr.

Herr Gott, es wacht Dein Wille,
Ob Tag und Lust verwehn,
Mein Herz wird mir so stille
Und wird nicht untergehn.

4

So laß herein nun brechen
Die Brandung, wie sie will,
Du darfst ein Wort nur sprechen,
So wird der Abgrund still;
Und bricht die letzte Brücke,
Zu Dir, der treulich steht,
Hebt über Not und Glücke
Mich einsam das Gebet.

5

Wie ein todeswunder Streiter,
Der den Weg verloren hat,
Schwank ich nun und kann nicht weiter,
Von dem Leben sterbensmatt.
Nacht schon decket alle Müden
Und so still ists um mich her,
Herr, auch mir gib endlich Frieden,
Denn ich wünsch und hoff nichts mehr.

6

Wie oft wollt mich die Welt ermüden,
Ich beugt aufs Schwert mein Angesicht
Und bat Dich frevelhaft um Frieden –
Du wußtests besser, gabst ihn nicht.

Ich sah in Nacht das Land vergehen,
In Blitzen Du die Wetter brachst,
Da konnt ich schauernd erst verstehen,
Was Du zu mir Erschrocknem sprachst:

»Meine Lieder sind nicht deine Lieder,
Leg ab den falschen Schmuck der Zeit
Und nimm das Kreuz, dann komme wieder
In deines Herzens Einsamkeit.«

Und alle Bilder ferne treten,
Und tief noch rauschet kaum die Rund –
Wie geht ein wunderbares Beten
Mir leuchtend durch der Seele Grund!

Der Pilot

Glaube stehet still erhoben
Überm nächtgen Wellenklang,
Lieset in den Sternen droben
Fromm des Schiffleins sichern Gang.

Liebe schwellet sanft die Segel,
Dämmernd zwischen Tag und Nacht
Schweifen Paradiesesvögel,
Ob der Morgen bald erwacht?

Morgen will sich kühn entzünden,
Nun wirds mir auf einmal kund:
Hoffnung wird die Heimat finden
Und den stillen Ankergrund.

Der Einsiedler

Komm, Trost der Welt, du stille Nacht!
Wie steigst du von den Bergen sacht,
Die Lüfte alle schlafen,
Ein Schiffer nur noch, wandermüd,
Singt übers Meer sein Abendlied
Zu Gottes Lob im Hafen.

Die Jahre wie die Wolken gehn
Und lassen mich hier einsam stehn,
Die Welt hat mich vergessen,
Da tratst du wunderbar zu mir,
Wenn ich beim Waldesrauschen hier
Gedankenvoll gesessen.

O Trost der Welt, du stille Nacht!
Der Tag hat mich so müd gemacht,
Das weite Meer schon dunkelt,
Laß ausruhn mich von Lust und Not,
Bis daß das ewge Morgenrot
Den stillen Wald durchfunkelt.

Der Sänger

I

Siehst du die Wälder glühen,
Die Ströme flammend sprühen,
Die Welt im Abendgluten
Wie träumerische Fluten,
Wo blühnde Inseln trunken
Sich spiegeln in dem Duft? –
Es weht und rauscht und ruft:
O komm, eh wir versunken!

Eh noch die Sonn versunken:
Gehn durch die goldnen Funken
Still Engel in den Talen,
Das gibt so leuchtend Strahlen
In Blumen rings und Zweigen. –
Wie frommer Widerhall
Weht noch der Glocken Schall,
Wenn längst die Täler schweigen.

Leis wächst durchs dunkle Schweigen
Ein Flüstern rings und Neigen
Wie ein geheimes Singen,
In immer weitern Ringen
Ziehts alle, die da lauschen,
In seine duftge Rund,
Wo kühl im stillen Grund
Die Wasserkünste rauschen.

Wie Wald und Strom im Rauschen
Verlockend Worte tauschen!
Was ists, daß ich ergrause? –
Führt doch aus stillem Hause
Der Hirt die goldne Herde,

Und hütet treu und wacht,
So lieblich weht die Nacht,
Lind säuselt kaum die Erde.

2

Und zu den Felsengängen
Der nächtge Sänger flieht,
Denn wie mit Wahnsinns Klängen
Treibt ihn sein eignes Lied.

Bei leuchtenden Gewittern
Schreckt ihn das stille Land,
Ein wunderbar Erschüttern
Hat ihm das Herz gewandt.

Bereuend sinkt sein Auge –
Da blickt durch Nacht und Schmerz
Ein unsichtbares Auge
Ihm klar ins tiefste Herz.

Ein Saitenspiel zur Stunde
Wirft er in tiefsten Schlund,
Und weint aus Herzensgrunde,
Und ewig schweigt sein Mund.

Morgendämmerung

Es ist ein still Erwarten in den Bäumen,
Die Nachtigallen in den Büschen schlagen
In irren Klagen, könnens doch nicht sagen,
Die Schmerzen all und Wonne, halb in Träumen.

Die Lerche auch will nicht die Zeit versäumen,
Da solches Schallen bringt die Luft getragen,
Schwingt sich vom Tal, ehs noch beginnt zu tagen,
Im ersten Strahl die Flügel sich zu säumen.

Ich aber stand schon lange in dem Garten
Und bin ins stille Feld hinausgegangen,
Wo leis die Ähren an zu wogen fingen.

O fromme Vöglein, ihr und ich, wir warten
Aufs frohe Licht, da ist uns vor Verlangen
Bei stiller Nacht erwacht so sehnend Singen.

Das Gebet

Wen hat nicht einmal Angst befallen,
Wenn Trübnis ihn gefangen hält,
Als müßt er ewig rastlos wallen
Nach einer wunderbaren Welt?
All Freunde sind lang fortgezogen,
Der Frühling weint in einem fort,
Eine Brücke ist der Regenbogen
Zum friedlich sichern Heimatsport.

Hinauszuschlagen in die Töne,
Lockt dich Natur mit wilder Lust,
Zieht Minne, holde Frauenschöne
Zum Abgrund süß die selge Brust;
Den Tod siehst du verhüllet gehen
Durch Lieb und Leben himmelwärts,
Ein einzig Wunder nur bleibt stehen
Einsam über dem öden Schmerz. –

Du seltner Pilger, laß dich warnen!
Aus irdscher Lust und Zauberei,
Die freud- und leidvoll dich umgarnen,
Strecke zu Gott die Arme frei!
Nichts mehr mußt du hienieden haben,
Himmlisch betrübt, verlassen, arm,
Ein treues Kind, dem Vater klagen
Die irdsche Lust, den irdschen Harm.

Es breitet diese einzge Stunde
Sich übers ganze Leben still,
Legt blühend sich um deine Wunde,
Die niemals wieder heilen will.
Treu bleibt der Himmel stets dem Treuen,
Zur Erd das Irdsche niedergeht,
Zum Himmel über Zaubereien
Geht ewig siegreich das Gebet.

Sonntag

Die Nacht war kaum verblühet,
Nur eine Lerche sang
Die stille Luft entlang.
Wen grüßt sie schon so frühe?

Und draußen in dem Garten
Die Bäume übers Haus
Sahn weit ins Land hinaus,
Als ob sie wen erwarten.

In festlichen Gewanden
Wie eine Kinderschar,
Tauperlen in dem Haar,
Die Blumen alle standen.

Ich dacht: ihr kleinen Bräute,
Was schmückt ihr euch so sehr? –
Da blickt' die eine her:
»Still, still, 's ist Sonntag heute.«

»Schon klingen Morgenglocken,
Der liebe Gott nun bald
Geht durch den stillen Wald.«
Da kniet ich froherschrocken.

Nachtgebet

Es rauschte leise in den Bäumen,
Ich hörte nur der Ströme Lauf,
Und Berg und Gründe, wie aus Träumen,
Sie sahn so fremd zu mir herauf.

Drin aber in der stillen Halle
Ruht' Sang und Plaudern müde aus,
Es schliefen meine Lieben alle,
Kaum wieder kannt ich nun mein Haus.

Mir wars, als lägen sie zur Stunde
Gestorben, bleich im Mondenschein,
Und schauernd in der weiten Runde
Fühlt ich auf einmal mich allein.

So blickt in Meeres öden Reichen
Ein Schiffer einsam himmelan –
O Herr, wenn einst die Ufer weichen,
Sei gnädig Du dem Steuermann!

Ostern

Vom Münster Trauerglocken klingen,
Vom Tal ein Jauchzen schallt herauf.
Zur Ruh sie dort dem Toten singen,
Die Lerchen jubeln: Wache auf!
Mit Erde sie ihn still bedecken,
Das Grün aus allen Gräbern bricht,
Die Ströme hell durchs Land sich strecken,
Der Wald ernst wie in Träumen spricht,
Und bei den Klängen, Jauchzen, Trauern,
Soweit ins Land man schauen mag,
Es ist ein tiefes Frühlingsschauern
Als wie ein Auferstehungstag.

Weihnachten

Markt und Straßen stehn verlassen,
Still erleuchtet jedes Haus,
Sinnend geh ich durch die Gassen,
Alles sieht so festlich aus.

An den Fenstern haben Frauen
Buntes Spielzeug fromm geschmückt,
Tausend Kindlein stehn und schauen,
Sind so wunderstill beglückt.

Und ich wandre aus den Mauern
Bis hinaus ins freie Feld,
Hehres Glänzen, heilges Schauern!
Wie so weit und still die Welt!

Sterne hoch die Kreise schlingen,
Aus des Schnees Einsamkeit
Steigts wie wunderbares Singen –
O du gnadenreiche Zeit!

Abschied

Abendlich schon rauscht der Wald
Aus den tiefen Gründen,
Droben wird der Herr nun bald
An die Sterne zünden,
Wie so stille in den Schlünden,
Abendlich nur rauscht der Wald.

Alles geht zu seiner Ruh,
Wald und Welt versausen,
Schauernd hört der Wandrer zu,
Sehnt sich recht nach Hause,
Hier in Waldes grüner Klause
Herz, geh endlich auch zur Ruh!

Mondnacht

Es war, als hätt der Himmel
Die Erde still geküßt,
Daß sie im Blütenschimmer
Von ihm nun träumen müßt.

Die Luft ging durch die Felder,
Die Ähren wogten sacht,
Es rauschten leis die Wälder,
So sternklar war die Nacht.

Und meine Seele spannte
Weit ihre Flügel aus,
Flog durch die stillen Lande,
Als flöge sie nach Haus.

Glück auf

Gar viel hab ich versucht, gekämpft, ertragen;
Das ist der tiefen Sehnsucht Lebenslauf,
Daß brünstig sie an jeden Fels muß schlagen,
Ob sich des Lichtes Gnadentür tät auf,
Wie ein verschütt'ter Bergmann in den Klüften
Heraus sich hauet zu den heitern Lüften.

Auch ich gelang' einst zu dem stillen Gipfel,
Vor dem mich schaudert in geheimer Lust.
Tief unten rauschen da des Lebens Wipfel
Noch einmal dunkelrührend an die Brust,
Dann wird es unten still im weiten Grunde
Und oben leuchtet streng des Himmels Runde.

Wie klein wird sein da, was mich hat gehalten,
Wie wenig, was ich Irrender vollbracht,
Doch was den Felsen gläubig hat gespalten:
Die Sehnsucht treu steigt mit mir aus der Nacht
Und legt mir an die wunderbaren Schwingen,
Die durch die Stille mich nach Hause bringen.

Nachtlied

Vergangen ist der lichte Tag,
Von ferne kommt der Glocken Schlag;
So reist die Zeit die ganze Nacht,
Nimmt manchen mit, ders nicht gedacht.

Wo ist nun hin die bunte Lust,
Des Freundes Trost und treue Brust,
Des Weibes süßer Augenschein?
Will keiner mit mir munter sein?

Da's nun so stille auf der Welt,
Ziehn Wolken einsam übers Feld,
Und Feld und Baum besprechen sich, –
O Menschenkind! was schauert dich?

Wie weit die falsche Welt auch sei,
Bleibt mir doch Einer nur getreu,
Der mit mir weint, der mit mir wacht,
Wenn ich nur recht an ihn gedacht.

Frisch auf denn, liebe Nachtigall,
Du Wasserfall mit hellem Schall!
Gott loben wollen wir vereint,
Bis daß der lichte Morgen scheint!

Stimmen der Nacht

1

Weit tiefe, bleiche, stille Felder –
O wie mich das freut,
Über alle, alle Täler, Wälder
Die prächtige Einsamkeit!

Aus der Stadt nur schlagen die Glocken
Über die Wipfel herein,
Ein Reh hebt den Kopf erschrocken
Und schlummert gleich wieder ein.

Der Wald aber rühret die Wipfel
Im Schlaf von der Felsenwand,
Denn der Herr geht über die Gipfel
Und segnet das stille Land.

2

Nächtlich wandern alle Flüsse,
Und der Himmel, Stern auf Stern,
Sendet so viel tausend Grüße,
Daß die Wälder nah und fern
Schauernd rauschen in den Gründen;
Nur der Mensch, dem Tod geweiht,
Träumet fort von seinen Sünden
In der stillen Gnadenzeit.

Herbstweh

1

So still in den Feldern allen,
Der Garten ist lange verblüht,
Man hört nur flüsternd die Blätter fallen,
Die Erde schläfert – ich bin so müd.

2

Es schüttelt die welken Blätter der Wald,
Mich friert, ich bin schon alt,
Bald kommt der Winter und fällt der Schnee,
Bedeckt den Garten und mich und alles, alles Weh.

Winternacht

Verschneit liegt rings die ganze Welt,
Ich hab nichts, was mich freuet,
Verlassen steht der Baum im Feld,
Hat längst sein Laub verstreuet.

Der Wind nur geht bei stiller Nacht
Und rüttelt an dem Baume,
Da rührt er seinen Wipfel sacht
Und redet wie im Traume.

Er träumt von künftger Frühlingszeit,
Von Grün und Quellenrauschen,
Wo er im neuen Blütenkleid
Zu Gottes Lob wird rauschen.

Trost

Der jagt dahin, daß die Rosse schnaufen,
Der muß im Staub daneben laufen;
Aber die Nacht holt beide ein,
Setzt jenen im Traume neben die Rosse
Und den andern in seine Karosse. –
Wer fährt nun fröhlicher? Der da wacht,
Oder der blinde Passagier bei Nacht?

Dank

Mein Gott, Dir sag ich Dank,
Daß Du die Jugend mir bis über alle Wipfel
In Morgenrot getaucht und Klang,
Und auf des Lebens Gipfel,
Bevor der Tag geendet,
Vom Herzen unbewacht
Den falschen Glanz gewendet,
Daß ich nicht taumle ruhmgeblendet,
Da nun herein die Nacht
Dunkelt in ernster Pracht.

Kurze Fahrt

Posthorn, wie so keck und fröhlich
Brachst du einst den Morgen an,
Vor mir lags so frühlingsselig,
Daß ich still auf Lieder sann.

Dunkel rauscht es schon im Walde,
Wie so abendkühl wirds hier,
Schwager, stoß ins Horn – wie balde
Sind auch wir im Nachtquartier!

Schifferspruch

Wenn die Wogen unten toben,
Menschenwitz zu Schanden wird,
Weist mit feurgen Zügen droben
Heimwärts dich der Wogen Hirt.
Sollst nach keinem andern fragen,
Nicht zurückschaun nach dem Land,
Faß das Steuer, laß das Zagen!
Aufgerollt hat Gottes Hand
Diese Wogen zum Befahren
Und die Sterne, dich zu wahren.

So oder so

Die handeln und die dichten,
Das ist der Lebenslauf,
Der eine macht Geschichten,
Der andre schreibt sie auf,
Und der will beide richten;
So schreibt und treibt sichs fort,
Der Herr wird alles schlichten,
Verloren ist kein Wort.

Walt' Gott!

Gestern stürmts noch, und am Morgen
Blühet schon das ganze Land –
Will auch nicht für morgen sorgen,
Alles steht in Gottes Hand.

Putz dich nur in Gold und Seiden:
In dem Felde über Nacht
Engel Gotts die Lilien kleiden,
Schöner als du's je gedacht.

Sonn dich auf des Lebens Gipfeln;
Über deinem stolzen Haus
Singt der Vogel in den Wipfeln,
Schwingt sich über dich hinaus!

Vögel nicht, noch Blumen sorgen,
Hat doch jedes sein Gewand –
Wie so fröhlich rauscht der Morgen!
Alles steht in Gottes Hand.

Schiffergruß

Stolzes Schiff mit seidnen Schwingen,
Fährst mein Boot zu Grunde schier,
Sang von Bord und Lauten klingen,
O du fröhlicher Schiffsherr dir;
Ich muß selbst mein Lied mir singen,
Nur der Sturmwind singt mit mir.

Stolzes Schiff, wenn deine Feuer
Nachts verlöscht: beim falben Licht
Steht ein Fremder an dem Steuer,

Mit den Winden laut er spricht,
Und die Wogen rauschen scheuer –
Trau dem finstern Bootsmann nicht!

Gleiche Winde, gleiche Wellen,
Reiches Schiff und armes Boot
Nach demselben Strande schwellen,
Deine Hoffart, meine Not
Wird an *einem* Riff zerschellen,
Denn der Bootsmann ist der Tod.

Todeslust

Bevor er in die blaue Flut gesunken,
Träumt noch der Schwan und singet todestrunken;
Die sommermüde Erde im Verblühen
Läßt all ihr Feuer in den Trauben glühen;
Die Sonne, Funken sprühend, im Versinken,
Gibt noch einmal der Erde Glut zu trinken,
Bis, Stern auf Stern, die Trunkne zu umfangen,
Die wunderbare Nacht ist aufgegangen.

Warnung

Aus ist dein Urlaub und die Laut' zerschlagen,
Nachts aus der stillen Stadt nun mußt du gehen,
Die Wetterfahnen nur im Wind sich drehen,
Dein Tritt verhallt, mag niemand nach dir fragen.

Doch draußen waldwärts, wo du herstammst, ragen
Die Zinnen noch der goldnen Burg, es gehen
Die Wachen schildernd auf dem Wall, das Wehen
Der Nacht bringt ihren Ruf ins Land getragen.

Der Engel dort mit seinem Flammendegen
Steht blankgerüstet noch, das Tor zu hüten,
Und wird dich mit den ersten Blicken messen,

Die manches Herze schon zu Asche glühten.
Hast du Parol und Feldgeschrei vergessen:
Weh! wo nun willst dein müdes Haupt hinlegen?

Die heilige Mutter

Es ist ein Meer, von Schiffen irr durchflogen,
Die steuern rastlos nach den falschen Landen,
Die alle suchen und wo alle stranden
Auf schwanker Flut, die jeden noch betrogen.

Es ist im wüsten Meer ein Felsenbogen,
An dem die sturmgepeitschten Wellen branden
Und aller Zorn der Tiefe wird zu Schanden,
Die nach dem Himmel zielt mit trüben Wogen.

Und auf dem Fels die mildeste der Frauen
Zählt ihre Kinder und der Schiffe Trümmer,
Stillbetend, daß sich rings die Stürme legen.

Das sind die treuen Augen, himmelblauen –
Mein Schiff versenk ich hinter mir auf immer,
Hier bin ich, Mutter, gib mir Deinen Segen!

Mahnung

Genug gemeistert nun die Weltgeschichte!
Die Sterne, die durch alle Zeiten tagen,
Ihr wolltet sie mit frecher Hand zerschlagen
Und jeder leuchten mit dem eignen Lichte.

Doch unaufhaltsam rucken die Gewichte,
Von selbst die Glocken von den Türmen schlagen,
Der alte Zeiger, ohne euch zu fragen,
Weist flammend auf die Stunde der Gerichte.

O stille Schauer, wunderbares Schweigen,
Wenn heimlichflüsternd sich die Wälder neigen,
Die Täler alle geisterbleich versanken,

Und in Gewittern von den Bergesspitzen
Der Herr die Weltgeschichte schreibt mit Blitzen –
Denn seine sind nicht euere Gedanken.

Wacht auf!

Es ist ein Kirchlein zwischen Felsenbogen
So tief versteckt: wie in den alten Sagen
Hat nächtens drin die Glocke angeschlagen,
Weiß keiner, wer die Glocken hat gezogen.

Erwache, Steuermann! hoch gehn die Wogen;
Ihr Hirten auf, die Herden nach euch fragen;
Ihr Wächter sollt an Schloß und Hütten schlagen,
Wacht auf, wacht auf, bevor der Klang verflogen!

Denn Heerschau halten will in deutschen Gauen
Der Herr und zählen, die ihm treu geblieben,
Eh er den Engel mit dem Schwerte sendet.

Schon brichts so dunkelrot durchs Morgengrauen,
Obs Blut bedeutet oder feurges Lieben,
Es steht in Gottes Hand, die niemand wendet.

Im Alter

Wie wird nun alles so stille wieder!
So war mirs oft in der Kinderzeit,
Die Bäche gehen rauschend nieder
Durch die dämmernde Einsamkeit,
Kaum noch hört man einen Hirten singen,
Aus allen Dörfern, Schluchten, weit
Die Abendglocken herüberklingen,
Versunken nun mit Lust und Leid
Die Täler, die noch einmal blitzen,
Nur hinter dem stillen Walde weit
Noch Abendröte an den Bergesspitzen,
Wie Morgenrot der Ewigkeit.

Memento mori

Schnapp Austern, Dukaten,
Mußt dennoch sterben!
Dann tafeln die Maden
Und lachen die Erben.

Die Flucht der heiligen Familie

Länger fallen schon die Schatten,
Durch die kühle Abendluft,
Waldwärts über stille Matten
Schreitet Joseph von der Kluft,
Führt den Esel treu am Zügel;
Linde Lüfte fächeln kaum,
's sind der Engel leise Flügel,
Die das Kindlein sieht im Traum,
Und Maria schauet nieder
Auf das Kind voll Lust und Leid,
Singt im Herzen Wiegenlieder
In der stillen Einsamkeit.
Die Johanniswürmchen kreisen
Emsig leuchtend übern Weg,
Wollen der Mutter Gottes weisen
Durch die Wildnis jeden Steg,
Und durchs Gras geht süßes Schaudern,
Streift es ihres Mantels Saum;
Bächlein auch läßt jetzt sein Plaudern
Und die Wälder flüstern kaum,
Daß sie nicht die Flucht verraten.
Und das Kindlein hob die Hand,
Da sie ihm so Liebes taten,
Segnete das stille Land,
Daß die Erd mit Blumen, Bäumen
Fernerhin in Ewigkeit
Nächtlich muß vom Himmel träumen –
O gebenedeite Zeit!

Marienlied

Wenn ins Land die Wetter hängen
Und der Mensch erschrocken steht,
Wendet, wie mit Glockenklängen,
Die Gewitter Dein Gebet,
Und wo aus den grauen Wogen
Weinend auftaucht das Gefild,
Segnest Du's vom Regenbogen –
Mutter, ach, wie bist Du mild!

Wenns einst dunkelt auf den Gipfeln
Und der kühle Abend sacht
Niederrauschet in den Wipfeln:
O Maria, heilge Nacht!
Laß mich nimmer wie die andern,
Decke zu der letzten Ruh
Mütterlich den müden Wandrer
Mit dem Sternenmantel zu.

Durch!

Ein Adler saß am Felsenbogen,
Den lockt' der Sturm weit übers Meer,
Da hatt er droben sich verflogen,
Er fand sein Felsennest nicht mehr,
Tief unten sah er kaum noch liegen
Verdämmernd Wald und Land und Meer,
Mußt' höher, immer höher fliegen,
Ob nicht der Himmel offen wär.

VII. Romanzen

Aus schweren Träumen
Fuhr ich oft auf und sah durch Tannenwipfel
Den Mond ziehn übern stillen Grund und sang
Vor Bangigkeit und schlummert wieder ein. –
Ja, Menschenstimme, hell aus frommer Brust!
Du bist doch die gewaltigste, und triffst
Den rechten Grundton, der verworren anklingt
In all den tausend Stimmen der Natur!

Die Zauberin im Walde

»Schon vor vielen, vielen Jahren
Saß ich drüben an dem Ufer,
Sah manch Schiff vorüber fahren
Weit hinein ins Waldesdunkel.«

»Denn ein Vogel jeden Frühling
An dem grünen Waldessaume
Sang mit wunderbarem Schalle,
Wie ein Waldhorn klangs im Traume.«

»Und gar seltsam hohe Blumen
Standen an dem Rand der Schlünde,
Sprach der Strom so dunkle Worte,
's war, als ob ich sie verstünde.«

»Und wie ich so sinnend atme
Stromeskühl' und Waldesdüfte,
Und ein wundersam Gelüsten
Mich hinabzog nach den Klüften:«

»Sah ich auf kristallnem Nachen,
Tief im Herzensgrund erschrocken,
Eine wunderschöne Fraue,
Ganz umwallt von goldnen Locken.«

»Und von ihrem Hals behende
Tät sie lösen eine Kette,
Reicht' mit ihren weißen Händen
Mir die allerschönste Perle.«

»Nur ein Wort von fremdem Klange
Sprach sie da mit rotem Munde,
Doch im Herzen ewig stehen
Wird des Worts geheime Kunde.«

»Seitdem saß ich wie gebannt dort,
Und wenn neu der Lenz erwachte,
Immer von dem Halsgeschmeide
Eine Perle sie mir brachte.«

»Ich barg all im Waldesgrunde,
Und aus jeder Perl der Fraue
Sproßte eine Blum zur Stunde,
Wie ihr Auge anzuschauen.«

»Und so bin ich aufgewachsen,
Tat der Blumen treulich warten,
Schlummert' oft und träumte golden
In dem schwülen Waldesgarten.«

»Fortgespült ist nun der Garten
Und die Blumen all verschwunden,
Und die Gegend, wo sie standen,
Hab ich nimmermehr gefunden.«

»In der Fern liegt jetzt mein Leben,
Breitend sich wie junge Träume,
Schimmert stets so seltsam lockend
Durch die alten, dunklen Bäume.«

»Jetzt erst weiß ich, was der Vogel
Ewig ruft so bange, bange,
Unbekannt zieht ewge Treue
Mich hinunter zu dem Sange.«

»Wie die Wälder kühle rauschen,
Zwischendurch das alte Rufen,
Wo bin ich so lang gewesen? –
O ich muß hinab zur Ruhe!«

Und es stieg vom Schloß hinunter
Schnell der süße Florimunde,
Weit hinab und immer weiter
Zu dem dunkelgrünen Grunde.

Hört die Ströme stärker rauschen,
Sah in Nacht des Vaters Burge
Stillerleuchtet ferne stehen,
Alles Leben weit versunken.

Und der Vater schaut' vom Berge,
Schaut' zum dunklen Grunde immer,
Regte sich der Wald so grausig,
Doch den Sohn erblickt' er nimmer.

Und es kam der Winter balde,
Und viel Lenze kehrten wieder,
Doch der Vogel in dem Walde
Sang nie mehr die Wunderlieder.

Und das Waldhorn war verklungen
Und die Zauberin verschwunden,
Wollte keinen andern haben
Nach dem süßen Florimunde. –

Die Riesen

Hoch über blauen Bergen
Da steht ein schönes Schloß,
Das hütet von Gezwergen
Ein wunderlicher Troß.

Da ist ein Lautenschlagen
Und Singen insgemein,
Die Lüfte es vertragen
Weit in das Land hinein.

Und wenn die Länder schweigen,
Funkelnd im Abendtau,
Soll manchmal dort sich zeigen
Eine wunderschöne Frau.

Da schworen alle Riesen,
Zu holen sie als Braut,
Mit Leitern da und Spießen
Sie stapften gleich durchs Kraut.

Da krachte manche Leiter,
Sie wunderten sich sehr:
Die Wildnis wuchs, je weiter
Je höher rings umher.

Sie waren recht bei Stimme
Und zankten um ihren Schatz,
Und fluchten in großem Grimme,
Und fanden nicht den Platz.

Und bei dem Lärm sie stunden
In Wolken bis an die Knie,
Das Schloß, das war verschwunden,
Und wußten gar nicht wie. –

Aber wie ein Regenbogen
Glänzts drüben durch die Luft,
Sie hatt indes gezogen
Neue Gärten in den Duft.

Der Götter Irrfahrt

(Nach einer Volkssage der Tongainseln)

I

Unten endlos nichts als Wasser,
Droben Himmel still und weit,
Nur das Götterland, das blasse,
Lag in Meereseinsamkeit,
Wo auf farbenlosen Matten
Gipfel wie in Träumen stehn,
Und Gestalten ohne Schatten
Ewig lautlos sich ergehn.

Zwischen grauen Wolkenschweifen
Die verschlafen Berg und Flut
Mit den langen Schleiern streifen,
Hoch der Göttervater ruht.
Heut zu fischen ihn gelüstet,
Und vom zack'gen Felsenhang
In des Meeres grüne Wüste
Senket er die Schnur zum Fang.

Sinnend sitzt er, und es flattern
Bart und Haar im Sturme weit,
Und die Zeit wird ihm so lange
In der stillen Ewigkeit.
Da fühlt er die Angel zucken:
»Ei, das ist ein schwerer Fisch!«
Freudig fängt er an zu rucken,
Stemmt sich, zieht und windet frisch.

Sieh, da hebt er Felsenspitzen
Langsam aus der Wasser Grund,
Und erschrocken aus den Ritzen
Schießen schuppge Schlangen bunt;
Ringelnd' Ungetüm' der Tiefen,
Die im öden Wogenhaus
In der grünen Dämmrung schliefen,
Stürzen sich ins Meer hinaus.

Doch der Vater hebt aufs neue,
Und Gebirge, Tal und Strand
Taucht allmählich auf ins Freie,
Und es grünt das junge Land,
Irrend farb'ge Lichter schweifen
Und von Blumen glänzt die Flur,
Wo des Vaters Blick' sie streifen –
Da zerreißt die Angelschnur.

Wie 'ne liebliche Sirene
Halb nun überm Wellenglanz,
Staunend ob der eignen Schöne,
Schwebt es mit dem Blütenkranz,
Bei der Lüfte lindem Fächeln
Sich im Meer, das rosig brennt,
Spiegelnd mit verschämtem Lächeln –
Erde sie der Vater nennt.

2

Staunend auf den Göttersitzen
Die Unsterblichen nun stehn,
Sehn den Morgen drüben blitzen,
Fühlen Duft herüberwehn,
Und so süßes Weh sie spüren,
Lösen leis ihr Schiff vom Strand,
Und die Lüfte sie verführen
Fern durchs Meer zum jungen Land.

O wie da die Quellen sprangen
In die tiefe Blütenpracht
Und Lianen dort sich schlangen
Glühend durch die Waldesnacht!
Und die Wandrer trunken lauschen,
Wo die Wasserfälle gehn,
Bis sie in dem Frühlingsrauschen
Plötzlich all erschrocken stehn:

Denn sie sehn zum ersten Male
Nun die Sonne niedergehn.
Und verwundert Berg' und Tale
Tief im Abendrote stehn,
Und der schönste Gott von allen
Sank erbleichend in den Duft,
Denn dem Tode ist verfallen,
Wer geatmet irdsche Luft.

Die Genossen faßt ein Grauen,
Und sie fahren weit ins Meer,
Nach des Vaters Haus sie schauen,
Doch sie findens nimmermehr.
Mußten aus den Wogenwüsten
Ihrer Schiffe Schnäbel drehn

Wieder nach des Eilands Küsten,
Ach, das war so falsch und schön!

Und für immer da verschlagen
Blieben sie im fremden Land,
Hörten nachts des Vaters Klagen
Oft noch fern vom Götterstrand. –
Und nun Kindeskinder müssen
Nach der Heimat sehn ins Meer,
Und es kommt im Wind ein Grüßen,
Und sie wissen nicht woher.

Die Brautfahrt

Durch des Meeresschlosses Hallen
Auf bespültem Felsenhang
Weht der Hörner festlich Schallen;
Froher Hochzeitsgäste Drang,
Bei der Kerzen Zauberglanze,
Wogt im buntverschlungnen Tanze.

Aber an des Fensters Bogen,
Ferne von der lauten Pracht,
Schaut der Bräutgam in die Wogen
Draußen in der finstern Nacht,
Und die trunknen Blicke schreiten
Furchtlos durch die öden Weiten.

»Lieblich«, sprach der wilde Ritter
Zu der zarten, schönen Braut,
»Lieblich girrt die sanfte Zither –
Sturm ist *meiner* Seele Laut,
Und der Wogen dumpfes Brausen
Hebt das Herz in kühnem Grausen.

Ich kann hier nicht müßig lauern,
Treiben auf dem flachen Sand,
Dieser Kreis von Felsenmauern
Hält mein Leben nicht umspannt;
Schönre Länder blühen ferne,
Das verkünden mir die Sterne.

Du mußt glauben, du mußt wagen,
Und, den Argonauten gleich,
Wird die Woge fromm dich tragen
In das wunderbare Reich;
Mutig streitend mit den Winden,
Muß ich meine Heimat finden!

Siehst du, heißer Sehnsucht Flügel,
Weiße Segel dort gespannt?
Hörst du tief die feuchten Hügel
Schlagen an die Felsenwand?
Das ist Sang zum Hochzeitsreigen –
Willst du mit mir niedersteigen?

Kannst du rechte Liebe fassen,
Nun so frage, zaudre nicht!
Schloß und Garten mußt du lassen
Und der Eltern Angesicht –
Auf der Flut mit mir alleine,
Da erst, Liebchen, bist du meine!«

Schweigend sieht ihn an die milde
Braut mit schauerlicher Lust,
Sinkt dem kühnen Ritterbilde
Trunken an die stolze Brust:
»Dir hab ich mein Los ergeben,
Schalte nun mit meinem Leben.«

Und er trägt die süße Beute
Jubelnd aus dem Schloß aufs Schiff,
Drunten harren seine Leute,
Stoßen froh vom Felsenriff;
Und die Hörner leis verhallen,
Einsam rings die Wogen schallen.

Wie die Sterne matter blinken
In die morgenrote Flut,
Sieht sie fern die Berge sinken,
Flammend steigt die hehre Glut,
Überm Spiegel trunkner Wellen
Rauschender die Segel schwellen.

Monde steigen und sich neigen,
Lieblich weht schon fremde Luft,
Da sehn sie ein Eiland steigen
Feenhaft aus blauem Duft,
Wie ein farbger Blumenstreifen –
Meerwärts fremde Vögel schweifen.

Alle faßt ein freudges Beben –
Aber dunkler rauscht das Meer,
Schwarze Wetter schwer sich heben,
Stille wird es rings umher,
Und nur freudiger und treuer
Steht der Ritter an dem Steuer.

Und nun flattern wilde Blitze,
Sturm rast um den Felsenriff,
Und von grimmer Wogen Spitze
Stürzt geborsten sich das Schiff.
Schwankend auf des Mastes Splitter,
Schlingt die Braut sich um den Ritter.

Und die Müde in den Armen,
Springt er abwärts, sinkt und ringt,
Hält den Leib, den blühend warmen,
Bis er alle Wogen zwingt,
Und am Blumenstrand gerettet,
Auf das Gras sein Liebstes bettet.

»Wache auf, wach auf, du Schöne!
Liebesheimat ringsum lacht,
Zaubrisch ringen Duft und Töne,
Wunderbarer Blumen Pracht
Funkelt rings im Morgengolde –
Schau um dich! Wach auf, du Holde!«

Aber frei von Lust und Kummer
Ruht die liebliche Gestalt,
Lächelnd noch im längsten Schlummer,
Und das Herz ist still und kalt,
Still der Himmel, still im Meere,
Schimmernd rings des Taues Zähre.

Und er sinkt zu ihr vor Schmerzen,
Einsam in dem fremden Tal,
Tränen aus dem wilden Herzen
Brechen da zum ersten Mal,
Und vor diesem Todesbilde
Wird die ganze Seele milde.

Von der langen Täuschung trennt er
Schauernd sich – der Stolz entweicht,
Andre Heimat nun erkennt er,
Die kein Segel hier erreicht,
Und an echten Schmerzen ranken
Himmelwärts sich die Gedanken.

Scharrt die Tote ein in Stille,
Pflanzt ein Kreuz hoch auf ihr Grab,
Wirft von sich die seidne Hülle,
Leget Schwert und Mantel ab,
Kleidet sich in rauhe Felle,
Haut in Fels sich die Kapelle.

Überm Rauschen dunkler Wogen
In der wilden Einsamkeit,
Hausend auf dem Felsenbogen,
Ringt er fromm mit seinem Leid,
Hat, da manches Jahr entschwunden,
Heimat, Braut und Ruh gefunden. –

Viele Schiffe drunten gehen
An dem schönen Inselland,
Sehen hoch das Kreuz noch stehen,
Warnend von der Felsenwand;
Und des strengen Büßers Kunde
Gehet fromm von Mund zu Munde.

Vom heiligen Eremiten Wilhelm

Von Jerusalem die Warten
Lagen schon in rotem Duft,
Stand der Patriarch im Garten,
Glockenklang ging durch die Luft.

Kommt ein Pilger da gezogen,
Tritt zu ihm im Abendrot,
Bleich, von struppgem Haar umflogen,
Bettelt um ein Stücklein Brot.

Kommst aus Frankreich, frommer Pilger,
Hör der Heimat Laut so gern!
Kennst du dort den Grafen Wilhelm,
Meinen vorgen Landesherrn?

»Kenn ihn wohl, er hat geschrieben
Feurge Schrift mit blutger Hand,
Hat aus Frankreich dich vertrieben,
Und dein Kloster liegt verbrannt.«

Gott im Himmel, sollt dich kennen,
Wie du so den Blick gewandt,
Bist Graf Wilhelm der Ardennen –
»Also ward ich sonst genannt.«

O mein lieber Herr, am Grabe
Stehen beid als Sünder wir –
Haus und Garten, was ich habe,
Nehmt es hin und rastet hier!

»Bet für mich, ich darf nicht rasten,
Denn ohn Rasten geht die Zeit,
Hart mit Geißeln, Wachen, Fasten
Lieg ich mit der Höll in Streit.

Kron und Land ließ ich den Erben,
Muß mit stürmender Gewalt
Mir ein andres Reich erwerben.« –
Und so schritt er fort zum Wald.

Der Kühne

Und wo noch kein Wandrer gegangen,
Hoch über Jäger und Roß
Die Felsen im Abendrot hangen
Als wie ein Wolkenschloß.

Dort zwischen den Zinnen und Spitzen
Von wilden Nelken umblüht,
Die schönen Waldfrauen sitzen
Und singen im Wind ihr Lied.

Der Jäger schaut nach dem Schlosse:
Die droben das ist mein Lieb! –
Er sprang vom scheuenden Rosse,
Weiß keiner, wo er blieb.

Der Wachtturm

Ich sah im Mondschein liegen
Die Felsen und das Meer,
Ich sah ein Schifflein fliegen
Still durch die Nacht daher.

Ein Ritter saß am Steuer,
Ein Fräulein stand am Bord,
Im Winde weht' ihr Schleier,
Die sprachen kein einzig Wort.

Ich sah verfallen grauen
Das hohe Königshaus,
Den König stehn und schauen
Vom Turm ins Meer hinaus.

Und als das Schiff verschwunden,
Er warf seine Krone nach,
Und aus dem tiefen Grunde
Das Meer wehklagend brach.

Das war der kühne Buhle,
Der ihm sein Kind geraubt,
Der König, der verfluchet
Der eignen Tochter Haupt.

Da hat das Meer mit Toben
Verschlungen Ritter und Maid,
Der König starb da droben
In seiner Einsamkeit.

Nun jede Nacht vor Sturme
Das Schiff vorüberzieht,
Der König von dem Turme
Nach seinem Kinde sieht.

Nachtwanderer

Er reitet nachts auf einem braunen Roß,
Er reitet vorüber an manchem Schloß:
Schlaf droben, mein Kind, bis der Tag erscheint,
Die finstre Nacht ist des Menschen Feind!

Er reitet vorüber an einem Teich,
Da stehet ein schönes Mädchen bleich
Und singt, ihr Hemdlein flattert im Wind:
Vorüber, vorüber, mir graut vor dem Kind!

Er reitet vorüber an einem Fluß,
Da ruft ihm der Wassermann seinen Gruß,

Taucht wieder unter dann mit Gesaus,
Und stille wirds über dem kühlen Haus.

Wann Tag und Nacht in verworrenem Streit,
Schon Hähne krähen in Dörfern weit,
Da schauert sein Roß und wühlet hinab,
Scharret ihm schnaubend sein eigenes Grab.

Der Knabe

Es war ein zartes Vögelein,
Das saß in Lieb gefangen,
Ein Knabe hegt' und pflegt' sichs fein
Wohl hinter goldnen Stangen.

Und draußen hörts auf grünem Plan
Verschiedner Vögel Weisen,
Sah Tag und Nacht den Knaben an,
Mocht nicht mit ihnen reisen.

Und als der Frühling weit und breit
Von neuem schien und schwärmte,
Da tat dem Knaben 's Vöglein leid,
Daß es kein Strahl erwärmte.

Da nahm er aus dem stillen Haus
Das Vöglein fromm und treue,
Und schweift' mit ihm durchs Feld hinaus
Ins himmelblaue Freie.

Er setzt' es vor sich auf die Hand,
Da wend't und putzt sichs feine,
In bunten Farben spielt' und brannt
Sein Kleid im Sonnenscheine.

Doch aus dem Wald ein Singen rief,
Bunt Vöglein ziehn und reisen,
Das lockt so hell, das lockt so tief
In wundersüßen Weisen.

Das Vöglein frisch die Flügel rührt –
Es ruft: Kommst du nicht balde? –
Das hat das Vögelein verführt,
Fort flogs zum grünen Walde –

Nun muß der Knabe einsam gehn,
Klagt über Tal und Hügel:
»Süß Lieb', süß Lieb', wie bist du schön:
Ach, hättst du keine Flügel!« –

Die Nonne und der Ritter

Da die Welt zur Ruh gegangen,
Wacht mit Sternen mein Verlangen;
In der Kühle muß ich lauschen,
Wie die Wellen unten rauschen,

»Fernher mich die Wellen tragen,
Die ans Land so traurig schlagen.
Unter deines Fensters Gitter,
Fraue, kennst du noch den Ritter?«

Ists doch, als ob seltsam' Stimmen
Durch die lauen Lüfte schwimmen;
Wieder hats der Wind genommen –
Ach, mein Herz ist so beklommen!

»Drüben liegt dein Schloß verfallen,
Klagend in den öden Hallen

Aus dem Grund der Wald mich grüßte –
’s war, als ob ich sterben müßte.«

Alte Klänge blühend schreiten!
Wie aus lang versunknen Zeiten
Will mich Wehmut noch bescheinen,
Und ich möcht von Herzen weinen.

»Überm Walde blitzts vom weiten,
Wo um Christi Grab sie streiten;
Dorthin will mein Schiff ich wenden,
Da wird alles, alles enden!«

Geht ein Schiff, ein Mann stand drinne –
Falsche Nacht, verwirrst die Sinne,
Welt Ade! Gott woll bewahren,
Die noch irr im Dunkeln fahren.

Der stille Grund

Der Mondenschein verwirret
Die Täler weit und breit,
Die Bächlein, wie verirret,
Gehn durch die Einsamkeit.

Da drüben sah ich stehen
Den Wald auf steiler Höh,
Die finstern Tannen sehen
In einen tiefen See.

Ein Kahn wohl sah ich ragen,
Doch niemand, der es lenkt,
Das Ruder war zerschlagen,
Das Schifflein halb versenkt.

Eine Nixe auf dem Steine
Flocht dort ihr goldnes Haar,
Sie meint', sie wär alleine,
Und sang so wunderbar.

Sie sang und sang, in den Bäumen
Und Quellen rauscht' es sacht,
Und flüsterte wie in Träumen
Die mondbeglänzte Nacht.

Ich aber stand erschrocken,
Denn über Wald und Kluft
Klangen die Morgenglocken
Schon ferne durch die Luft.

Und hätt ich nicht vernommen
Den Klang zu guter Stund,
Wär nimmermehr gekommen
Aus diesem stillen Grund.

Der Kämpe

Nach drei Jahren kam gefahren
Einsam auf dem Rhein ein Schiff,
Drin gebunden und voll Wunden
Lag ein Rittersmann und rief:

»Still den Garten schön tust warten,
Bleibst am Fenster ofte stehn,
Ruhig scheinst du, heimlich weinst du,
Wie die Schiffe unten gehn.«

»Was vertraust du, warum baust du
Auf der Männer wilde Brust,

Die das Blut ziert und der Streit rührt
Und die schöne Todeslust!«

Oben spinnend, saß sie sinnend –
Schwanden Schiff und Tageslicht,
Was er sunge, war verklungen,
Sie erkannt den Liebsten nicht.

Waldmädchen

Bin ein Feuer hell, das lodert
Von dem grünen Felsenkranz,
Seewind ist mein Buhl und fodert
Mich zum lustgen Wirbeltanz,
Kommt und wechselt unbeständig.
Steigend wild,
Neigend mild,
Meine schlanken Lohen wend ich:
Komm nicht nah mir, ich verbrenn dich!

Wo die wilden Bäche rauschen
Und die hohen Palmen stehn,
Wenn die Jäger heimlich lauschen,
Viele Rehe einsam gehn.
Bin ein Reh, flieg durch die Trümmer,
Über die Höh,
Wo im Schnee
Still die letzten Gipfel schimmern,
Folg mir nicht, erjagst mich nimmer!

Bin ein Vöglein in den Lüften,
Schwing mich übers blaue Meer,
Durch die Wolken von den Klüften
Fliegt kein Pfeil mehr bis hieher,

Und die Au'n und Felsenbogen,
Waldeseinsamkeit
Weit wie weit,
Sind versunken in die Wogen –
Ach, ich habe mich verflogen!

Der Unbekannte

Vom Dorfe schon die Abendglocken klangen,
Die müden Vöglein gingen auch zur Ruh,
Nur auf den Wiesen noch die Heimchen sangen
Und von den Bergen rauscht' der Wald dazu;
Da kam ein Wandrer durch die Ährenwogen,
Aus fernen Landen schien er hergezogen.

Vor seinem Hause, unter blühnden Lauben
Lud ihn ein Mann zum fröhlchen Rasten ein,
Die junge Frau bracht Wein und Brot und Trauben,
Setzt' dann, umspielt vom letzten Abendschein,
Sich neben ihn und blickt halb scheu, halb lose,
Ein lockig Knäblein lächelnd auf dem Schoße.

Ihr dünkt', er wär schon einst im Dorf gewesen,
Und doch so fremd und seltsam war die Tracht,
In seinen Mienen feurge Schrift zu lesen
Gleich Wetterleuchten fern bei stiller Nacht,
Und traf sein Auge sie, wollt' ihr fast grauen,
Denn 's war, wie in den Himmelsgrund zu schauen.

Und wie sich kühler nun die Schatten breiten:
Vom Berg Vesuv, der über Trümmern raucht,
Vom blauen Meer, wo Schwäne singend gleiten,
Kristallnen Inseln, blühend draus getaucht,
Und Glocken, die im Meeresgrunde schlagen,
Wußt wunderbar der schöne Gast zu sagen.

»Hast viel erfahren, willst du ewig wandern?«
Sprach drauf sein Wirt mit herzlichem Vertraun,
»Hier kannst du froh genießen wie die andern,
Am eignen Herd dein kleines Gärtchen baun,
Des Nachbars Töchter haben reiche Truhen,
Ruh endlich aus, brauchst nicht allein zu ruhen.«

Da stand der Wandrer auf, es blühten Sterne
Schon aus dem Dunkel überm stillen Land,
»Gesegn euch Gott! Mein Heimatland liegt ferne. –«
Und als er von den beiden sich gewandt,
Kam himmlisch Klingen von der Waldeswiese –
So sternklar war noch keine Nacht wie diese.

Der stille Freier

Mond, der Hirt, lenkt seine Herde
Einsam übern Wald herauf,
Unten auf der stillen Erde
Wacht verschwiegne Liebe auf.

Fern vom Schlosse Glocken schlagen,
Übern Wald her von der Höh
Bringt der Wind den Schall getragen,
Und erschrocken lauscht das Reh.

Nächtlich um dieselbe Stunde
Hallet Hufschlag, schnaubt ein Roß,
Macht ein Ritter seine Runde
Schweigend um der Liebsten Schloß.

Wenn die Morgensterne blinken,
Totenbleich der Hirte wird,
Und sie müssen all versinken:
Reiter, Herde und der Hirt.

Waldgespräch

Es ist schon spät, es wird schon kalt,
Was reitst du einsam durch den Wald?
Der Wald ist lang, du bist allein,
Du schöne Braut! Ich führ dich heim!

»Groß ist der Männer Trug und List,
Vor Schmerz mein Herz gebrochen ist,
Wohl irrt das Waldhorn her und hin,
O flieh! Du weißt nicht, wer ich bin.«

So reich geschmückt ist Roß und Weib,
So wunderschön der junge Leib,
Jetzt kenn ich dich – Gott steh mir bei!
Du bist die Hexe Lorelei.

»Du kennst mich wohl – von hohem Stein
Schaut still mein Schloß tief in den Rhein.
Es ist schon spät, es wird schon kalt,
Kommst nimmermehr aus diesem Wald!«

Die Saale

Doch manchmal in Sommertagen
Durch die schwüle Einsamkeit
Hört man mittags die Turmuhr schlagen,
Wie aus einer fremden Zeit.

Und ein Schiffer zu dieser Stunde
Sah einst eine schöne Frau
Vom Erker schaun zum Grunde –
Er ruderte schneller vor Graun.

Sie schüttelt' die dunklen Locken
Aus ihrem Angesicht:
»Was ruderst du so erschrocken?
Behüt dich Gott, dich mein ich nicht!«

Sie zog ein Ringlein vom Finger,
Warfs tief in die Saale hinein:
»Und der mir es wiederbringet,
Der soll mein Liebster sein!«

Der alte Garten

Kaiserkron und Päonien rot,
Die müssen verzaubert sein,
Denn Vater und Mutter sind lange tot,
Was blühn sie hier so allein?

Der Springbrunn plaudert noch immerfort
Von der alten schönen Zeit,
Eine Frau sitzt eingeschlafen dort,
Ihre Locken bedecken ihr Kleid.

Sie hat eine Laute in der Hand,
Als ob sie im Schlafe spricht,
Mir ist, als hätt ich sie sonst gekannt –
Still, geh vorbei und weck sie nicht!

Und wenn es dunkelt das Tal entlang,
Streift sie die Saiten sacht,
Da gibts einen wunderbaren Klang
Durch den Garten die ganze Nacht.

Verloren

Still bei Nacht fährt manches Schiff,
Meerfei kämmt ihr Haar am Riff,
Hebt von Inseln an zu singen,
Die im Meer dort untergingen.

Wann die Morgenwinde wehn,
Ist nicht Riff noch Fei zu sehn,
Und das Schifflein ist versunken,
Und der Schiffer ist ertrunken.

Der Schnee

Wann der kalte Schnee zergangen,
Stehst du draußen in der Tür,
Kommt ein Knabe schön gegangen,
Stellt sich freundlich da zu dir,
Lobet deine frischen Wangen,
Dunkle Locken, Augen licht,
Wann der kalte Schnee zergangen,
Glaub dem falschen Herzen nicht!

Wann die lauen Lüfte wehen,
Scheint die Sonne lieblich warm:
Wirst du wohl spazieren gehen,
Und er führet dich am Arm,
Tränen dir im Auge stehen,
Denn so schön klingt, was er spricht,
Wann die lauen Lüfte wehen,
Glaub dem falschen Herzen nicht!

Wann die Lerchen wieder schwirren,
Trittst du draußen vor das Haus,

Doch er mag nicht mit dir irren,
Zog weit in das Land hinaus;
Die Gedanken sich verwirren,
Wie du siehst den Morgen rot, –
Wann die Lerchen wieder schwirren,
Armes Kind, ach wärst du tot!

Die weinende Braut

Du warst so herrlich anzuschauen,
So kühn und wild und doch so lieb,
Dir mußt ich Leib und Seel vertrauen,
Ich mocht nichts mehr, das meine blieb!
Da hast du, Falscher, mich verlassen
Und Blumen, Lust und Frühlingsschein,
Die ganze Welt sah ich erblassen,
Ach Gott, wie bin ich nun allein!

Wohl jahrlang sah ich von den Höhen
Und grüßte dich viel tausendmal,
Und unten sah ich viele gehen,
Doch du erschienst nicht in dem Tal.
Und mancher Lenz mit bunten Scherzen
Kam und verflog im lustgen Lauf,
Doch ach! in dem betrognen Herzen
Geht niemals mehr der Frühling auf.

Ein Kränzlein trag ich nun im Haare,
In reichen Kleidern schön geschmückt,
Führt mich ein andrer zum Altare,
Die Eltern sind so hoch beglückt.
Und fröhlich kann ich mich wohl zeigen,
Die Sonne hell wie damals scheint,
Und vor dem Jauchzen und dem Geigen
Hört keiner, wie die Braut still weint.

Die Frühlingslieder neu beginnen –
Du kehrst nach manchem Jahr zurück,
Und stehest still, dich zu besinnen,
Wie auf ein längstvergangnes Glück.
Doch wüst verwachsen liegt der Garten,
Das Haus steht lange still und leer,
Kein Lieb will dein am Fenster warten,
Und dich und mich kennt niemand mehr.

Doch eine Lerche siehst du steigen
Vom Tal zum blauen Himmelsport,
Ein Bächlein rauschet da so eigen,
Als weinte es in einem fort.
Dort haben sie mich hingetragen,
Bedeckten mir mit Stein den Mund –
Nun kann ich dir nicht einmal sagen,
Wie ich dich liebt aus Herzensgrund.

Das zerbrochene Ringlein

In einem kühlen Grunde
Da geht ein Mühlenrad,
Mein Liebste ist verschwunden,
Die dort gewohnet hat.

Sie hat mir Treu versprochen,
Gab mir ein'n Ring dabei,
Sie hat die Treu gebrochen,
Mein Ringlein sprang entzwei.

Ich möcht als Spielmann reisen
Weit in die Welt hinaus,
Und singen meine Weisen,
Und gehn von Haus zu Haus.

Ich möcht als Reiter fliegen
Wohl in die blutge Schlacht,
Um stille Feuer liegen
Im Feld bei dunkler Nacht.

Hör ich das Mühlrad gehen:
Ich weiß nicht, was ich will –
Ich möcht am liebsten sterben,
Da wärs auf einmal still!

Der Gefangene

In goldner Morgenstunde,
Weil alles freudig stand,
Da ritt im heitern Grunde
Ein Ritter über Land.

Rings sangen auf das beste
Die Vöglein mannigfalt,
Es schüttelte die Äste
Vor Lust der grüne Wald.

Den Nacken, stolz gebogen,
Klopft er dem Rösselein –
So ist er hingezogen
Tief in den Wald hinein.

Sein Roß hat er getrieben,
Ihn trieb der frische Mut:
»Ist alles fern geblieben,
So ist mir wohl und gut!«

Mit Freuden mußt er sehen
Im Wald ein' grüne Au,

Wo Brünnlein kühle gehen,
Von Blumen rot und blau.

Vom Roß ist er gesprungen,
Legt' sich zum kühlen Bach,
Die Wellen lieblich klungen,
Das ganze Herz zog nach.

So grüne war der Rasen,
Es rauschte Bach und Baum,
Sein Roß tät stille grasen,
Und alles wie ein Traum.

Die Wolken sah er gehen,
Die schifften immer zu,
Er konnt nicht widerstehen, –
Die Augen sanken ihm zu.

Nun hört er Stimmen rinnen,
Als wie der Liebsten Gruß,
Er konnt sich nicht besinnen –
Bis ihn erweckt' ein Kuß.

Wie prächtig glänzt' die Aue!
Wie Gold der Quell nun floß,
Und einer süßen Fraue
Lag er im weichen Schoß.

»Herr Ritter! Wollt Ihr wohnen
Bei mir im grünen Haus:
Aus allen Blumenkronen
Wind ich Euch einen Strauß!

Der Wald ringsum wird wachen,
Wie wir beisammen sein,

Der Kuckuck schelmisch lachen,
Und alles fröhlich sein.«

Es bog ihr Angesichte
Auf ihn, den süßen Leib,
Schaut' mit den Augen lichte
Das wunderschöne Weib.

Sie nahm sein'n Helm herunter,
Löst' Krause ihm und Bund,
Spielt' mit den Locken munter,
Küßt' ihm den roten Mund.

Und spielt' viel süße Spiele
Wohl in geheimer Lust,
Es flog so kühl und schwüle
Ihm um die offne Brust.

Um ihn nun tät sie schlagen
Die Arme weich und bloß,
Er konnte nichts mehr sagen,
Sie ließ ihn nicht mehr los.

Und diese Au zur Stunde
Ward ein kristallnes Schloß,
Der Bach ein Strom, gewunden
Ringsum, gewaltig floß.

Auf diesem Strome gingen
Viel Schiffe wohl vorbei,
Es konnt ihn keines bringen
Aus böser Zauberei.

Der traurige Jäger

Zur ewgen Ruh sie sangen
Die schöne Müllerin,
Die Sterbeglocken klangen
Noch übern Waldgrund hin.

Da steht ein Fels so kühle,
Wo keine Wandrer gehn,
Noch einmal nach der Mühle
Wollt dort der Jäger sehn.

Die Wälder rauschten leise,
Sein Jagen war vorbei,
Der blies so irre Weise,
Als müßt das Herz entzwei.

Und still dann in der Runde
Wards über Tal und Höhn,
Man hat seit dieser Stunde
Ihn nimmermehr gesehn.

Der Bräutigam

Von allen Bergen nieder
So fröhlich Grüßen schallt –
Das ist der Frühling wieder,
Der ruft zum grünen Wald!

Ein Liedchen ist erklungen
Herauf zum stillen Schloß –
Dein Liebster hats gesungen,
Der hebt dich auf sein Roß.

Wir reiten so geschwinde,
Von allen Menschen weit. –
Da rauscht die Luft so linde
In Waldeseinsamkeit.

Wohin? Im Mondenschimmer
So bleich der Wald schon steht. –
Leis rauscht die Nacht – frag nimmer,
Wo Lieb zu Ende geht!

Die falsche Schwester

Meine Schwester, die spielt' an der Linde –
Stille Zeit, wie so weit, so weit!
Da spielten so schöne Kinder
Mit ihr in der Einsamkeit.

Von ihren Locken verhangen
Schlief sie und lachte im Traum,
Und die schönen Kinder sangen
Die ganze Nacht unterm Baum.

Die ganze Nacht hat gelogen,
Sie hat mich so falsch gegrüßt,
Die Engel sind fortgeflogen,
Und Haus und Garten stehn wüst.

Es zittert die alte Linde
Und klaget der Wind so schwer,
Das macht, das macht die Sünde –
Ich wollt, ich läg im Meer!

Die Sonne ist untergegangen
Und der Mond im tiefen Meer,
Es dunkelt schon über dem Lande,
Gute Nacht! Seh dich nimmermehr!

Der Reitersmann

Hoch über den stillen Höhen
Stand in dem Wald ein Haus,
Dort wars so einsam zu sehen
Weit übern Wald hinaus.

Drin saß ein Mädchen am Rocken
Den ganzen Abend lang,
Der wurden die Augen nicht trocken,
Sie spann und sann und sang:

»Mein Liebster, der war ein Reiter,
Dem schwur ich Treu bis in Tod,
Der zog über Land und weiter,
Zu Krieges Lust und Not.

Und als ein Jahr war vergangen,
Und wieder blühte das Land,
Da stand ich voller Verlangen
Hoch an des Waldes Rand.

Und zwischen den Bergesbogen,
Wohl über den grünen Plan
Kam mancher Reiter gezogen,
Der meine kam nicht mit an.

Und zwischen den Bergesbogen,
Wohl über den grünen Plan,
Ein Jägersmann kam geflogen,
Der sah mich so mutig an.

So lieblich die Sonne schiene,
Das Waldhorn scholl weit und breit,
Da führt' er mich in das Grüne,
Das war eine schöne Zeit! –

Der hat so lieblich gelogen
Mich aus der Treue heraus,
Der Falsche hat mich betrogen,
Zog weit in die Welt hinaus.«

Sie konnte nicht weiter singen,
Vor bitterem Schmerz und Leid,
Die Augen ihr übergingen
In ihrer Einsamkeit.

Die Muhme, die saß beim Feuer
Und wärmte sich am Kamin,
Es flackert' und sprüht' das Feuer,
Hell über die Stube es schien.

Sie sprach: »Ein Kränzlein in Haaren,
Das stünde dir heut gar schön,
Willst draußen auf dem See nicht fahren?
Hohe Blumen am Ufer dort stehn.«

Ich kann nicht holen die Blumen,
Im Hemdlein weiß am Teich
Ein Mädchen hütet die Blumen,
Die sieht so totenbleich.

»Und hoch auf des Sees Weite,
Wenn alles finster und still,
Da rudern zwei stille Leute, –
Der eine dich haben will.«

Sie schauen wie alte Bekannte,
Still, ewig stille sie sind,
Doch einmal der eine sich wandte,
Da faßt' mich ein eiskalter Wind. –

Mir ist zu wehe zum Weinen –
Die Uhr so gleichförmig pickt,
Das Rädlein, das schnurrt so in einem,
Mir ist, als wär ich verrückt. –

Ach Gott! wann wird sich doch röten
Die fröhliche Morgenstund!
Ich möchte hinausgehn und beten,
Und beten aus Herzensgrund!

So bleich schon werden die Sterne,
Es rührt sich stärker der Wald,
Schon krähen die Hähne von ferne,
Mich friert, es wird so kalt!

Ach, Muhme! was ist Euch geschehen?
Die Nase wird Euch so lang,
Die Augen sich seltsam verdrehen –
Wie wird mir vor Euch so bang! –

Und wie sie so grauenvoll klagte,
Klopfts draußen ans Fensterlein,
Ein Mann aus der Finsternis ragte,
Schaut' still in die Stube herein.

Die Haare wild umgehangen,
Von blutigen Tropfen naß,
Zwei blutige Streifen sich schlangen,
Wie Kränzlein, ums Antlitz blaß.

Er grüßt' sie so fürchterlich heiter,
Seine Braut wohl heißet er sie,
Da kannt sie mit Schaudern den Reiter,
Fällt nieder auf ihre Knie.

Er zielt' mit dem Rohre durchs Gitter
Auf die schneeweiße Brust hin;
»Ach, wie ist das Sterben so bitter,
Erbarm dich, weil ich so jung noch bin!« –

Stumm blieb sein steinerner Wille,
Es blitzte so rosenrot,
Da wurd es auf einmal stille
Im Walde und Haus und Hof. –

Frühmorgens da lag so schaurig
Verfallen im Walde das Haus,
Ein Waldvöglein sang so traurig,
Flog fort über den See hinaus.

Das kalte Liebchen

Er. Laß mich ein, mein süßes Schätzchen!
Sie. Finster ist mein Kämmerlein.
Er. Ach, ich finde doch ein Plätzchen.
Sie. Und mein Bett ist eng und klein.

Er. Fern komm ich vom weichen Pfühle.
Sie. Ach, mein Lager ist von Stein.
Er. Draußen ist die Nacht so kühle.
Sie. Hier wirds noch viel kühler sein.

Er. Sieh! die Sterne schon erblassen.
Sie. Schwerer Schlummer fällt mich an. –
Er. Nun, so will ich schnell dich fassen!
Sie. Rühr mich nicht so glühend an.

Er. Fieberschauer mich durchbeben.
Sie. Wahnsinn bringt der Toten Kuß. –
Er. Weh! es bricht mein junges Leben!
Sie. Mit ins Grab hinunter muß.

Die verlorene Braut

Vater und Kind gestorben
Ruhten im Grabe tief,
Die Mutter hatt erworben
Seitdem ein ander Lieb.

Da droben auf dem Schlosse
Da schallt das Hochzeitsfest,
Da lachts und wiehern Rosse,
Durchs Grün ziehn bunte Gäst.

Die Braut schaut' ins Gefilde
Noch einmal vom Altan,
Es sah so ernst und milde
Sie da der Abend an.

Rings waren schon verdunkelt
Die Täler und der Rhein,
In ihrem Brautschmuck funkelt
Nur noch der Abendschein.

Sie hörte Glocken gehen
Im weiten, tiefen Tal,
Es bracht der Lüfte Wehen
Fern übern Wald den Schall.

Sie dacht: »O falscher Abend!
Wen das bedeuten mag?
Wen läuten sie zu Grabe
An meinem Hochzeitstag?«

Sie hört' im Garten rauschen
Die Brunnen immerdar,
Und durch der Wälder Rauschen
Ein Singen wunderbar.

Sie sprach: »Wie wirres Klingen
Kommt durch die Einsamkeit,
Das Lied wohl hört ich singen
In alter, schöner Zeit.«

Es klang, als wollt sies rufen
Und grüßen tausendmal –
So stieg sie von den Stufen,
So kühle rauscht' das Tal.

So zwischen Weingehängen
Stieg sinnend sie ins Land
Hinunter zu den Klängen,
Bis sie im Walde stand.

Dort ging sie, wie in Träumen,
Im weiten, stillen Rund,
Das Lied klang in den Bäumen,
Von Quellen rauscht' der Grund. –

Derweil von Mund zu Munde
Durchs Haus, erst heimlich sacht,
Und lauter geht die Kunde:
Die Braut irrt in der Nacht!

Der Bräutgam tät erbleichen,
Er hört im Tal das Lied,
Ein dunkelrotes Zeichen
Ihm von der Stirne glüht.

Und Tanz und Jubel enden,
Er und die Gäst im Saal,
Windlichter in den Händen,
Sich stürzen in das Tal.

Da schweifen rote Scheine,
Schall nun und Rosseshuf,
Es hallen die Gesteine
Rings von verworrnem Ruf.

Doch einsam irrt die Fraue
Im Walde schön und bleich,
Die Nacht hat tiefes Grauen,
Das ist von Sternen so reich.

Und als sie war gelanget
Zum allerstillsten Grund,
Ein Kind am Felsenhange
Dort freundlich lächelnd stund.

Das trug in seinen Locken
Einen weißen Rosenkranz,
Sie schaut' es an erschrocken
Beim irren Mondesglanz.

»Solch' Augen hat das meine,
Ach meines bist du nicht,
Das ruht ja unterm Steine,
Den niemand mehr zerbricht.

Ich weiß nicht, was mir grauset,
Blick nicht so fremd auf mich!
Ich wollt, ich wär zu Hause.« –
»Nach Hause führ ich dich.«

Sie gehn nun miteinander,
So trübe weht der Wind,
Die Fraue sprach im Wandern:
»Ich weiß nicht, wo wir sind.

Wen tragen sie beim Scheine
Der Fackeln durch die Schluft?
O Gott, der stürzt' vom Steine
Sich tot in dieser Kluft!«

Das Kind sagt: »Den sie tragen,
Dein Bräutgam heute war,
Er hat meinen Vater erschlagen,
's ist diese Stund ein Jahr.

Wir alle müssens büßen,
Bald wird es besser sein,
Der Vater läßt dich grüßen,
Mein liebes Mütterlein.«

Ihr schauerts durch die Glieder:
»Du bist mein totes Kind!
Wie funkeln die Sterne nieder,
Jetzt weiß ich, wo wir sind.« –

Da löst' sie Kranz und Spangen,
Und über ihr Angesicht
Perlen und Tränen rannen,
Man unterschied sie nicht.

Und über die Schultern nieder
Rollten die Locken sacht,
Verdunkelnd Augen und Glieder,
Wie eine prächtige Nacht.

Ums Kind den Arm geschlagen,
Sank sie ins Gras hinein –
Dort hatten sie erschlagen
Den Vater im Gestein.

Die Hochzeitsgäste riefen
Im Walde auf und ab,
Die Gründe alle schliefen,
Nur Echo Antwort gab.

Und als sich leis erhoben
Der erste Morgenduft,
Hörten die Hirten droben
Ein Singen in stiller Luft.

Parole

Sie stand wohl am Fensterbogen
Und flocht sich traurig ihr Haar,
Der Jäger war fortgezogen,
Der Jäger ihr Liebster war.

Und als der Frühling gekommen,
Die Welt war von Blüten verschneit,
Da hat sie ein Herz sich genommen
Und ging in die grüne Heid.

Sie legt das Ohr an den Rasen,
Hört ferner Hufe Klang –
Das sind die Rehe, die grasen
Am schattigen Bergeshang.

Und abends die Wälder rauschen,
Von fern nur fällt noch ein Schuß,
Da steht sie stille, zu lauschen:
»Das war meines Liebsten Gruß!«

Da sprangen vom Fels die Quellen,
Da flogen die Vöglein ins Tal.
»Und wo ihr ihn trefft, ihr Gesellen,
Grüßt mir ihn tausendmal!«

Zauberblick

Die Burg, die liegt verfallen
In schöner Einsamkeit,
Dort saß ich vor den Hallen
Bei stiller Mittagszeit.

Es ruhten in der Kühle
Die Rehe auf dem Wall
Und tief in blauer Schwüle
Die sonngen Täler all.

Tief unten hört ich Glocken
In weiter Ferne gehn,
Ich aber mußt erschrocken
Zum alten Erker sehn.

Denn in dem Fensterbogen
Ein' schöne Fraue stand,
Als hütete sie droben
Die Wälder und das Land.

Ihr Haar, wie'n goldner Mantel,
War tief herabgerollt;
Auf einmal sie sich wandte,
Als ob sie sprechen wollt.

Und als ich schauernd lauschte –
Da war ich aufgewacht,
Und unter mir schon rauschte
So wunderbar die Nacht.

Träumt ich im Mondesschimmer?
Ich weiß nicht, was mir graut,
Doch das vergess ich nimmer,
Wie sie mich angeschaut!

Der verirrte Jäger

»Ich hab gesehn ein Hirschlein schlank
Im Waldesgrunde stehn,
Nun ist mir draußen weh und bang,
Muß ewig nach ihm gehn.

Frischauf, ihr Waldgesellen mein!
Ins Horn, ins Horn frischauf!
Das lockt so hell, das lockt so fein,
Aurora tut sich auf!«

Das Hirschlein führt den Jägersmann
In grüner Waldesnacht,
Talunter schwindelnd und bergan,
Zu nie gesehner Pracht.

»Wie rauscht schon abendlich der Wald,
Die Brust mir schaurig schwellt!
Die Freunde fern, der Wind so kalt,
So tief und weit die Welt!«

Es lockt so tief, es lockt so fein
Durchs dunkelgrüne Haus,
Der Jäger irrt und irrt allein,
Find't nimmermehr heraus. –

Die späte Hochzeit

Der Mond ging unter – jetzt ists Zeit –
Der Bräutgam steigt vom Roß,
Er hat so lange schon gefreit –
Da tut sich auf das Schloß,
Und in der Halle sitzt die Braut

Auf diamantnem Sitz,
Von ihrem Schmuck tuts durch den Bau
Ein'n langen roten Blitz. –

Blass' Knaben warten schweigend auf,
Still' Gäste stehn herum,
Da richt't die Braut sich langsam auf,
So hoch und bleich und stumm.
Sie schlägt zurück ihr Goldgewand,
Da schauert ihn vor Lust,
Sie langt mit kalter, weißer Hand
Das Herz ihm aus der Brust.

Die stille Gemeinde

Von Bretagnes Hügeln, die das Meer
Blühend hell umsäumen,
Schaute ein Kirchlein trostreich her
Zwischen uralten Bäumen.

Das Kornfeld und die Wälder weit
Rauschten im Sonntagsglanze,
Doch keine Glocken klangen heut
Vom grünen Felsenkranze.

Denn auf des Kirchhofs schattgem Grund
Die Jakobiner saßen,
Ihre Pferde alle Blumen bunt
Von den Grabeshügeln fraßen.

Sie hatten am Kreuz auf stiller Höh
Feldflasch und Säbel hangen,
Derweil sie, statt des Kyrie,
Die Marseillaise sangen.

Ihr Hauptmann aber lehnt' am Baum,
Todmüde von schweren Wunden,
Und schaute wie im Fiebertraum
Nach dem tiefschwülen Grunde.

Er sprach verwirrt: »Da drüben stand
Des Vaters Schloß am Weiher,
Ich selbst steckts an; das war ein Brand,
Der Freiheit Freudenfeuer!«

»Ich seh ihn noch: Wie durch den Sturm
Zwischen den feurgen Zungen
Mein stolzer Vater da vom Turm
Sein Banner hat geschwungen.«

»Und als es war entlaubt vom Brand,
Die Fahn im Wind zerflogen:
Den Schaft als Kreuz nun in der Hand
Teilt' er die Flammenwogen.«

»Er sah so wunderbar auf mich,
Ich konnt ihn nicht ermorden –
Da sank die Burg, er wandte sich
Und ist ein Pfaff geworden.«

»Seitdem hör ich in Träumen schwer
Von ferne Glocken gehen
Und seh in rotem Feuermeer
Ein Kreuz allnächtlich stehen.«

»Es sollen keine Glocken gehn,
Die Nächte zu verstören,
Kein Kreuz soll mehr auf Erden stehn,
Um Narren zu betören!«

»Und dieses Kirchlein hier bewacht,
Sie sollen nicht Messe singen,
Wir reißen nieder über Nacht,
Licht sei, wohin wir dringen!« –

Und als die Nacht schritt leis daher,
Der Hauptmann stand am Strande,
So still im Wald, so still das Meer,
Nur die Wachen riefen im Lande.

Im Wind die Glock von selbst anschlug,
Da wollt ein Hauch sich heben,
Wie unsichtbarer Engel Flug,
Die übers Wasser schweben.

Nun sieht er auch im Meere fern
Ein Lichtlein hell entglommen;
Er dacht, wie ist der schöne Stern
Dort in die Flut gekommen?

Am Ufer aber durch die Nacht
In allen Felsenspalten
Regt sichs und schlüpft es leis und sacht,
Viel dunkle, schwanke Gestalten.

Nur manchmal von den Buchten her
Schallt Ruderschlag von weitem,
Auf Barken lautlos in das Meer
Sie nach dem Stern hin gleiten.

Der wächst und breitet sich im Nahn
Und streift mit Glanz die Wellen,
Es ist ein kleiner Fischerkahn,
Den Fackeln mild erhellen.

Und einsam auf des Schiffleins Rand
Ein Greis kommt hergezogen
In wunderbarem Meßgewand
Als wie der Hirt der Wogen.

Die Barken eine weite Rund
Dort um den Hirten machen,
Der laut nun überm Meeresgrund
Den Segen spricht im Nachen.

Da schwieg der Wind und rauscht' das Meer
So wunderbare Weise,
Und auf den Knien lag ringsher
Die stille Gemeinde im Kreise.

Und als er das Kreuz hob in die Luft,
Hoch zwischen die Fackeln trat er –
Den Hauptmann schauert im
Herzensgrund,
Es war sein alter Vater.

Da taumelt' er und sank ins Gras
Betend im stillen Grunde,
Und wie Felsenquellen im Frühling brach
Sein Herzblut aus allen Wunden.

Und als die Gesellen kommen zum Strand,
Einen toten Mann sie finden –
Voll Graun sie sprengen fort durchs Land,
Als jagt' sie der Tod in den Winden.

Die stürzten sich in den Krieg so weit,
Sie sind verweht und zerstoben,
Das Kirchlein aber steht noch heut
Unter den Linden droben.

Die deutsche Jungfrau

Es stand ein Fräulein auf dem Schloß,
Erschlagen war im Streit ihr Roß,
Schnob wie ein See die finstre Nacht,
Wollt Überschreien die wilde Schlacht.

Im Tal die Brüder lagen tot,
Es brannt die Burg so blutigrot,
In Lohen stand sie auf der Wand,
Hielt hoch die Fahne in der Hand.

Da kam ein römscher Rittersmann,
Der ritt keck an die Burg hinan,
Es blitzt' sein Helm gar mannigfach,
Der schöne Ritter also sprach:

»Jungfrau, komm in die Arme mein!
Sollst deines Siegers Herrin sein.
Will baun dir einen Palast schön,
In prächtgen Kleidern sollst du gehn.

Es tun dein Augen mir Gewalt,
Kann nicht mehr fort aus diesem Wald,
Aus wilder Flammen Spiel und Graus
Trag ich mir meine Braut nach Haus!«

Der Ritter ließ sein weißes Roß,
Stieg durch den Brand hinauf ins Schloß,
Viel Knecht ihm waren da zur Hand,
Zu holen das Fräulein von der Wand.

Das Fräulein stieß die Knecht hinab,
Den Liebsten auch ins heiße Grab,
Sie selber dann in die Flamme sprang,
Über ihnen die Burg zusammen sank.

Die wunderliche Prinzessin

Weit in einem Walde droben
Zwischen hoher Felsen Zinnen,
Steht ein altes Schloß erhoben,
Wohnet eine Zaubrin drinnen.
Von dem Schloß, der Zaubrin Schöne
Gehen wunderbare Sagen,
Lockend schweifen fremde Töne
Plötzlich her oft aus dem Walde.
Wem sie recht das Herz getroffen,
Der muß nach dem Walde gehen,
Ewig diesen Klängen folgend,
Und wird nimmermehr gesehen.
Tief in wundersamer Grüne
Steht das Schloß, schon halb verfallen,
Hell die goldnen Zinnen glühen,
Einsam sind die weiten Hallen.
Auf des Hofes steingem Rasen
Sitzen von der Tafelrunde
All die Helden dort gelagert,
Überdeckt mit Staub und Wunden.
Heinrich liegt auf seinem Löwen,
Gottfried auch, Siegfried der Scharfe,
König Alfred, eingeschlafen
Über seiner goldnen Harfe.
Don Quixote hoch auf der Mauer
Sinnend tief in nächtger Stunde,
Steht gerüstet auf der Lauer
Und bewacht die heilge Runde.
Unter fremdes Volk verschlagen,
Arm und ausgehöhnt, verraten,
Hat er treu sich durchgeschlagen,
Eingedenk der Heldentaten
Und der großen, alten Zeiten,

Bis er, ganz von Wahnsinn trunken,
Endlich so nach langem Streiten
Seine Brüder hat gefunden.

Einen wunderbaren Hofstaat
Die Prinzessin dorten führet,
Hat ein'n wunderlichen Alten,
Der das ganze Haus regieret.
Einen Mantel trägt der Alte,
Schillernd bunt in allen Farben
Mit unzähligen Zierraten,
Spielzeug hat er in den Falten.
Scheint der Monden helle draußen,
Wolken fliegen überm Grunde:
Fängt er draußen an zu hausen,
Kramt sein Spielzeug aus zur Stunde.
Und das Spielzeug um den Alten
Rührt sich bald beim Mondenscheine,
Zupfet ihn beim langen Barte,
Schlingt um ihn die bunten Kreise,
Auch die Blümlein nach ihm langen,
Möchten doch sich sittsam zeigen,
Ziehn verstohlen ihn beim Mantel,
Lachen dann in sich gar heimlich.
Und ringsum die ganze Runde
Zieht Gesichter ihm und rauschet,
Unterhält aus dunklem Grunde
Sich mit ihm als wie im Traume.
Und er spricht und sinnt und sinnet,
Bunt verwirrend alle Zeiten,
Weinet bitterlich und lachet,
Seine Seele ist so heiter.

Bei ihm sitzt dann die Prinzessin,
Spielt mit seinen Seltsamkeiten,

Immer neue Wunder blinkend
Muß er aus dem Mantel breiten.
Und der wunderliche Alte
Hielt sie sich bei seinen Bildern
Neidisch immerfort gefangen,
Weit von aller Welt geschieden.
Aber der Prinzessin wurde
Mitten in dem Spiele bange
Unter diesen Zauberblumen,
Zwischen dieser Quellen Rauschen.
Frisches Morgenrot im Herzen
Und voll freudiger Gedanken,
Sind die Augen wie zwei Kerzen,
Schön, die Welt dran zu entflammen.
Und die wunderschöne Erde,
Wie Aurora sie berühret,
Will mit irdscher Lust und Schmerzen
Ewig neu sie stets verführen.
Denn aus dem bewegten Leben
Spüret sie ein Hochzeitsgrüßen,
Mitten zwischen ihren Spielen
Muß sie sich bezwungen fühlen.

Und es hebt die ewig Schöne,
Da der Morgen herrlich schiene,
In den Augen große Tränen,
Hell die jugendlichen Glieder.
»Wie so anders war es damals,
Da mich, bräutlich Ausgeschmückte,
Aus dem heimatlichen Garten
Hier herab der Vater schickte!
Wie die Erde frisch und jung noch,
Von Gesängen rings erklingend,
Schauernd in Erinnerungen,
Helle in das Herz mir blickte,

Daß ich, schamhaft mich verhüllend,
Meinen Ring, vom Glanz geblendet,
Schleudert' in die prächtge Fülle,
Als die ewge Braut der Erde.
Wo ist nun die Pracht geblieben,
Treuer Ernst im rüstgen Treiben,
Rechtes Tun und rechtes Lieben
Und die Schönheit und die Freude?
Ach! ringsum die Helden alle,
Die sonst schön und helle schauten,
Um mich in den lichten Tagen
Durch die Welt sich fröhlich hauten,
Strecken steinern nun die Glieder,
Eingehüllt in ihre Fahnen,
Sind seitdem so alt geworden,
Nur *ich* bin so jung wie damals, –
Von der Welt kann ich nicht lassen,
Liebeln nicht von fern mit Reden,
Muß im Arm lebendig fassen! –
Laß mich lieben, laß mich leben!«

Nun verliebt die Augen gehen
Über ihres Gartens Mauer,
War so einsam dort zu sehen
Schimmernd Land und Ström und Auen.
Und wo ihre Augen gingen:
Quellen aus der Grüne sprangen,
Berg und Wald verzaubert standen,
Tausend Vögel schwirrend sangen.
Golden blitzt es überm Grunde,
Seltne Farben irrend schweifen,
Wie zu lang entbehrtem Feste
Will die Erde sich bereiten.
Und nun kamen angezogen
Freier bald von allen Seiten,

Federn bunt im Winde flogen,
Jäger schmuck im Walde reiten.
Hörner munter drein erschallen
Auf und unter durch das Grüne,
Pilger fromm dazwischen wallen,
Die das Heimatsfieber spüren.
Auf vielsonngen Wiesen flöten
Schäfer bei schneeflock'gen Schafen,
Ritter in der Abendröte
Knien auf des Berges Hange,
Und die Nächte von Guitarren
Und Gesängen weich erschallen,
Daß der wunderliche Alte
Wie verrückt beginnt zu tanzen.
Die Prinzessin schmückt mit Kränzen
Wieder sich die schönen Haare,
Und die vollen Kränze glänzen
Und sie blickt verlangend nieder.

Doch die alten Helden alle,
Draußen vor der Burg gelagert,
Saßen dort im Morgenglanze,
Die das schöne Kind bewachten.
An das Tor die Freier kamen
Nun gesprengt, gehüpft, gelaufen,
Ritter, Jäger, Provençalen,
Bunte, helle, lichte Haufen.
Und vor allen junge Recken
Stolzen Blicks den Berg berannten,
Die die alten Helden weckten,
Sie vertraulich Brüder nannten.
Doch wie diese uralt blicken,
An die Eisenbrust geschlossen,
Brüderlich die Jungen drücken,
Fallen die erdrückt zu Boden.

Andre lagern sich zum Alten,
Graust ihn'n gleich bei seinen Mienen,
Ordnen sein verworrnes Walten,
Daß es jedem wohlgefiele;
Doch sie fühlen schauernd balde,
Daß sie ihn nicht können zwingen,
Selbst zu Spielzeug sind verwandelt,
Und der Alte spielt mit ihnen.
Und sie müssen töricht tanzen,
Manche mit der Kron geschmücket
Und im purpurnen Talare
Feierlich den Reigen führen.
Andre schweben lispelnd lose,
Andre müssen männlich lärmen,
Rittern reißen aus die Rosse,
Und die schreien gar erbärmlich.
Bis sie endlich alle müde
Wieder kommen zu Verstande,
Mit der ganzen Welt im Frieden,
Legen ab die Maskerade.
»Jäger sind wir nicht, noch Ritter«,
Hört man sie von fern noch summen,
»Spiel nur war das – wir sind Dichter!« –
So vertost der ganze Plunder,
Nüchtern liegt die Welt wie ehe,
Und die Zaubrin bei dem Alten
Spielt' die vor'gen Spiele wieder
Einsam wohl noch lange Jahre. –

Meeresstille

Ich seh von des Schiffes Rande
Tief in die Flut hinein:
Gebirge und grüne Lande
Und Trümmer im falben Schein
Und zackige Türme im Grunde,
Wie ichs oft im Traum mir gedacht,
Wie dämmert alles da unten
Als wie eine prächtige Nacht.

Seekönig auf seiner Warte
Sitzt in der Dämmrung tief,
Als ob er mit langem Barte
Über seiner Harfe schlief;
Da kommen und gehen die Schiffe
Darüber, er merkt es kaum,
Von seinem Korallenriffe
Grüßt er sie wie im Traum.

Der zaubrische Spielmann

Nächtlich in dem stillen Grunde,
Wenn das Abendrot versank,
Um das Waldschloß in die Runde
Ging ein lieblicher Gesang.

Fremde waren diese Weisen
Und der Sänger unbekannt,
Aber, wie in Zauberkreisen,
Hielt er jede Brust gebannt.

Hinter blühnden Mandelbäumen
Auf dem Schloß das Fräulein lauscht –
Drunten alle Blumen träumen,
Wollüstig der Garten rauscht.

Und die Wellen buhlend klingen,
Ringend in geheimer Lust
Kommt das wunderbare Singen
An die süß verträumte Brust.

»Warum weckst du das Verlangen,
Das ich kaum zur Ruh gebracht?
Siehst du hoch die Lilien prangen?
Böser Sänger, gute Nacht!

Sieh, die Blumen stehn voll Tränen,
Einsam die Viole wacht,
Als wollt sie sich schmachtend dehnen
In die warme Sommernacht.

Wohl von süßem, rotem Munde
Kommt so holden Sanges Macht –
Bleibst du ewig dort im Grunde,
Unerkannt in stiller Nacht?

Ach, im Wind verfliegt mein Grüßen!
Einmal, eh der Tag erwacht,
Möcht ich deinen Mund nur küssen,
Sterbend so in süßer Nacht!

Nachtigall, verliebte, klage
Nicht so schmeichelnd durch die Nacht! –
Ach! ich weiß nicht, was ich sage,
Krank bin ich und überwacht.«

Also sprach sie, und die Lieder
Lockten stärker aus dem Tal,
Rings durchs ganze Tal hallts wider
Von der Liebe Lust und Qual.

Und sie konnt nicht widerstehen,
Enge ward ihr das Gemach,
Aus dem Schlosse mußt sie gehen
Diesem Zauberstrome nach.

Einsam steigt sie von den Stufen,
Ach! so schwüle weht der Wind:
Draußen süß die Stimmen rufen
Immerfort das schöne Kind.

Alle Blumen trunken lauschen,
Von den Klängen hold durchirrt,
Lieblicher die Brunnen rauschen,
Und sie eilet süß verwirrt. –

Wohl am Himmel auf und nieder
Trieb der Hirt die goldne Schar,
Die Verliebte kehrt nicht wieder,
Leer nun Schloß und Garten war.

Und der Sänger seit der Stunde
Nicht mehr weiter singen will,
Rings im heimlich kühlen Grunde
Wars vor Liebe selig still.

Das kranke Kind

Die Gegend lag so helle,
Die Sonne schien so warm,
Es sonnt sich auf der Schwelle
Ein Kindlein krank und arm.

Geputzt zum Sonntag heute
Ziehn sie das Tal entlang,
Das Kind grüßt alle Leute,
Doch niemand sagt ihm Dank.

Viel Kinder jauchzen ferne,
So schön ists auf der Welt!
Ging' auch spazieren gerne,
Doch müde stürzts im Feld.

»Ach, Vater, liebe Mutter.
Helft mir in meiner Not! –«
Du armes Kind! die ruhen
Ja unterm Grase tot.

Und so im Gras alleine
Das kranke Kindlein blieb,
Frug keiner, was es weine,
Hat jeder seins nur lieb.

Die Abendglocken klangen
Schon durch die stille Welt,
Die Engel Gottes sangen
Und gingen übers Feld.

Und als die Nacht gekommen
Und alles das Kind verließ,
Sie habens mitgenommen,
Nun spielts im Paradies.

Der Schatzgräber

Wenn alle Wälder schliefen,
Er an zu graben hub,
Rastlos in Berges Tiefen
Nach einem Schatz er grub.

Die Engel Gottes sangen
Derweil in stiller Nacht,
Wie rote Augen drangen
Metalle aus dem Schacht.

»Und wirst doch mein!« und grimmer
Wühlt er und wühlt hinab,
Da stürzen Steine und Trümmer
Über dem Narren herab.

Hohnlachen wild erschallte
Aus der verfallnen Kluft,
Der Engelsang verhallte
Wehmütig in der Luft.

Die Räuberbrüder

»Vorüber ist der blutge Strauß,
Hier ists so still, nun ruh dich aus.«

»Vom Tal herüber kommt die Luft;
Horch, hörst du nichts? Die Mutter ruft.«

»Die Mutter ist ja lange tot,
Eine Glocke klingt durchs Morgenrot.«

»Lieb Mutter, hab nicht solches Leid,
Mein wildes Leben mich gereut. –«

»Was sinkst du auf die Knie ins Gras?
Deine Augen dunkeln, du wirst so blaß.« –

Es war von Blut der Grund so rot,
Der Räuber lag im Grase tot.

Da küßt der Bruder den bleichen Mund:
»Dich liebt ich recht aus Herzensgrund.«

Vom Fels dann schoß er noch einmal
Und warf die Büchse tief ins Tal.

Drauf schritt er durch den Wald zur Stadt:
»Ihr Herrn, ich bin des Lebens satt.«

»Hie ist mein Haupt, nun richtet bald,
Zum Bruder legt mich in den Wald.«

Sonst

Es glänzt der Tulpenflor, durchschnitten von Alleen,
Wo zwischen Taxus still die weißen Statuen stehen,
Mit goldnen Kugeln spielt die Wasserkunst im Becken,
Im Laube lauert Sphinx, anmutig zu erschrecken.

Die schöne Chloe heut spazieret in dem Garten,
Zur Seit ein Kavalier, ihr höflich aufzuwarten,
Und hinter ihnen leis Kupido kommt gezogen,
Bald duckend sich im Grün, bald zielend mit dem Bogen.

Es neigt der Kavalier sich in galantem Kosen,
Mit ihrem Fächer schlägt sie manchmal nach dem Losen,
Es rauscht der taftne Rock, es blitzen seine Schnallen,
Dazwischen hört man oft ein artges Lachen schallen.

Jetzt aber hebt vom Schloß, da sichs im West will röten,
Die Spieluhr schmachtend an, ein Menuett zu flöten,
Die Laube ist so still, er wirft sein Tuch zur Erde
Und stürzet auf ein Knie mit zärtlicher Gebärde.

»Wie wird mir, ach, ach, ach, es fängt schon an zu dunkeln –«
»So angenehmer nur seh ich zwei Sterne funkeln –«
»Verwegner Kavalier!« – »Ha, Chloe, darf ich hoffen? –«
Da schießt Kupido los und hat sie gut getroffen.

Der Kehraus

Es fiedeln die Geigen,
Da tritt in den Reigen
Ein seltsamer Gast,
Kennt keiner den Dürren,
Galant aus dem Schwirren
Die Braut er sich faßt.

Hebt an, sich zu schwenken
In allen Gelenken.
Das Fräulein im Kranz:
»Euch knacken die Beine –«
»Bald rasseln auch deine,
Frisch auf spielt zum Tanz!«

Die Spröde hinterm Fächer,
Der Zecher vom Becher,
Der Dichter so lind,
Muß auch mit zum Tanze,
Daß die Lorbeern vom Kranze
Fliegen im Wind.

So schnurret der Reigen
Zum Saal 'raus ins Schweigen
Der prächtigen Nacht,
Die Klänge verwehen,
Die Hähne schon krähen,
Da verstieben sie sacht. –

So gings schon vor Zeiten
Und geht es noch heute,
Und hörest du hell
Aufspielen zum Reigen,
Wer weiß, wem sie geigen –
Hüt dich, Gesell!

Der armen Schönheit Lebenslauf

Die arme Schönheit irrt auf Erden,
So lieblich Wetter draußen ist,
Möcht gern recht viel gesehen werden,
Weil jeder sie so freundlich grüßt.

Und wer die arme Schönheit schauet,
Sich wie auf großes Glück besinnt,
Die Seele fühlt sich recht erbauet,
Wie wenn der Frühling neu beginnt.

Da sieht sie viele schöne Knaben,
Die reiten unten durch den Wind,
Möcht manchen gern im Arme haben,
Hüt dich, hüt dich, du armes Kind!

Da ziehn manch redliche Gesellen,
Die sagen: Hast nicht Geld, noch Haus,
Wir fürchten deine Augen helle,
Wir haben nichts zum Hochzeitsschmaus.

Von andern tut sie sich wegdrehen,
Weil keiner ihr so wohl gefällt,
Die müssen traurig weitergehen,
Und zögen gern ans End der Welt.

Da sagt sie: Was hilft mir mein Sehen,
Ich wünscht, ich wäre lieber blind,
Da alle furchtsam von mir gehen,
Weil gar so schön mein Augen sind. –

Nun sitzt sie hoch auf lichtem Schlosse,
In schöne Kleider putzt sie sich,
Die Fenster glühn, sie winkt vom Schlosse,
Die Sonne sinkt, das blendet dich.

Die Augen, die so furchtsam waren,
Die haben jetzt so freien Lauf,
Fort ist das Kränzlein aus den Haaren,
Und hohe Federn stehn darauf.

Das Kränzlein ist herausgerissen,
Ganz ohne Scheu sie mich anlacht;
Geh du vorbei: sie wird dich grüßen,
Winkt dir zu einer schönen Nacht. –

Da sieht sie die Gesellen wieder,
Die fahren unten auf dem Fluß,
Es singen laut die lustgen Brüder,
So furchtbar schallt des Einen Gruß:

»Was bist du für 'ne schöne Leiche!
So wüste ist mir meine Brust,
Wie bist du nun so arm, du Reiche,
Ich hab an dir nicht weiter Lust!«

Der Wilde hat ihr so gefallen,
Laut schrie sie auf bei seinem Gruß,
Vom Schloß möcht sie herunter fallen,
Und unten ruhn im kühlen Fluß. –

Sie blieb nicht länger mehr da oben,
Weil alles anders worden war,
Vor Schmerz ist ihr das Herz erhoben,
Da wards so kalt, doch himmlisch klar.

Da legt sie ab die goldnen Spangen,
Den falschen Putz und Ziererei,
Aus dem verstockten Herzen drangen
Die alten Tränen wieder frei.

Kein Stern wollt nicht die Nacht erhellen,
Da mußte die Verliebte gehn,
Wie rauscht der Fluß! Die Hunde bellen,
Die Fenster fern erleuchtet stehn.

Nun bist du frei von deinen Sünden,
Die Lieb zog triumphierend ein,
Du wirst noch hohe Gnade finden,
Die Seele geht in Hafen ein.

Der Liebste war ein Jäger worden,
Der Morgen schien so rosenrot,
Da blies er lustig auf dem Horne,
Blies immerfort in seiner Not.

Die Hochzeitsnacht

Nachts durch die stille Runde
Rauschte des Rheines Lauf,
Ein Schifflein zog im Grunde,
Ein Ritter stand darauf.

Die Blicke irre schweifen
Von seines Schiffes Rand,
Ein blutigroter Streifen
Sich um das Haupt ihm wand.

Der sprach: »Da oben stehet
Ein Schlößlein überm Rhein,
Die an dem Fenster stehet:
Das ist die Liebste mein.

Sie hat mir Treu versprochen,
Bis ich gekommen sei,
Sie hat die Treu gebrochen,
Und alles ist vorbei.«

Viel Hochzeitleute drehen
Sich oben laut und bunt,
Sie bleibet einsam stehen,
Und lauschet in den Grund.

Und wie sie tanzen munter
Und Schiff und Schiffer schwand,
Stieg sie vom Schloß herunter,
Bis sie im Garten stand.

Die Spielleut musizierten,
Sie sann gar mancherlei,
Die Töne sie so rührten,
Als müßt das Herz entzwei.

Da trat ihr Bräutgam süße
Zu ihr aus stiller Nacht,
So freundlich er sie grüßte,
Daß ihr das Herze lacht.

Er sprach: »Was willst du weinen,
Weil alle fröhlich sein?
Die Stern so helle scheinen,
So lustig geht der Rhein.

Das Kränzlein in den Haaren
Steht dir so wunderfein,
Wir wollen etwas fahren
Hinunter auf dem Rhein.«

Zum Kahn folgt' sie behende,
Setzt' sich ganz vorne hin,
Er setzt' sich an das Ende
Und ließ das Schifflein ziehn.

Sie sprach: »Die Töne kommen
Verworren durch den Wind,
Die Fenster sind verglommen,
Wir fahren so geschwind.

Was sind das für so lange
Gebirge weit und breit?
Mir wird auf einmal bange
In dieser Einsamkeit!

Und fremde Leute stehen
Auf mancher Felsenwand,
Und stehen still und sehen
So schwindlig übern Rand.« –

Der Bräutgam schien so traurig
Und sprach kein einzig Wort,
Schaut' in die Wellen schaurig
Und rudert' immerfort.

Sie sprach: »Schon seh ich Streifen
So rot im Morgen stehn,
Und Stimmen hör ich schweifen,
Vom Ufer Hähne krähn.

Du siehst so still und wilde,
So bleich wird dein Gesicht,
Mir graut vor deinem Bilde –
Du bist mein Bräutgam nicht!« –

Da stand er auf – das Sausen
Hielt an in Flut und Wald –
Es rührt mit Lust und Grausen
Das Herz ihr die Gestalt.

Und wie mit steinern'n Armen
Hob er sie auf voll Lust,
Drückt ihren schönen, warmen
Leib an die eisge Brust. –

Licht wurden Wald und Höhen,
Der Morgen schien blutrot,
Das Schifflein sah man gehen,
Die schöne Braut drin tot.

Von Engeln und von Bengeln

Im Frühling auf grünem Hügel
Da saßen viel Engelein,
Die putzten sich ihre Flügel
Und spielten im Sonnenschein.

Da kamen Störche gezogen,
Und jeder sich eines nahm,
Und ist damit fortgeflogen,
Bis daß er zu Menschen kam.

Und wo er anklopft' bescheiden
Der kluge Adebar,
Da war das Haus voller Freuden –
So geht es noch alle Jahr.

Die Engel weinten und lachten
Und wußten nicht, wie ihn'n geschehn. –
Die einen doch bald sich bedachten,
Und meinten: Das wird wohl gehn!

Die machten bald wichtige Mienen
Und wurden erstaunlich klug,
Die Flügel gar unnütz ihn'n schienen,
Sie schämten sich deren genug.

Und mit dem Flügelkleide
Sie ließen den Flügelschnack,
Das war keine kleine Freude:
Nun stattlich in Hosen und Frack!

So wurden sie immer gescheuter
Und applizierten sich recht –
Das wurden ansehnliche Leute,
Befanden sich gar nicht schlecht.

Den andern wars, wenn die Aue
Noch dämmert' im Frühlingsschein,
Als zöge ein Engel durchs Blaue
Und rief die Gesellen sein.

Die suchten den alten Hügel,
Der lag so hoch und weit –
Und dehnten sehnsüchtig die Flügel
Mit jeder Frühlingszeit.

Die Flügeldecken zersprangen,
Weit, morgenschön strahlt' die Welt,
Und übers Grün sie sich schwangen
Bis an das Himmelszelt.

Das fanden sie droben verschlossen,
Versäumten unten die Zeit –
So irrten die kühnen Genossen,
Verlassen in Lust und Leid. –

Und als es nun kam zum Sterben,
Gott Vater zur Erden trat,
Seine Kinder wieder zu werben,
Die der Storch vertragen hat.

Die einen konnten nicht fliegen,
So wohlleibig, träg und schwer,
Die mußt Er da lassen liegen,
Das tat ihm leid so sehr.

Die andern streckten die Schwingen
In den Morgenglanz hinaus,
Und hörten die Engel singen,
Und flogen jauchzend nach Haus!

Valet

Ade nun, liebe Lieder,
Ade, du schöner Sang!
Nun sing ich wohl nicht wieder
Vielleicht mein Leben lang.

Einst blüht' von Gottes Odem
Die Welt so wunderreich,
Da in den grünen Boden
Senkt ich als Reiser euch.

Jetzt eure Wipfel schwanken
So kühle über mir,
Ich stehe in Gedanken
Gleichwie im Walde hier.

Da muß ich oft noch lauschen
In meiner Einsamkeit,
Und denk bei eurem Rauschen
Der schönen Jugendzeit.

VIII. Aus dem Spanischen

Vom Strande

Ich rufe vom Ufer
Verlorenes Glück,
Die Ruder nur schallen
Zum Strande zurück.

Vom Strande, lieb Mutter,
Wo der Wellenschlag geht,
Da fahren die Schiffe,
Mein Liebster drauf steht.
Je mehr ich sie rufe,
Je schneller ihr Lauf,
Wenn ein Hauch sie entführet,
Wer hielte sie auf?
Der Hauch meiner Klagen
Die Segel nur schwellt,
Je mehr mein Verlangen
Zurücke sie hält!
Verhielt' ich die Klagen:
Es löst' sie der Schmerz,
Und Klagen und Schweigen
Zersprengt mir das Herz.

Ich rufe vom Ufer
Verlorenes Glück,
Die Ruder nur schallen
Zum Strande zurück.

So flüchtige Schlösser,
Wer könnt ihn'n vertraun,
Und Liebe, die bliebe,

Mit Freuden drauf baun?
Wie Vögel im Fluge,
Wo ruhen sie aus?
So eilige Wandrer
Sie finden kein Haus,
Zertrümmern der Wogen
Grünen Kristall,
Und was sie berühren
Verwandelt sich all,
Es wandeln die Wellen
Und wandelt der Wind –
Meine Schmerzen im Herzen
Beständig nur sind.

Ich rufe vom Ufer
Verlorenes Glück,
Die Ruder nur schallen
Zum Strande zurück.

Die Musikantin

Schwirrend Tamburin, dich schwing ich,
Doch mein Herz ist weit von hier.

Tamburin, ach könntst dus wissen,
Wie mein Herz von Schmerz zerrissen,
Deine Klänge würden müssen
Weinen um mein Leid mit mir.

Weil das Herz mir will zerspringen,
Lass ich hell die Schellen klingen,
Die Gedanken zu versingen
Aus des Herzens Grunde mir.

Schöne Herren, tief im Herzen
Fühl ich immer neu die Schmerzen,
Wie ein Angstruf ist mein Scherzen,
Denn mein Herz ist weit von hier.

Turteltaube und Nachtigall

Bächlein, das so kühle rauschet,
Tröstest alle Vögelein,
Nur das Turteltäubchen trauert,
Weils verwitwet und allein.

Nachtigallenmännchen draußen
Schmettert so verlockend drein:
Mir vertraue, süße Fraue,
Will dein Lieb, dein Liebster sein!

»Böser, laß die falschen Lieder!
Ruh auf keinem Zweig, der blüht,
Laß auf keiner Au mich nieder,
Die von schönen Blumen glüht.«

»Wo ich finde eine Quelle
Helle in dem grünen Haus,
Mit dem Schnabel erst die Welle
Trüb ich, eh ich trink daraus.«

»Einsam soll man mich begraben,
Laß mich trauernd hier allein,
Will nicht Trost, nicht Lust mehr haben,
Nicht dein Weib, noch Liebchen sein!«

Graf Arnold und der Schiffer

Wem begegnet' je solch Wunder,
Als Graf Arnold ist geschehn,
Da er am Johannismorgen
Wollt am Meere jagen gehn?

Auf dem Meer ein Schifflein fahren
Sah er, als obs landen wollt,
Seiden seine Segel waren
Und das Tauwerk war von Gold.

Fing der Schiffer da zu singen,
Wunderbar zu singen an,
Daß die Wogen leiser gingen,
Wind hielt seinen Atem an;

Daß die Fische lauschend stiegen
Tief aus ihrem kühlen Haus,
Und die Vögel, die da fliegen,
Auf dem Maste ruhten aus:

»Durch die Einsamkeit der Wogen,
Schifflein, lenk dich Gottes Hand
An Gibraltars Felsenbogen,
An dem tückschen Mohrenstrand.«

»Flandern gürten sandge Banken,
Bei Leon da steht ein Riff,
Wo schon viele Schiffe sanken,
Hüt dich Gott, mein schönes Schiff!«

»Schiffer!« rief der Graf am Strande,
»Schiffer, lehre mich dein Lied!« –
Doch der Schiffer lenkt' vom Lande:
»Lehrs nur den, der mit mir zieht.«

Der Hochzeitstanz

Wie so zierlich in dem Saale
Führt die Braut den Hochzeitsreihn,
Wie so mutig schaut Graf Martin
In die freudgen Klänge drein!

Und sie im Vorüberschweifen
Flüstert: »Graf, was sinnet Ihr?
Sagt mir, schaut Ihr nach dem Tanze,
Oder blicket Ihr nach mir?«

»Hab schon manchen Tanz gesehen,
Und das wars nicht, was ich sann,
Eure Schönheit mich verblendet,
Eure Augen tun mirs an.«

»Wenn so schöne meine Augen,
Führt mich hier vom Tanze heim,
Alt und grau schon ist mein Bräutgam
Und er holt uns nimmer ein.«

Blanka

»Blanker seid Ihr, meine Herrin,
Blanker als der Sonne Strahl!
Einmal sorglos möcht ich schlafen
Ohne Waffen diese Nacht,
Denn wohl sieben lange Jahre
Legt' ich nicht die Rüstung ab,
Dunkler schon als rußge Kohlen
Ist mein junger Leib vom Stahl.«

Ruhet diese Nacht nur, Ritter,
Schlaft entwaffne ohne Arg,
Denn der Graf ist fern im Walde,
Jagend über Berg und Tal.
Wollt, der Sturm zerriss' die Hunde
Und der Adler ihm den Falk,
Und die Berg, im Grunde wankend,
Stürzten ihn vom Fels herab!

Drauf, heimkehrend aus dem Walde,
Trat ins Zimmer ihr Gemahl:
»Was hier einsam sinnt Ihr, Dame?
Euer Stamm ist voll Verrat.« –
»Herr, ich kämme meine Locken,
Kämme sie mit großem Gram,
Weil Ihr so allein mich lasset,
Draußen schweifend auf der Jagd.« –
»Diese Worte, schöne Blanka,
Haben einen falschen Klang,
Wessen ist das Roß im Hofe,
Dessen Wiehern dort erschallt?« –

»Meines Vaters Rößlein ist es,
Das er Euch geschickt zur Jagd.« –
»Wessen sind die blanken Waffen,
Die ich leuchten sah im Gang?« –
»Herr, 's sind meines Bruders Waffen,
Euch hat er sie heut gesandt.« –
»Wessen ist die fremde Lanze,
Die dort herblinkt von der Wand?« –
»Nehmt sie rasch und stoßt mich nieder,
Das verdien ich, guter Graf!«

Die Jungfrau und der Ritter

Eine Jungfrau wandert' einsam
In dem wunderschönen Frankreich,
Gen Paris sie wollte ziehen,
Wo die Eltern ihrer harrten;
Von den Ihren abgekommen,
Hatt sie sich verirrt im Walde,
Lehnte sich an eine Eiche,
Andre Wandrer abzuwarten.

Kam ein Ritter da geritten,
Gleichfalls gen Paris er trabte.
»Wenn es Euch beliebt, Herr Ritter,
Nehmt mich mit aus diesem Walde.« –
»Herzlich gerne, schöne Herrin!«
Und, ihr höflich aufzuwarten,
Sprang der Ritter von dem Rosse,
Hob hinauf sie, in den Sattel
Drauf sich selber zu ihr schwingend.

Aber als sie so im Walde
Einsam ritten, da begann er
Ihr verliebt den Hof zu machen.
»Hüt dich, Ritter, sei nicht schändlich,
Ein Todkranker war mein Vater
Und verpestet meine Mutter,
Siech und elend müßt verschmachten,
Wer mich frevelhaft berührte.« –
Und der Ritter schwieg erblassend.
Aber in Paris am Tore
Still in sich die Jungfrau lachte.

»Warum lacht Ihr, schöne Herrin?« –
»Über den feigen Ritter lach ich,

Der sein Mädchen hat im Freien
Und nichts macht als Redensarten!«

Voller Scham sprach da der Ritter:
»Kehrt noch einmal um zum Walde,
Habe draußen was vergessen.«
Doch die schlaue Jungfrau sagte:
»Nimmer kehr ich um, und tät ichs,
Keiner doch wagts, mir zu nahen,

Denn ich bin die Tochter Frankreichs,
Und der König ist mein Vater,
Und wer meinen Leib berührte,
Müßts mit seinem Kopf bezahlen.«

Herkules' Haus

König Rodrich in Toledo,
Seiner Krone Glanz zu mehren,
Ließ ein groß Turnier verkünden.
Hell schon die Trompeten schmettern,
Sechzigtausend Ritter kamen,
Die zu kämpfen dort begehrten.
Doch, bevor der Kampf begonnen,
Zu ihm die Toleder treten
Bittend, daß er Tor und Riegel
Woll mit neuem Schloß versehen
An des Herkules Palaste,
Wie's bisher der Brauch gewesen.
Aber in dem alten Hause
Dacht er, reichen Schatz zu heben,
Ließ die Riegel all zerbrechen
Und des Tempels Tore sprengen.

Als er eintrat, wars so still drin,
Nur ein Spruch glänzt ihm entgegen:
Weh dir, Rodrich, denn der König,
Der betreten diese Schwelle,
Der gebrochen diese Stille,
Wird Hispanien versengen!«
Seitwärts hinter einem Pfeiler
War ein prächtger Schrank zu sehen,
Drinnen lagen fremde Banner
Mit Figuren zum Erschrecken,
Und Araber, hoch zu Rosse,
Funkelnd mit gezückten Schwertern,
Hielten an dem Schrein die Wache,
Lautlos, ohne sich zu regen. –
Rodrich wandt sich vor Entsetzen,
Wollt fortan nichts weiter sehen,
Und ein Blitzstrahl zuckt' vom Himmel
Und verbrannt den Zaubertempel.

Übers Meer wohl sandt er Kriegsvolk,
Sollten Afrika erwerben,
Wetter stiegen, wo sie fuhren,
Mußten all im Meer verderben.

Donna Urraca

Schon in Trümmern lag Zamora,
Das der stolze Cid umzingelt,
Auf den Turm da trat Urraca,
Rief von den zerschoßnen Zinnen:
»Übermütger Cid da drunten,
Solltest dich der Zeit erinnern,
Da am Altar von Sankt Jago,
Sie geschlagen dich zum Ritter!

An dem Tage gab mein Vater
Waffen dir zum Angebinde,
Meine Mutter gab dein Roß dir.
Wie so fein die Sporen klingen!
Ich hab dir sie umgebunden –
Damals schiens, wir schieden nimmer,
Anders wolltens meine Sünden,
Anders wandtens die Geschicke:
Mit Ximene von Lozano
Tauschtest treulos du die Ringe.
Schlecht gezielet, Don Rodrigo!
Höhres Ziel war dir beschieden,
Kron und Reich, die ich dir brachte
Gabst du hin für Silberlinge
Und verlorst die Königstochter,
Um die Magd dir zu gewinnen!«

»Auf, mein Volk«, rief da der Ritter,
»Auf und wendet euch von hinnen!
Denn ein Pfeil dort durch die Lüfte
Schwirrte von des Turmes Zinnen,
Ohne Eisen war die Spitze,
Hat mir doch das Herz zerrissen,
Und kein Heilkraut gibts auf Erden,
Muß fortan nun trostlos irren!«

Durandartes Abschied

Durandarte, Durandarte,
Ritterlich in Lust und Streit,
Bitt dich, laß uns einmal plaudern
Wieder von der alten Zeit.

Denkst du noch der schönen Tage,
Wo du mir dein Herz geweiht,
Und in Sang und Ritterspielen
Vor der Welt um mich gefreit?

Wie viel Mohren warfst du nieder,
Rief ich zum Turniere dich!
Fast kenn ich dich jetzt nicht wieder,
Sag, warum vergaß'st du mich? –

»Schmeichelnd klingen solche Worte
Und verlockend ist die Huld,
Aber wenn mein Herz sich wandte,
Euer, Dame, ist die Schuld.«

»Wohl weiß ichs, für Gaiferos
Waret Ihr in Lieb entbrannt,
Als ich trostlos und geächtet
Irrte fern im fremden Land.«

»Drum, wenn Ihr von Lieb jetzt redet,
Habt Ihrs weislich nicht bedacht,
Denn um nicht die Schmach zu tragen,
Wend ich mich in Todesnacht.«

Durandartes Tod

O Belerma, o Belerma,
Du geboren mir zum Unheil!
Sieben Jahr dient ich dir treulich,
Hab mir doch kein' Lieb errungen,
Und jetzt, da du mich erhörtest,
Muß ich in der Schlacht verbluten.
Nicht die Todesstimmen fürcht ich,

Wenn sie auch so früh mich rufen,
Darum nur ist Tod so bitter,
Weil er mir dein Bild verdunkelt.
O mein Vetter Montesinos,
Wenn sich meine Seel entschwungen,
Bringt mein Herze zu Belerma,
Wollt ihr meinetwegen huldgen,
Bitten, daß sie mein gedenke,
Der so treu um sie gerungen.
Gebt ihr alle meine Länder,
Die ich freudig einst bezwungen;
Da mein' Lieb nun untergehet,
Sei all Gut mit ihr versunken! –
Montesinos, Montesinos,
Heiß brennt diese Lanzenwunde,
Müde schon ist meine Rechte,
Aus viel Quellen hier verblut ich,
's wird so kühl nun – ach die Augen,
Die uns ausziehn sahn so mutig,
Sehn uns nimmermehr in Frankreich. –
Drückt noch einmal an die Brust mich,
Vetter, denn ich sprech verworren
Und vor meinen Augen dunkelts,
Euch befehl ich all mein Sorgen
Und vertraue Eurem Schwure,
Denn der Herr, an den Ihr glaubet,
Höret uns in dieser Stunde.

Tot nun ruhet Durandarte
In dem stillen Felsengrunde,
Weinend löst ihm Montesinos
Helm und seiner Rüstung Gurte,
Löst sein Herze für Belerma
Mit dem Dolche aus der Brust ihm
Und begrub ihn unterm Felsen,

Sprach dabei aus Herzensgrunde:
»O mein Vetter Durandarte,
Tapfrer Degen, Herzensbruder,
Was soll ich fortan auf Erden,
Da die Mohren dich erschlugen!«

Donna Alda

In Paris saß Donna Alda,
Rolands Braut, im hohen Saal
Und mit ihr dreihundert Damen,
Ihrer Gespielinnen Schar;
Alle waren gleich beschuhet,
Alle trugen gleich Gewand,
Aßen rund um eine Tafel
Von demselben Brot zumal,
Donna Alda ausgenommen,
Weil sie ihre Herrin war.

Hundert spannen goldne Fäden,
Hundert woben Tepp'che zart,
Hundert aber musizierten,
Sie zu trösten mit Gesang.

Donna Alda war entschlummert
Bei der Instrumente Klang,
Plötzlich fuhr sie auf, lautschreiend,
Daß mans hört' bis in die Stadt.

Zu ihr sprachen da die Jungfraun:
»Wer tat Euch was Schlimmes an? –«
»Einen Traum hatt ich, ihr Mädchen,
Der mir großen Schrecken gab:
Einsam im Gebirge stand ich,

Durch die Öde flog ein Falk,
Hinterdrein ein junger Adler,
Drängend ihn in wilder Jagd,
So geängstigt stürzt' der Falke
Flüchtend sich in mein Gewand,
Doch der Aar mit seinen Fängen
Hatt ihn zornig schon umkrallt,
Riß den Falken mir in Stücke,
Streut' die Federn übern Plan.«

Drauf zu der erschrocknen Herrin
Eins der Kammerfräulein sprach:
»Diesen Traum will ich Euch deuten:
Euer Bräutgam ist der Falk,
Der sich übers Meer verflogen,
Eure Schönheit ist der Aar,
Der den wilden Edelfalken
Sich im Flug gefangen hat,
Und das Hochgebirg die Kirche,
Wo man traut Euch am Altar. –«
»Reichlich wohl will ich dirs lohnen,
Liebes Mädchen, sprichst du wahr.«

Kam ein Brief am andern Morgen,
Drin mit Blut geschrieben war,
Daß ihr Roland war gefallen
In der Schlacht von Roncesval.

Das Waldfräulein

Falke war im Wald verflogen
Und die Hunde irrten weit,
Jagdmüd lehnt' an eine Eiche
Sich der Ritter im Gestein,
Eine Jungfrau da erschrocken
In des Wipfels Dunkelheit
Sah er stehen, ihre Locken
Rings umgaben Stamm und Zweig.
»Staune nicht und laß dein Grauen,
Bin ein Königstöchterlein,
Sieben Zauberfraun mich haben
Auf der Amme Schoß gefeit,
Daß ich sieben Jahr muß wohnen
Hier in Waldeseinsamkeit.
Sieben Jahr sind heut verflossen
Oder morgen um die Zeit,
Bitte dich um Gottes willen,
Führ mich aus dem Walde heim,
Will als Ehefrau dir dienen,
Oder auch dein Liebchen sein.«

»Fräulein, noch bis morgen frühe
Harret in dem Walde mein,
Hab zu Haus 'ne weise Mutter,
Will erst fragen, was sie meint.« –
Sie vom Baum rief: »Weh dem Ritter,
Der die Jungfrau läßt allein!«
Er ritt fort, sie blieb im Walde,
Mutter riet, er sollt sie frein.
Als er morgens kehrt' zurücke,
Wars so stille im Gestein,
Konnt den Baum nicht wiederfinden,
Aber weit, vom Walde weit

Sah er ziehn ein Fähnlein Reiter,
Führten fort das Waldfräulein;
Und er stürzt zu Boden nieder
In der grünen Einsamkeit:
»Schwer Gericht verdient der Ritter,
Der verloren solche Maid!
Ich will selbst den Stab mir brechen,
Ich will selbst mein Richter sein,
Abhaun soll man mir die Rechte
Und mich schleifen durch die Heid!«

Weh Valencia!

Eingeschlossen war Valencia,
Konnte kaum sich länger wahren,
Weil sich die Almoraviden
Zögernd nicht zum Beistand wandten.
Da dies sah ein alter Maure:
Auf des höchsten Turmes Warte
Stieg er schweigend da, noch einmal
Zu beschauen Stadt und Lande.
Und wie sie herauf so leuchten,
Brach das Herz ihm bei dem Glanze;
Gramvoll mit prophetschem Munde
Also von dem Turme sprach er:
»O Valencia, o Valencia,
Würdge Herrscherin der Lande,
Deine heitre Pracht muß sinken,
So sich Gott nicht dein erbarmet!

Die vier Felsen, drauf du thronest,
Würden, wenn sie könnten, klagen,
Deine festen Mauern seh ich
Von dem wilden Anlauf wanken,

Deine Türme, die so trostreich
Über Land und Völker ragen,
Werden unaufhaltsam stürzen,
Deine Zinnen, gleich Kristallen,
Ihren Wunderglanz verlöschen,
Und dein mächtger Guadalaviar
Wird aus seinen Ufern steigen,
Trüben jeden Bach im Lande.
In den trocknen Wasserkünsten
Funkeln nimmermehr die Strahlen,
Rings in deinen schönen Gärten,
Die fortan verwildernd ranken,
Werden Hirsche einsam grasen,
Alles fröhl'che Grün zernagend.
Keinen Duft mehr haucht die Luft her,
Wo viel tausend Blumen standen,
Muß das Glühen all verblühen;
Wo jetzt Schiffe kommen, fahren,
Liegt verödet Strand und Hafen,
Und vom weiten Bergeskranze,
Den du mächtig einst beherrschtest,
Schlagen blutrot auf die Flammen,
Daß das Qualmen dich erblindet
Rings von deiner Länder Brande,
Bis, als eine Todeswunde,
Alles Volk hat dich verlassen. –
O Valencia, o Valencia,
Helf dir Gott in jenen Tagen!
Oft schon hab ich es verkündet,
Was ich weinend jetzt beklage.«

Editorische Notiz

Die vorliegende Ausgabe folgt der Edition:
Joseph von Eichendorff: Werke in einem Band. Hrsg. v. Wolfdietrich Rasch. 3. Aufl. München 1984. S. 7–364.

Druckvorlage dieser Edition ist die von Wilhelm Kosch und August Sauer herausgegebene historisch-kritische Ausgabe (Regensburg 1908ff.), die der von Eichendorff selbst veröffentlichten Sammlung seiner Gedichte im Rahmen der Werkausgabe von 1841 folgt: Joseph Freiherrn von Eichendorff's Werke. 4 Bde. Berlin 1841 (Bd. 1: Gedichte).

Daten zu Leben und Werk

1788
10. März: Geburt Joseph von Eichendorffs auf Schloss Lubowitz bei Ratibor als Sohn von Adolf Freiherr von Eichendorff und Karoline Freiin von Kloch. Erziehung zusammen mit dem zwei Jahre älteren Bruder Wilhelm durch den Pfarrer Heinke. Frühe Lektüre von Volksbüchern und den Gedichten von Matthias Claudius, eigene dichterische Versuche schon in der Kindheit.

1794
Reise nach Prag.

1799
Reise nach Karlsbad und Prag, Reiseaufzeichnungen.

1800
Beginn von Tagebuchaufzeichnungen, Erarbeitung einer »Naturgeschichte« mit eigenen Illustrationen.

1801–1805
Schulbesuch (zusammen mit dem Bruder) im St.-Josephs-Konvikt in Breslau. Eichendorff verfasst frühe Gedichte.

1804
Geburt der Schwester Luise.

1805–1806
Studium der Rechts- und Geisteswissenschaften in Halle (wiederum zusammen mit dem Bruder). Eichendorff studiert u.a. bei F. A. Wolf und bei Schleiermacher, geht häufig ins Theater und reist durch den Harz nach Lübeck und Hamburg. Im August 1806 Rückkehr nach Lubowitz.

1807
Zusammen mit dem Bruder Reise nach Heidelberg zur Fortsetzung des Studiums. Freundschaft mit Otto Heinrich Graf von Loeben. Gründung des »Eleusischen Bundes« mit Loeben und den Theologen Friedrich Strauß und Wilhelm Budde.

1808
Parisreise (April). Im Mai Rückreise von Heidelberg über Wien nach Lubowitz. Eichendorff plant, als Landwirt die Bewirtschaftung der Familiengüter zu übernehmen. Erste Gedichtveröffentlichungen unter dem Pseudonym Florens in der *Zeitschrift für Wissenschaft und Kunst*, Arbeit an der Märchennovelle *Die Zauberei im Herbste.*

1809
Verlobung mit Luise von Larisch. Im November reist Eichendorff mit dem Bruder nach Berlin, dort Zusammentreffen mit Loeben, Bekanntschaft mit Adam Müller, Umgang mit Arnim und Clemens Brentano.

1810
Rückkehr nach Lubowitz (März). Entschluss der Brüder, in den Staatsdienst zu gehen. Im Oktober reisen beide nach Wien, um ihre Studien mit der Staatsprüfung abzuschließen. Sie pflegen gesellschaftliche Beziehungen zum Wiener Adel und verkehren u.a. im Hause Friedrich Schlegels. Freundschaft mit Philipp Veit, Dorothea Schlegels Sohn. Arbeit an *Ahnung und Gegenwart.*

1813
Eichendorff lässt sich in Breslau als Freiwilliger in das Lützow'sche Freikorps aufnehmen, nimmt aber nicht an größeren Kampfhandlungen teil: Er tritt später in das Kleist'sche Armeekorps über und wird Offizier in der Schlesischen Landwehr. Der Bruder Wilhelm ist in den österreichischen Staatsdienst übernommen worden.

1814
Nach dem Friedensschluss geht er nach Lubowitz zurück. Eichendorff versucht vergeblich, eine Stellung in Wien zu finden.

1815
Eichendorff wird Sekretär beim Oberkriegskommissariat in Berlin. Hochzeit mit Luise von Larisch. Bei Kriegsausbruch Wiedereintritt in die Armee, Teilnahme an der Verfolgung der bei Waterloo geschlagenen französischen Armee, Offizier im Stab Gneisenaus. Geburt des Sohnes Hermann. *Ahnung und Gegenwart* erscheint.

1816
Rückkehr zur Familie. Eichendorff wird Referendar bei der Regierung in Breslau.

1817
Geburt der Tochter Therese.

1818
Tod des Vaters.

1819
Eichendorff legt die große juristische Staatsprüfung ab und wird Regierungsassessor in Breslau. Geburt des Sohnes Rudolf. *Das Marmorbild* erscheint.

1821
Eichendorff erhält eine Anstellung in Danzig als Katholischer Konsistorial- und Schulrat. Freundschaft mit seinem Vorgesetzten, dem Oberpräsidenten Theodor von Schön. Mitarbeit an der Wiederherstellung der Marienburg.

1822
Tod der Mutter. Verkauf des Gutes Lubowitz.

1823
Krieg den Philistern. Dramatisches Märchen in fünf Abenteuern erscheint.

1824
Umzug nach Königsberg.

1826
Aus dem Leben eines Taugenichts erscheint zusammen mit der Erzählung *Das Marmorbild* und 48 Gedichten.

1827
Meierbeths Glück und Ende erscheint im *Gesellschafter.*

1832
Versetzung als im Kultusministerium für katholisches Kirchen- und Schulwesen zuständiger Regierungsrat nach Berlin. Freundschaften u. a. mit Savigny und Adelbert von Chamisso. *Viel Lärm um nichts* erscheint im *Gesellschafter.*

1833
Das Lustspiel *Die Freier* erscheint.

1834
Dichter und ihre Gesellen erscheint.

1837
Erste umfassende Sammlung der *Gedichte.* In *Urania. Taschenbuch auf das Jahr 1837* erscheint *Das Schloß Dürande.*

1840
Übersetzung der Erzählung *Der Graf Lucanor* von Juan Manuel aus dem Spanischen.

1841
Die Glücksritter erscheint im *Rheinischen Jahrbuch,* außerdem erscheint die erste Ausgabe der *Werke* in vier Teilen.

1843
Beurlaubung. Historische Studien, Arbeit an *Geschichte der Wiederherstellung des Schlosses Marienburg* (erscheint 1844).

1844
Pensionierung auf eigenen Wunsch. Wohnsitz in Danzig (bis 1846).

1846
Aufenthalt (bis Sommer 1847, danach Rückkehr nach Berlin) in Wien. Bekanntschaft mit Grillparzer und Stifter. Mitarbeit an den *Historisch-politischen Blättern*, darin die Aufsatzreihe *Zur Geschichte der neueren romantischen Poesie in Deutschland* (Buchfassung 1847 unter dem Titel *Über die ethische und religiöse Bedeutung der neueren romantischen Poesie in Deutschland).*

1849
Tod des Bruders Wilhelm. Arbeit an der Calderón-Übersetzung und an literarhistorischen Arbeiten.

1851
Der deutsche Roman des 18. Jahrhunderts in seinem Verhältnis zum Christentum erscheint.

1854
Zur Geschichte des Dramas erscheint.

1855
Umzug nach Neiße. Eichendorffs Frau Luise stirbt, er lebt bei seiner Tochter Therese.

1857
Die *Geschichte der poetischen Literatur Deutschlands* und die Verserzählung *Lucius* erscheinen. 26. November: Eichendorff stirbt in Neiße.

Aus Kindlers Literatur Lexikon: Joseph von Eichendorff, ›Das lyrische Werk‹

Einen schmalen Vorrat an Bildern und Motiven nur enthält das lyrische Werk Eichendorffs. »Immer wieder rauschen die Wälder, schlagen die Nachtigallen, plätschern die Brunnen, blitzen die Ströme. Immer wieder kommen Lichter oder Klänge aus der Ferne, von den Bergen, aus der Tiefe, zwischen den Wipfeln herüber oder durch das Fenster herein. Das geht bis zur scheinbaren formelhaften Erstarrung.« (R. Alewyn) Aus lyrischen Formeln, aus Versatzstücken von magischer Kraft und symbolistischer Bedeutung hat Eichendorff ein poetisches Werk komponiert, in dem sich Stereotypen und Requisiten der Volksliteratur mit dem Idiom der Halle'schen Studenten, mit Bibelanklängen, Archaismen und Literaturzitaten zu jenem Eichendorff-Ton verbinden, der über das Konzertlied, über das Chorlied der Männergesangvereine, das Kommersbuch und die Liederbücher der Jugendbewegung als ein spezifisch deutscher Ton in die Geschichte der Lyrik und des Liedes eingegangen ist.

Aus »Heimweh« und »Erinnerung« ist der Grundakkord von Eichendorffs Formelsprache gemischt, der die Melodie von »Trennung« und »Wiederfinden« begleitet. Die Wurzeln von Eichendorffs poetischer Leistung sind in der übermächtigen, individuell verstärkten Trennungserfahrung des Menschen von der Natur zu suchen und in dem Versuch, ästhetisch wiederzugewinnen, was in der Realität verloren scheint. Formeln des Abschieds, der Reise, der Wanderung und des Gedenkens beherrschen Eichendorffs lyrische Sprache schon früh; in ihr erklingt das Zauberlied »von der alten schönen Zeit« mit der oft wiederholten Frage: »Gedenkst Du noch?« Eichendorffs Lyrik, chronologisch bereits diesseits der Schwelle revolutionärer Umbrüche angesiedelt, beschwört das in der Zeitflucht verlorene Gefühl der Geborgenheit in Heimat, Liebe und vertrauter Natur. Die Schlösser und die Gärten der Kindheit, Lubowitz und

Tost (»O schöner Grund, o Höhen«, 1810), die Klage um den fernen Bruder (»Denkst du des Schlosses noch«, 1830; »Du weißt's dort in den Bäumen«, 1830) und die toten Kinder (»Von fern die Uhren schlagen«, 1834), die Beschreibung der vom industriellen Raubbau längst gelichteten schlesischen Wälder (»Wer hat dich du schöner Wald«, 1810) werden so zu Chiffren einer inneren Landschaft, in der alles Getrennte sich wiederfindet, in der auch Mensch und Natur sich im mythischen Brautfest vereinen (»Es war als hätt' der Himmel«, 1835).

In Eichendorffs inneren Landschaften, gefügt aus optischen und akustischen Signalen, antwortet (im Lied der zahllosen diese Gedichte durchziehenden Wanderer) die Sehnsuchtsbewegung des erweckten Herzens dem Ruf, der das lyrische Ich aus der erlösungsbedürftigen Natur erreicht, und der hundertfach geschilderte Fensterblick von Eichendorffs lyrischen Gestalten (z.B. »Es schienen so golden die Sterne«, 1834) eröffnet eine an Novalis und Friedrich Schlegel erinnernde Perspektive in das bergende und zugleich ängstigende Innere von Raum und Zeit. Dass all diese Formeln und Chiffren, auch wenn sie nur literarische Erfahrungen (barocker geistlicher Poesie und der Werke Goethes, Jean Pauls, Tiecks, Görres', Arnims und Brentanos) übersetzen, fern der Bildungsattitüde stehen, wird dadurch belegt, dass keine dieser Formeln als Bildungszitat dauerhaft in den ›Zitatenschatz des deutschen Volkes‹ eingegangen ist. Frage, Bitte, Dank und Anruf Gottes sind bevorzugte Gesten dieser Gedichte, weil Eichendorff die das 18. Jh. kennzeichnende Konkurrenz von Poesie und Gebet evoziert, den Verlust an religiöser und meditativer Substanz, den seine Zeit wie keine andere vor ihr erlitten hat, durch Lyrik zu kompensieren suchte. Von der realen Erfahrung des Verlusts in einer Schwellenzeit ausgehend, dringt der lyrische Kosmos Eichendorffs ein in die mythischen Ursprünge der Einheit von Welt und Bewusstsein und erkennt Trennung als eine die Neuzeit konstituierende Grunderfahrung der Menschheit.

An der anakreontischen Eleganz der Gedichte Ludwig Höltys

und Friedrich von Hagedorns, am gefühlvollen Balladenton Gottfried August Bürgers orientiert sich die Jugendlyrik Eichendorffs, in der naturgemäß die Kasual-Gedichte, das Trinklied, der Feiergesang, das Totengedicht und der Stammbuchvers, dominieren; auch in späteren Jahren aber war Eichendorff ein gesuchter Gelegenheitsdichter, der für Liedertafeln (z.B. »Damen-Liedertafel in Danzig«, 1823), für literarisch-gesellige Vereine (z.B. »Der alte Held«, 1831 für die Berliner Mittwochsgesellschaft) schrieb und das panegyrische Genre so meisterlich beherrschte, dass der preußische Oberpräsident Heinrich Theodor von Schön nicht müde wurde, den Ruhm seines Oberpräsidialrats durch die Verbreitung von dessen Lied »Viel Essen macht viel breiter« (1825) zu fördern.

Als der 19-jährige Eichendorff beim Studium in Heidelberg 1807 dem Romantiker Otto Heinrich Graf von Loeben (1786–1825) begegnete und von diesem in eine »mystische liebereiche Loge« aufgenommen wurde, entwickelte sich seine Lyrik, zunächst im Sonetten-Dialog mit den Freunden, reicher und vielfältiger. In dem von Loeben (als Isidorus Orientalis) präsidierten Eleusischen Bund trug Eichendorff (ab dem 19. März 1808) den Dichternamen Florens, nach dem verkannten Kaisersohn aus Tiecks Bearbeitung des Volksbuches vom *Kaiser Octavianus*, so dass sich nicht nur die enge Bindung der von Eichendorff unter diesem Pseudonym veröffentlichten Gedichte an die Bildsprache des Novalis, sondern auch an die von Tieck erneuerte Minnelyrik des Mittelalters erklärt. In den schwärmerisch-naturmystischen Ton des Loeben-Kreises, gebändigt durch strenge Vers- und Strophenformen (Sonett, Kanzone, Glosse, Madrigal, Stanzen, Terzinen usw.), mischt sich mit der Thematisierung »schwarzer Bangigkeit« (d.h. der in ihren Ursachen unbestimmten Schwermut) ein persönliches Element, welches belegt, dass der von Loeben nur scheinbar gestillte Kampf Eichendorffs »zwischen Poesie und Jurisprudenz« andauerte. Er endete um 1809 mit der Entscheidung gegen das Dichtertum als Beruf, also mit der Lösung von Loebens Einfluss und der entschiedenen

Zuwendung zum Ton der Lieder aus *Des Knaben Wunderhorn*, welche durch die persönliche Begegnung mit Arnim und Brentano (in Berlin 1810) gefestigt wurde.

Seit der Entstehung seines bekanntesten Liedes, der 1813 erstmals gedruckten Romanze »Das zerbrochene Ringlein« (»In einem kühlen Grunde«), dominiert in Eichendorffs Lyrik die drei- oder vierhebige jambische Volksliedstrophe, wobei häufig je zwei vierzeilige Strophen zu einer achtzeiligen zusammengezogen werden. Die Aneignung des von Arnim und Brentano geschaffenen artistischen Volkstones und seiner trochäischen Komplemente ist um 1815 abgeschlossen; seither wurden die Bild- und die Verssprache Eichendorffs nur noch entfaltet und differenziert, nicht mehr entwickelt. Mit dem Zyklus *Auf den Tod meines Kindes* (1834) aber haben schon die Zeitgenossen eine ernstere Stimmung in Eichendorffs Lyrik wahrgenommen. Seit dem erneuten Revolutions-Schock nämlich, der Europa 1830 getroffen hat (im Werk Eichendorffs kenntlich an den Satiren und den politischen Schriften um 1832), griff die historisch-politische Dimension auch in den symbolistisch-zeitenthobenen Texten Eichendorffs Raum, so dass die letzte thematisch-stilistische Wende seiner Gedichte die zu den politischen Gedichten der Revolutionsjahre 1848/1849 darstellt. Zu diesen Texten gehört die »Familienähnlichkeit« überschriebene Scheltrede auf die Deutschen (»Zwei Arten von Getieren«), die an satirischer Schärfe auch von Platen, Nietzsche und anderen Kritikern des Deutschtums nicht mehr übertroffen werden konnte.

Heinrich Theodor von Schön (1773–1856) hatte Eichendorff mit der Gedankenwelt des Reform-Beamtentums vertraut gemacht, wonach eine künstlerisch-literarische Tätigkeit dem Beruf nicht widerstrebt, sondern den Beamten, als Ideenträger des Staates, für diesen Beruf erst befähigt. So begleitet Eichendorffs Lyrik – seit etwa 1819 – auch den Aufstieg und den Verfall dieser aus der Provinz Preußen gegen den Berliner Zentralismus gerichteten, reform-konservativen Gedankenwelt, mit einem deutlichen Höhepunkt in den Jahren vor dem Regierungswechsel in Preußen, zwischen 1837 und 1840 (»Kaiserkron' und Päonien rot«, 1837; »Möcht' wissen, was sie schlagen«, 1838; »Mein Gott, dir sag' ich Dank«, 1839). Nach der Pensionierung (1844), die von der vorrevolutionären Verhärtung in der preußischen Ministerialbürokratie erzwungen wurde, ist Eichendorff als Lyriker folgerichtig verstummt. Nur wenige, in der Mehrzahl postum bekannt gewordene Gedichte (»Prinz Roccocco, hast dir Gassen«, Erstdruck 1854; »Noch singt der Wind«, 1854) zeugen noch von der Kraft der Erinnerung, die vom erreichten Lebensgipfel aus über die Grenzen der eigenen Lebenszeit hinauszublicken wagt (»Wo werd' ich sein im künft'gen Lenze?«, 1854).

Eine große Zahl von Gedichten Eichendorffs ist in Romane, Erzählungen, Schauspiele und Versepen verflochten, doch anders als im Werke Brentanos entwickeln sich diese Lieder nicht aus dem umgebenden Prosatext; Eichendorffs Lieder werden den handelnden Personen als Lieder in den Mund gelegt, von ihnen zum Spiel der Geige oder der Gitarre fröhlich gesungen (»Wem Gott will rechte Gunst erweisen«, 1817), aus der Ferne oder einem geschlossenen Raum vernommen (»Ich kann wohl manchmal singen«, 1810), rezitiert und erinnert; sie sind häufig unabhängig von ihrem späteren Kontext entstanden und gedruckt worden. In einer sich programmatisch der Prosa zuwendenden Zeit, in der Schönheit und Wahrheit in Gegensatz zueinander traten, hat Eichendorff an der Wahrheit des Schönen festgehalten und die Selbständigkeit seines lyrischen Werkes manifestiert. Die erste Sammelausgabe seiner poetischen Texte (*Aus dem Leben eines Taugenichts und das Marmorbild. Zwei Novellen nebst einem Anhange von Liedern und Romanzen*, 1826) sollte seiner Vorstellung nach so angeordnet werden, dass die Gedichte einen Rahmen um die Prosatexte bilden. In der von den Berliner Freunden des Dichters getroffenen Textanordnung aber wird durch die Spitzenstellung der Erzählung *Aus dem Leben eines Taugenichts* deren weltweite Rezeption eingeleitet; Lieder und Romanzen erscheinen, dem Zeitgeschmack entsprechend, nur noch als »Anhang«. 1837 hat Eichendorff dann, vermutlich mit Hilfe von Adolf Schöll, seine Gedichte gesammelt, zu Zyklen und Serien geordnet und in thematische Gruppen gegliedert (*Gedichte*, 1837). Vom 1841 publizierten ersten Band der *Werke* unterscheidet diesen Band, in dem Adolf Schöll für eine Reihe von Gedichten auch Überschriften erfunden hat, vor allem die in den *Werken* angefügte Abteilung der 1839 entstandenen Übersetzungen »Aus dem Spanischen«.

Die Gedichte Eichendorffs wurden hauptsächlich durch ihre Melodien verbreitet. E. Busse zählt, unter Einbeziehung aller Vokalgattungen, allein aus den beiden letzten Dritteln des 19. Jh.s »weit über 5000 E.-Vertonungen«, unter denen Robert Schumanns *Liederkreis* (op. 39), Felix Mendelssohn-Bartholdys fünf Lieder Eichendorffs für Männerchor – »im Freien zu singen« – und Hugo Wolfs Sätze für gemischten Chor (*Sechs geistliche Lieder nach Gedichten von J. v. E.*, 1881) sowie seine Sololieder hervorragen. Die bürgerliche Vereinsbewegung des 19. Jh.s, für die Eichendorff selbst gearbeitet hat und von der er 1847 im vorrevolutionären Wien mit Chor- und Solovortrag seiner Lieder begeistert gefeiert wurde, hat das Interesse an Eichendorff so stark auf die Kompositionen umgelenkt, dass der Name des Textdichters den Sängern oftmals verloren gegangen ist.

Wolfgang Frühwald

Verzeichnis der Gedichttitel und -anfänge